上一堂有趣的中國性愛課：

從上古到隋唐

【王威】——著

序

我的老家是和臺灣隔海相望的一個小島，叫做東山島，自從臺海演習以來，聲譽鵲起。我便是在這個地方出生成長。小島很小，小到只有一百多平方公里。

小時候，和同學去郊遊，在海邊看到一個巨大的石頭，像極了女性的陰部，陰核、陰毛、陰唇、陰道等部位無不寫實。老人們說，解放之前這裡可是香火茂盛，鄉人對這石女陰的供奉敬拜無日無之，當然了，來的多是已婚的婦女。根據當地的傳統民俗，來人要將石頭投入「陰道」內，口中默默念誦祈願，則來年必得貴子。這樣的生殖崇拜不唯在神州大地所在多有，便是世界各國，遺風濫觴，至於今日，更是數不勝數。

事實上，自有人類以來，性已經成為一種文化，而不僅僅是一種生殖手段。生殖的重要性不需要去論證，因為沒有生殖，人類的一切文化就無法生根繁衍，但是如果生殖僅僅是一種義務的話，料想也沒有人會去在意。

人類之所以不同於動物，是在於對自己感知的自信，林奈在《自然系統》中就把人歸結為靈長目。在性快樂的追逐上體現得更是明顯，並讓這種追逐凝聚成性文化。從母系社會到父系社會，從群婚到單婚，從性開放到性保守、性封閉，性的每一步變化幾乎都滲透到人類社會生活的各個領域。

性的快樂，可謂是造物主對人的偉大恩賜。

不過本書的主題討論的是中國古代性文化的發展歷程，討論這個話題，不可能不旁及中國人的性觀念。從本書中我們可以看到，性文化和性科學是如何結合起來了，雖然這樣的結合，是建立在一種陰陽天道觀想像的基礎上。先人的聰明有時候令我們這些後人嘆為觀止——居然會鍛造出這樣一套既能延年益壽、又不耽誤追逐歡樂的房中理論——夫婦之道乃是天地陰陽之道的精巧複製。

從《洞玄子》、《房內記》、《素女經》、《玉房秘訣》到《大樂賦》，這些房中經典振振有詞地告訴讀者們：男女交合會損耗生命力，陰陽不交又會導致疾病，因此只有一個選擇，就是學習既讓人不斷地享受房事的性樂，又不損耗人的生命力的房中術。

無論現代社會發展如何迅速，變化如何劇烈，我們終究無法割斷歷史。表層的東西變得再快，深層的東西仍可能依舊。整個社會如何看待性，都會對房中術造成影響。在禮教的縛持續加重的時期，特別是宋明理學興起之後，中國人對性的態度完全成了偽君子式的，房中術自然也被排斥為邪術。當然，房中術在長期流傳的過程中，逐漸被有些人加以篡改，變成施行淫亂的手段也是一部分的原因。

而在今天，隨著個人隱私權日益受到尊重，人們不再像從前一樣視性話題如洪水猛獸，而隱晦靜默，現代人對待性的態度已經開始自然起來。我們甚至可以看到時尚雜誌內的性學專欄、廣播電視上的性話題、良莠不齊的性學圖書，特別是網路上涉及性的話題變得異常活躍，這些都反映了現代社會對性問題所持的寬容態度，這也是本書之所以得以出版的原因。

是為序。

導言

自上古時代遺留下來的有文字記載的文獻顯示，中國人曾經有一個激情澎湃而又鮮活的時代。

「四書五經」成為中國人教育的基礎。以天道來闡述人道並由此引發的激烈而又互相矛盾的大辯論，使得中國人的性文化性觀念在此期間成型。於是把性交譬為「雲雨」，這是因為他們把女子的肚腹看成是土壤，把男人的精子看成是種子，如果沒有雲和雨，自然也就沒有收穫。

總之，天和地、陰和陽、男和女要交合才好，才是事物的生機。這便是所謂的「天人合一」的觀念。如果說天人合一是儒家的觀念，那麼陰陽則是道家的堅持。在道家構建的樸素哲學裡，陰陽，可以解釋一切事物。一切事物可以用陰陽分開，一切事物和諧相處甚至合二為一也是因為陰陽。陰代表女性，也象徵寒冷、黑暗、疾病與死亡；陽代表男性，象徵溫暖、光明、健康與生命。陰陽和諧使萬物井然有序，陰陽不諧會引起疾病與死亡。所以男女不做愛，陰陽就不協調，簡而言之，就是沒有「天理」了。

最後，值得提醒讀者們注意的是，正如在許多其他方面那樣，中國文明受到她自身的古老性、早熟性和連續性的影響很大，在性文化方面也是如此。

從秦朝一統六國到漢朝的對外擴張，中國人在由分封制轉型為郡縣制的軍事帝國過程中，經歷了難以想像的陣痛，其後第一個大分裂時代來臨了，經過漫長的四個世紀，最後進入隋唐的貴族帝國時代。

這段時期是中國社會文化史上最複雜的時期之一，一方面玄學的發展力圖擺脫經學的控制，佛經進入中國了，其所帶來的思想引來本土思想激烈的圍剿；另一方面，長期的分裂狀態，為漢文明提供更多發展的可能。在此期間，性文化在各種思潮的影響下，緩慢地演進。就兩性關係而言，男方對女方的控制越來越緊密。在陰和陽占統治地位的理論影響下，在一個被設想完美的宇宙帝國之中，建立全面秩序的鼓吹者們（陰陽家、儒家和法家、道家）聯合起來，一點一點地侵犯個人的私密空間。這是個不好的開始。

房中術在此時蔚然大興，最重要的理由當然還是廣嗣種子。但是，它並不僅僅掛靠在醫學之下，因為它所籠罩的範圍，明顯又比醫學的範圍還廣闊，一會兒是「天下至道」，一會又是「通於神明」。還精補腦、採陰補陽等等在現代人看起來奇怪的概念於焉悄然成型，其影響力一直延伸到民國。

西元五八一年開國的隋朝結束了自東漢以來長期的分裂狀態（其間西晉曾維繫了時間不長的統一），但是隋朝在二任帝楊廣的肆意揮霍下，很快陷入全國混戰，在經過慘烈的廝殺之後，奉楊廣之命在太原防守遊牧民族的將軍李淵在長安建立了新的王朝——唐。

在安史之亂之前，唐朝整合了北朝的社會和政治傳統，以及南朝的文學和藝術遺產，從而產生了一個幾乎全新的政府。在李世民治下的「天可汗」時代，對整個東亞乃至於全世界都施加了極為廣泛的影響。

中國歡迎從外國來的一切，中國的光芒也從未如此光輝燦爛過，中國人從未如此自信過。

然而，安史之亂的發生，使得儒家知識份子在事後總結歷史經驗時，認為這個王朝因對外開拓而受傷，應該尋求建立一種更穩健、更為內斂的國家型態。因為開放，這一時期的性觀念是如此的大方，以至於後世的儒家知識分子嘖有煩言。

在這段時間，房中術的發展卻停滯了。這是因為兩漢魏晉南北朝時代，中國房中術的大廈已經巍巍聳立，各種概念已經得到較為完善的鋪陳，使得後來者難以開拓創新。再有一點，就是任何文明抵達了它自身的成熟期之後，往往在學術上停滯了，即便有所發展，也要托古，而沒辦法發展的時候，就去復古。於是醫學家們開始全面接管房中術，雖然接管的時候，還是沒有抹去道家的痕跡，當然，也無法完全地抹去。總之，舊瓶開始裝上了新酒，滋味雖然大同，細微處卻有小異。

當趙匡胤決定建立一個完全由文官主導的政府宋王朝時，他自身可能也沒有料想到，自己一下子把中華文明推向了全世界的巔峰。在西元一〇〇〇年前後，中國迎來了第一次「文藝復興」，把歐洲文明完全地拋在後面。由文官主導的政府使得中國人從內心深處深信，中華文明是具有永恆性的，這一永恆性留駐在政治型態、基本制度、經濟、思想和技術等各個層面上。這種自信使得哪怕是被異族入侵，乃至於國家滅亡，知識分子們也沒有喪失信心。基於這種自信，隨後元帝國的解體和明王朝的建立彷彿是那麼的順理成章，並由此實現了第二次「文藝復興」。

宋代也是一個女人自願裹小腳的時代，以至於男人作為美的欣賞者，要經過很長一段時間才會自然地在詩詞裡讚歎女人的美。宋代的男人們寫起詩詞來，對女人是那麼情意綿綿。然而我們知道，任何時代都有一小撮借著道德名義敵視美、敵視浪漫的老頭子，他們嘶啞著嗓子高喊「餓死事小，失節事大」。每個看到的人，都免不了要嘲笑他們的癡與呆。我們知道，這些老頭很生氣。我們還知道，老頭們生氣的後果很嚴重。

可以說，理學道學的興起，在宋明兩朝的興盛並不是沒有原因，宇宙論和倫理學在儒家知識分子的手上似乎完美地結合起來了。因此理學道學進入每個臣民的生活空間，並連最微小的細節也不放過。只有在理解這一點的基礎上，我們才能明白為什麼一方面整個中國無處不有貞節牌坊，而又一方面，黃色小說又近乎氾濫。我們也不得不承認，在這個漫長朝代的大部分時間裡頭，專制主義和正統思想的危害影響、窒息著思想的自由發展。

明朝洪武和永樂年間，這是一個文化重建的時代，同時也是軍事和外交發展的時代。從全面內斂到全面擴張，這個王朝在小心翼翼地尋找自己的性格。他們在成功擊退了蒙古之後，終於選擇了收縮和防禦。這一個似乎是文化貧乏、在藝術和文學領域缺乏獨立精神的模仿時代，突然間在它的最後幾十年間，經歷了思想新方向的開始（或者說離經叛道的開始），小說這一歷史上不入流的文學形式奇異地崛起，對新學實學產生從來未有的興趣，並由此實現了第二次「文藝復興」。

因此一方面，我們會看到大都會花榜（妓女選美活動）之復熾，讓女色被放置於公眾場域中，被公開觀賞、品評。在此品賞中，女色就不只是作為一種私人情欲的投注對象而已，而是在與地域文化相結合之後，成為了一種文化象徵。

而另一方面，作為相反的一面，著名的哲學家李贄在麻城講學時，將他和梅澹然等女弟子討論佛學的往來問答刊刻流行，內容全是談論佛學，沒有半點違背禮教之處，但這本小冊子是他與諸女弟子的問答這一事實本身就已經驚世駭俗，足以成為罪狀了。事情演變的結果竟是李贄以七十之齡自刎於囚牢之中。作為現代人的我們，又將如何看待這些事實呢？

幾乎形成極大的諷刺的是，清朝雖然以異族的身分入主中原，然而在康熙和其繼任者的努力下，這個覆蓋了亞洲大陸絕大部分地區的大清帝國，成為了世界上財富增加和人口發展最快的國家。亞洲的大部分國家和地區（尼泊爾、緬甸、暹羅、越南、菲律賓、朝鮮），幾乎都承認了大清王朝的宗主權。

與此同時，經典研究和漢族文學掀起了新的高潮。訓詁學家們開始用懷疑的眼光檢討一切被以為是天經地義的經典文獻，「四書五經」首當其衝。比如有一位叫做汪中的學者甚至把孔夫子從聖人的寶座請下來，將他歸於諸子百家中的一位。崔述拒絕上古三皇五帝的傳說，袁枚則把《詩經》中的國風視為普通的情歌。

隨著鴉片戰爭的爆發、太平天國的運動和西方科學文化的進入，一個災難重重的年代開始了，中國人在自己的地盤上第一次感到手足無措，在清朝的經濟和社會走向崩潰的前夜，一種進步和充滿希望的未來也在鼓舞著人們。

很多研究者都注意到，中國人的公共生活有著陰陽兩面。具體在性文化的層面上，一些口耳相傳的黃段子顯然揭示了中國人「陰」的一面，反映出了潛藏於內心的情色意識。當它們被說出來時，往往會起到紓解和昇華內心焦慮與情欲衝動的作用。事實上，借助笑話發揮狂野的情色想像以巧妙地繞過禮教禁忌，並不需要以顛覆社會倫理為代價，反而可以舒緩禮教對情欲的壓制，使欲望找到宣泄的出口。

以「天下第一淫書」而論，曹雪芹借筆下的賈寶玉提出了「意淫」這一概念，這大抵相當於柏拉圖在兩千多年前提出的「精神戀愛」這一概念。如果就此而言，中國人的感情生活確實比較失敗啊，精神戀愛確實來得太晚了。

總之，在這個最壞和最好的時代，一方面是上海租界名媛選舉的興起，另一方面則是家家戶戶都擠滿了纏足的女子。中國人的性觀念和性文化彷彿是沒有座標的航船，在漫漫的黑夜中，尚不知曉要前往何處……

目次

上古王權時代的性文化

夏商周三代與春秋戰國

◉思潮

◉儀制

◉掌故

軍事帝國時代的性文化

秦漢魏晉南北朝

◉思潮

◉ 儀制

◉ 掌故

貴族帝國時代的性文化

隋唐五代時期

◉ 思潮

◉ 儀制

◉掌故

上古王權時代的性文化

——夏商周三代與春秋戰國

◉思潮

且且且——陽具崇拜

男女兩性在外表上最大的差別主要是在生殖器上，男性生殖器崇拜自然就是陽具崇拜。

原民最初以鳥紋象徵男根，這是因為鳥頭與陰莖頭相似；鳥生卵，男根也有卵（睪丸）；蛋白與精液相似，所以「玄鳥生商」的神話其實也隱喻著對男性生育時所作貢獻的追認。那時人們便注意到，如果男子不和女子交配，女子就不會生孩子。在《舊約全書·創世記》第三十章中的拉結就是持這種觀念的人，「拉結見自己不給雅各生子……對雅各說，你給我孩子，不然我就死去。」

廣東韶關世界聞名的丹霞山天然石祖

後來人們開始製作出各種各樣的石男根，以高聳的巨石、塔、石柱等物作為男根的象徵，畢竟這一形象比較直觀。

生殖器崇拜很快氾濫，《周禮》上說：「鎮圭」一尺二寸長，「天子守之」；「桓圭」九寸長，「公守之」；「信圭」七寸長，「侯守之」；「躬圭」五寸長，「伯守之」，此之謂也。這個圭就是握在手上的陽具，誰的權力大，誰的生殖器就越大，所以圭成為古代貴族朝聘、祭祀、喪葬時所用的禮器，通稱為「笏」。

到了漢朝，圭又演變為大臣上朝專用的手板了。大臣上朝時把要上奏的提要，寫在「笏」上面，以防忘記。最初的象徵性含義卻慢慢丟失了。

今天通用的文字「且」，就是男根的象形。不論是在甲骨文還是金文之中，雖筆畫有異，形態則一。根據造字原則，「祖」字的由來是「示」在左邊為神祇，「且」在右邊為男根，合在一起，便是以男根祭神之意。

阮元《揅經室一集》〈釋且〉中說：「古文『祖』皆『且』字。」到了小篆出現，才在「且」字旁邊加上「示」字旁，成為「祖」字，並說：「《說文》訓『且』為薦，字屬象形。」至於象什麼形，這位儒學大師吞吞吐吐的就是不肯明說。

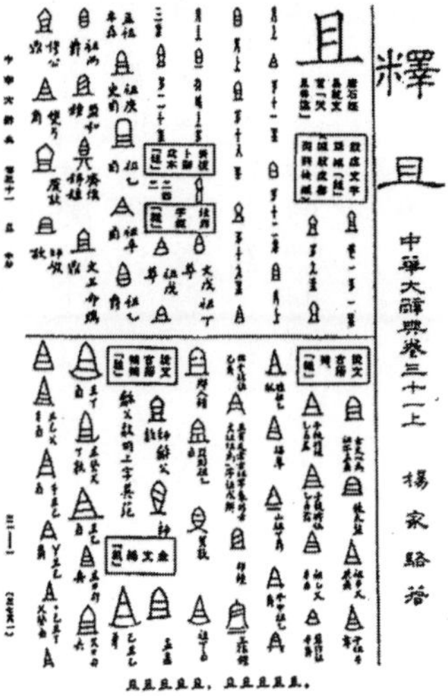

《中華大辭典》所載的各種「且」字

古人祭祖多用牌位，牌位就是木主，它的形狀就是一個典型的「且」字。這是因為中國儒家執迷於孔子的「祭如在，祭神如神在」。那麼選擇什麼作為祖宗的形象最合適呢？那當然是陽具了。因為沒有陽具，哪來在靈前哀毀骨立的孝子？

古代是否像我們現在也以陽具的壯偉為榮呢？翻檢資料可知，司馬遷在《史記》裡頭曾經形容過淫亂秦宮的嫪毒在這方面的特長，並名之為「大陰人」。而到了唐朝，一代女主武則天多內寵，很多毛遂自薦的人除了提到自己的外觀容顏俊美之外，還樂意展示自己的「硬體設施」，直接說自己「陽道壯偉」。

到明清兩代，由於色情小說的氾濫和春藥的流行，這樣的觀念可以說抵達了前所未有的巔峰，我們先來看看《金瓶梅》的第八十回，西門慶終於縱欲身亡，死在了「戰鬥」的第一線，他的狐朋狗友為了悼念他，請一位水秀才寫了一篇祭文。這篇祭文本質上便是將西門慶本人比做一根「壯偉」的陰莖——

維靈生前梗直，秉性堅剛，軟的不怕，硬的不降。常濟人以點水，恆助人以精光。囊篋頗厚，氣概軒昂。逢樂而舉，遇陰伏降。錦襠隊中居住，齊腰庫裡收藏。有八角而不用撓摑，逢虱蟣而騷癢難當。受恩小子，常在胯下隨幫。也曾在章臺而宿柳，也曾在謝館而猖狂。正宜撐頭活腦，久戰熬場，胡為罹一疾不起之殃？

想來如果西門慶泉下有知的話，一定會非常喜歡這篇文字，並對這位水秀才不吝賞賜的。為了獲得足以傲視群倫的「壯偉」之物，古人在這方面的想像力可以說遠遠地超越了時代。比如《肉蒲團》一書中的男主人公未央生，為了實現這一目的，居然冒險實行了一項駭人聽聞的手術——將狗的陰莖組織移植到他的陰莖上使之粗壯長大。當他遇見能夠滿足心願的天際真人時：

近代人所立的「屌神碑」

未央生道：「這等，學生不能待，還是為人之學罷了。方才見尊稟上有『能使微陽變成巨物』這八個字，所以特來請教。不知是怎樣的方法才能改變？」

術士道：「做法不同，大抵要因才而施。第一，要看他本來的尺寸生得何如；第二，要比本來的尺寸再擴充多少；第三，要問他熬得熬不得，拼得拼不得。定了規矩，方好下手。」

未央生道：「這三件是怎麼樣，都求老先生明白指教，好得學生擇事而行。」

術士道：「若是本來的尺寸不短小，又於本來尺寸之外擴充不多，這種做法甚容易，連那拼得拼不得、熬得熬不得的話都不必問，只消用些藥敷在上面，使它不辨寒熱不知痛癢，然後把藥替它熏洗，每熏一次洗一次，就要搓一次扯一次。熏之欲其長，洗之欲其大；搓之使其大，扯之使其長。如此三日三夜，就可比原來尺寸之外長大三分之一。這種做法是人所樂從的。若還本來的尺寸短少，又要於本來尺寸之外擴充得多，這種做法就要傷筋動骨了。所以要問他熬得熬不得，拼得拼不得。他若是個膽小的人，不肯做利害之事也就罷了，若還是愛風流不顧性命的，就放膽替他改造。改造之法，先用一隻雄狗、一隻雌狗關在空房裡，牠們自然交媾起來。等牠們交媾不曾完事之時，就把兩狗分開。那狗腎是極熱之物，一入陰中長大幾倍，就是精泄後還有半日扯不出來，何況不曾完事？而這時節先用快刀割斷，然後割開雌狗之陰，取雄狗之腎，切為四條。連忙把本人的陽物用麻藥麻了，使它不知疼痛，然後將上下兩旁割開四條深縫，每一條縫內塞入帶熱狗腎一條，外面把收口靈丹即時敷上。只怕不善用刀，割傷腎管，將來就有不舉之病；若腎管不傷，再不妨事養到一月之後，裡面就像水乳交融，不復有人陽狗腎之別。再養幾時，與婦人幹事那種熱性，就與狗腎一般。在外面看來，已比未做的時節長大幾倍；收入陰中，又比在外的時節長大幾倍。只當把一根陽物變做幾十根了，你道那陰物裡面快活不快活？」

《肉蒲團》的故事雖然是小說家言，不過足可概見以「陽道壯偉」為榮的想法在那個時代是何等的根深柢固，以至於能夠支撐男主人公以百倍的勇氣，拼了命、不要命地接受這個手術。

也也也——女陰崇拜

其實男根女陰的崇拜不獨中國為然，世界各地都有，便是近在我們身旁的印度，在古代，他們所信仰的印度教中一個支派便以「六芒星」為圖騰，此圖騰乃是男根和女陰的結合體。男女合二為一，能源循環不絕，大抵是各民族文明一發端便有的覺悟。

性器官、懷孕、分娩本來都是一種自然現象，可是早期先人們把它看得十分神秘。女性生殖器的象徵物，最初主要是子宮或肚腹，還有陰部。初民先以陶環、石環等為女陰的象徵物，其後則以魚的形象作為女陰象徵，這是因為魚形，特別是雙魚與女陰十分相似。其二則是魚的繁殖力很強，當然這也和原始初民都經歷過漫長的漁獵時期有密切關係。

關於女陰崇拜，古代的書中有很多記載。發展到後來，居然有了壓邪、克敵的新功能，以至於在古代戰陣交攻中用之不輟。明朝的小說《封神演義》中描述，兩軍對陣，一方施用妖法，搞得天昏地暗；另一方則舉起「萬點梅花帳」以破這妖法。這個「萬點梅花帳」是什麼東西呢？就是許多處女性交時，處女膜破裂所流的血染就的布帳，因此威力無比。

賀蘭山岩畫：繪有女陰三角的人形

據清人俞蛟的《臨清紀略》記載，清乾隆三十九年（一七七四年），山東發生了以王倫為首的暴動，攻打到臨清城，官兵在城牆上看見王倫隊伍中有一個身著黃綾馬褂的人，坐在南城對面幾百米的地方，看樣子像是一個首領，口中唸唸有詞。於是官兵移動許多炮筒，瞄準射擊。當時的炮彈被稱為鉛丸，群轟而下，卻都在那個人面前一兩尺的地方墜地。城牆上諸位軍官正束手無策之時，忽然有老兵把一個妓女帶到城牆上，解下她的內衣，並露出陰部對準那個人，再下令放炮。眾人看見鉛丸依舊墮地，不過忽然躍起，正好打中那人的肚子，一時間兵民歡聲雷動。

到了清光緒二十六年（一九〇〇年），義和團運動爆發，在京城久攻洋人使館區，東交民巷不下，當時主戰的徐蔭軒相國是個篤信程朱理學、昧於中外大勢的糊塗蟲，居然相信洋人之所以堅持那麼久，是因為洋人讓使館裡的婦女赤身裸體圍繞在一起，以禦槍炮，並戲稱之為「陰門陣」，當成一種快事在翰林間宣講，而且居然還有人相信，也是一大奇聞。這件事情由於清人高樹《金鑾瑣記》的記載，而得以流傳，此君還為此賦詩一首：

學守程朱數十年，正容莊論坐經筵。退朝演說陰門陣，四座生徒亦粲然。

而另一位進士出身的官員華學瀾則曾在其《庚子日記》中說：「本日為拳民蕩平西什庫之期，擺金網陣，唯洋人有萬女旄一具，以女人陰毛編成，在樓上執以指麾，則義和團神皆遠避不能附體，是以不能取勝。」由此可見女陰崇拜在中國的影響力。

今天人們談起文言文，就會以「之乎者也」代稱，可見這幾個字在文言文中出現頻率之高。既然談到女陰崇拜，「之乎者也」的「也」字不妨好好說一說，這個「也」字和用來象形男性生殖器的「且」字相對應，是用來象形女性生殖器的。

在《說文解字》裡頭，「也」字歸於「人」部：「也，女陰也。」這個字是象形字，從古籀文可以看出，它包含女性生殖器的大小陰唇和陰蒂，實在是象形得不能再象形。清朝朱駿聲《說文通訓定聲》以為「許說此字必有所受」，不過心裡卻很不舒服，寫了個批注說：「然是俗說，形意俱乖，知非經訓。」另外一位經學大師段玉裁在注《說文》則認定：「本無可疑者，而淺人妄疑之。許在當時必有所受之，不容以少見多怪之心測之也。」

所以呢，今天提倡國學教育者如果遇見小孩子不肯讀書，不妨告知以書中自有顏如玉，細心溫卷，也字連篇，則此中樂不足為外人道也。

天人合一——性交有理

《詩經》上有這樣一首詩，叫做〈野有死麕〉：

> 野有死麕，白茅包之；有女懷春，吉士誘之。
> 林有朴樕，野有死鹿；白茅純束，有女如玉。
> 舒而脫脫兮，無感我帨兮，無使尨也吠。

野地上有隻死獐子，用白茅草來包就。有個女孩兒正年華荳蔻，一名青年來引誘。林子裡有棵枯死的小樹，野地上有隻死去的小鹿。用白茅草捆住，有個女孩身體玲瓏如美玉。緩緩慢慢地來呀（來日方長之意），不要碰我的圍裙呀，不要惹我的狗叫起來（咬你）！

講的正是先秦時代男女野合的情形，尤其是最後一句，那是特別特別的情色，即便放到現代，也完全是十八禁了。

其實這種野合風氣，乃是出自政府的支持，《周禮．地官．媒氏》上說：

> 仲春之月，令會男女，於是時也，奔者不禁；若無故不用令者，罰之，司男女之

無夫家者而會之。

這是說到了仲春（也就是二月）這個萬物生機蓬勃的月份，要讓官員們曉諭所有的男女，在這個時候彼此相約到野外。相約到野外做什麼呢？就是交歡。而且還規定，如果沒有特殊情況，卻拒絕參加這一活動，就要接受懲罰。怎麼懲罰呢？就是強迫人們到還沒有成家的家庭去。去了幹嘛？當然還是行房。

為什麼把日子定在仲春呢？因為春天是播種種子的最佳時節。中國古代哲學的一個基本理論是「天人合一」論，在天人合一的觀念裡，天與人都是一個宇宙，只有大小之分：由於天圓地方，因此人的頭圓而腳方；天上有日月星辰與風雨雷電，所以人有五官與七情六欲；地上有九州，所以人有九竅；圓周分為三百六十度，人當然有三百六十根骨骼。

因此《白虎通義．嫁娶》上理所當然地宣稱：「《易》曰：『天地絪組，萬物化醇；男女構精，萬物化生。』人承天地施陰陽，故設嫁娶之禮者，重人倫、廣繼嗣也。」

古代的鳥、魚圖案。鳥象徵男根，魚象徵女陰，結合在一起表示吉祥

男女的性結合正是宇宙二元自然力相互作用的一種表現，人的微觀世界的所作所為必將影響到整個宇宙的宏觀世界。反過來，天地之變（風雨、雷電、寒暑等）會對男女性交、受孕有很大影響，所以行房也要挑一個好日子，比如大雷雨天的明顯就不合適做愛。

如果說，天人合一是儒家的觀念，那麼陰陽則是道家的堅持。在道家構建的樸素哲學裡，陰陽可以解釋一切事物，一切事物可以用陰陽分開，一切事物和諧相處甚至合二為一也是因為陰陽。陰代表女性，也象徵寒冷、黑暗、疾病與死亡；陽代表男性，象徵溫暖、光明、健康與生命。陰陽和諧使萬物井然有序，陰陽不諧就會引起疾病與死亡。所以呢，男女不做愛，陰陽就不協調，簡而言之，就是沒有天理了。

不過天理歸天理，人到底有別於動物，追求的是一種建立在愛情基礎上的性關係，因此，《詩經》開卷第一篇說的就是，「關關雎鳩，在河之洲。窈窕淑女，君子好逑。」彼此思戀愛慕，便要用一些小手段來表達，同樣是在《詩經》裡頭，又描寫了一對男女相約在河畔，男方贈送女方一件小禮物——芍藥，這禮物明顯是惠而不費，大概就是在野地裡採的，卻哄得女生大是開心。

《詩經》最有趣的情詩之一應該是〈褰裳〉：

子惠思我，褰裳涉溱。子不我思，豈無他人？狂童之狂也，且！

翻譯成現代文，意思就是，你如果好意來相親，那撩衣便可渡溱！你如果並不誠心，難道就再無他人？你這廝別太驕傲了！

最後，這個所願不遂的怨懟女子，撂下一句很拽的狠話——鳥（且）。

可見以對方生殖器打嘴仗，由來已久，不獨今日為然。

玄牝之門——道家的男女之道

道家的創始人是老子，他是楚國苦縣（今河南鹿邑東）人，做過周朝管理藏書的史官，據說在出函谷關隱居之前，寫了一本三千字的《道德經》。可別小看這三千字，古代的紙筆可是竹簡和刻刀，這三千字把這個老頭給刻得啊，我想沒死至少也要半條命。

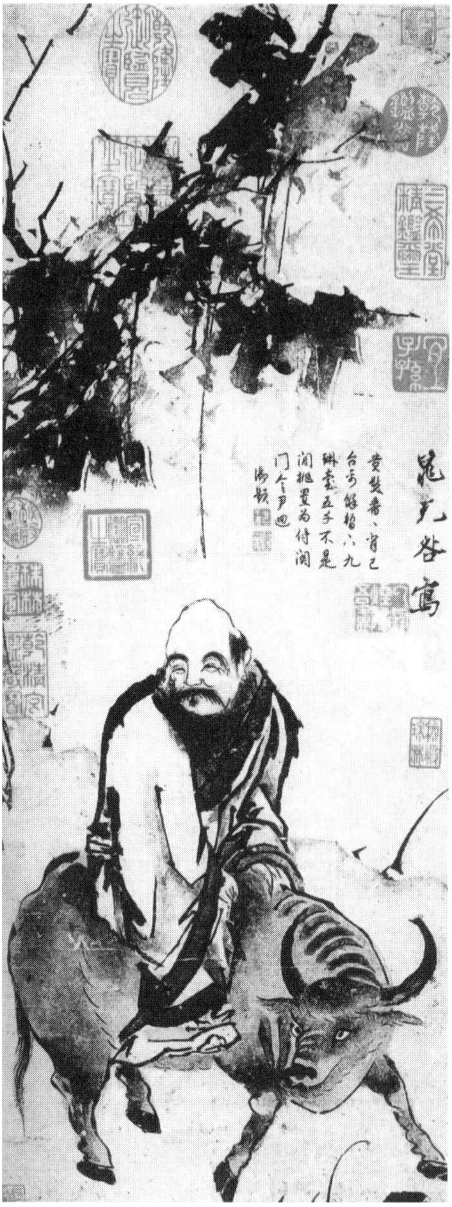

「老子騎牛圖」，宋人晁補之繪，北京故宮博物院藏

這三千字既然是這位老人家拼了老命硬擠出來的，那麼我們就不能不仔細去讀《道德經》說的當然是道了，那什麼是「道」呢？老子認為陰陽交合就是道，「谷神不死，是謂玄牝。玄牝之門，是謂天地之根。綿綿若存，用之不勤。」

什麼是「玄牝」呢？「牝」是母性、雌性陰戶的代號，相對於男性、雄性的代號「牡」。世界上的一切生命，都是由牝牡相交而成，而孕育生命的則是女性的生殖器官。所以老子造了一個名詞，叫做「玄牝」。「天下之牝，天下之交也。牝常以靜勝牡，以靜為下。」老子在這裡顯然是從女陰的生育功能中引申出天地的起源。

玄牝之門自然也是眾妙之門，要讓男人流連忘返。老子又說：「未知牝牡之合而朘（一作『全』）作，精之至也。」這又是什麼意思呢？一個男人還不懂得男女交合時，生殖器官已能自動勃起，這是精氣充足的緣故。可見，他認為人的性欲是一種本能，一種生理上的需求。

但是本能是不是就應該放縱呢？老子並沒有直接回答，然而他提出「故常無欲」，意思是人的常性是沒有什麼欲望；又提出「不可見欲」，意思是有常性的人不可以見到足以引起欲望的事物就想到欲望；又提出「少私寡欲」，意思是少考慮自己，不要有什麼欲望。

為什麼要這麼做呢？為了養生。他說：「治身不害神明則身安而大壽也。」提出治身如聖人守大道治世一樣，如果符合道的要求和規律，就會有神明來助，如按道的規律去治身，不害神靈，人就能健康長壽。

因此，老子提倡平和無欲的養生方式。惜精愛氣，厚如赤子，反對「益生」、「使氣」，節制性欲，減少房事，就成為老子養生的基本觀點，這也是後世房中養生家們研究房中養生術的基本思想。

他這個觀點很快得到很多人回應，道教的二號創始人莊子便是其中一位，他做過楚國蒙地方的漆園吏，一生遊戲風塵。他說：

夫天下所尊者，富貴壽善也；所樂者，身安、厚味、美服、好色、音聲也；所下者，貧賤夭惡也；所苦者，身不得安逸，口不得厚味，形不得美服，目不得好色，耳不得音聲；若不得者，則大憂以懼，其為形也，亦愚哉！

這段話比較長，意思是追逐欲望，以為滿足欲望會帶來快樂是一種愚蠢的行為。如果以此為樂，下場往往都是痛苦的。那麼什麼是真正的快樂呢？真正的快樂是清淨無為，不追求任何快樂，即所謂「至樂無樂」。

老莊二人雖然沒有直接對性愛作出闡述，但是老子主張「貴生」，莊子提倡「全生」，他們都站在哲學的最高點上解答了人如何對待性。有了這些觀念再去行房，境界自然不同。這也是為什麼中國古代的性學總是和養生、延年連在一起的原因。正是因為有這兩位先行者，才讓我們後人少走了許多彎路。

老莊被信徒們追尊為道家創始人，影響莫大，所以道家的男女之道，雖然著作汗牛充棟，但是總括起來也不外兩點：一是養生，二是房中術（性交技巧）。

從「五倫」到「三綱」——儒家的男女之道

道家無欲論的立意很高，但是有悖人情之常。儒家就不一樣，人情味很濃厚。孔子說「思無邪」，據說他還寫過一本性學著作，叫做《閉房記》，可惜已經失傳。既然失傳，我這裡就不好嘀咕什麼了。

然而先秦時候的儒家認為，萬物的化生，人類的繁衍，完全在於性交，倘若沒有性交，一切都將終結，那時也就無所謂社會，無所謂宇宙，更無所謂討論宇宙原理或人類法則的哲學了。所以儒家認為性交，或者叫生殖，是最偉大最神聖的。我這麼說，大家可能又要說我胡說了，但是我要說，我這「胡說」也不是憑空而來的。先來看看這段話——

> 有天地，然後有萬物；有萬物，然後有男女；有男女，然後有夫婦；有夫婦，然後有父子……夫婦之道，不可以不久也，故受之以恆。

這段話出自《易經．序卦傳》。相傳是孔子所寫。孔子是到五十歲才開始學《易經》，所以他說五十而知天命，六十而耳順，七十而從心所欲不逾矩，加上二十年學《易經》的心力，他認為得了道。當然，也有人說不是孔子寫的，但是沒關係，反正信仰孔子的徒子徒孫們是把這段話當成寶的。

我就說說他的傳人孟子吧。《孟子．告子上》記載告子曰：「食色，性也。」吃飯與性愛，是人的本性。本性就是道，道就是順，順就是順其自然，自然就是本性。有色欲才有男女，有男女才有夫妻。儒家「五倫」中最基本的關係是夫婦關係，沒有夫婦關係，其他關係都不可能存在。孟子所謂的「父子有親，君臣有義，夫婦有別，長幼有序，朋友有信」的「五倫」道德規範其實講的就是人際關係構成的社會。

第一種關係叫做君臣關係，第二種關係是父子關係，第三種關係是夫婦關係，第四種關係是長幼關係，也就是哥哥與弟弟之間的關係，第五種關係是朋友之間的關係。有了這五種關係，便可以建立起現實的社會網路。

可見，儒家的男女之道原初是很好，是好得不能再好的，但是後來卻被董仲舒敗壞了。這「五倫」到了他手上，一變而成了「三綱」，「三綱」即「君為臣綱」，「父為子綱」，「夫為妻綱」。

為什麼省略掉了「長幼有序，朋友有信」，而只留下「父子有親，君臣有義，夫婦有別」呢？這是因為「五倫」雖然有尊卑、有高下，但從某種意義上來說，還是彼此對等的人格實體，不存在誰壓迫誰的問題，不是要總結出誰應該主宰誰的問題。

但是「三綱」就不一樣了。在《春秋繁露》中，董仲舒按照他的大道「貴陽而賤陰」的陽尊陰卑理論，認為在人倫關係中，君臣父子夫妻存在著天定的、永恆不變的主從關係：君為主，臣為從；父為主，子為從；夫為主，妻為從。以此確立了君權、父權、夫權的統治地位，把封建等級制度、政治秩序神聖化為宇宙的根本法則。「三綱」之外，再輔之以「五常」——仁、義、禮、智、信，便能維持社會的穩定和人際關係的和諧。

這種思想當然非常糟糕了，魯迅先生因此批評中國人只有兩種：一種是主子，一種是奴才，不是沒有道理的。

但是也不能說董仲舒的這一思想毒害蒼生，因為他也是沒有辦法的。他所處的時代，是漢大一統的時代，不像春秋戰國時期，小邦小國的容易治理。漢王朝要治理那麼大的國家，可是當時又不像現在，有很多通訊設備，有很多的交通工具，要控制這麼大的國家，只能依靠威權來震懾。這個道理就好比說是開公司，創業階段大家可以嘻嘻哈哈，不在乎什麼規章制度。但是一旦公司有了規模，新人一個個進，老闆管不過來的時候，就會請一個ＣＥＯ，ＣＥＯ來了，自然就是把規章制度搬出來，然後硬性地推行。一推行起來，自然而然創業初期員工那種很自由、很有衝勁的狀態就消失了，取而代之的是一種被束縛的感覺。而下一任ＣＥＯ又在繼承上一任ＣＥＯ擬定的制度的基礎上繼續加上更多的細則，為什麼呢？因為環境改變了。

所以呢，出了個董仲舒大講三綱五常，奇怪嗎？不奇怪。三綱五常就是一個制度，一方面起著規範，禁錮人們思想和行為的作用，但是另一方面也起到了維護社會秩序，規範人際關係的作用。到了宋代，不是又有程朱理學，開始大講特講禮教大防嗎？

總之，儒家學派從漢代開始，當了兩千年的ＣＥＯ。容易嗎？不容易。換了道家、法家、佛家來當家，我想最後也是一樣的，他們的選擇其實並不多。

雲行雨施，品物流形——《易經》裡頭的大學問

《易經》乃是群經之首。「經」，自然是經典的意思，只要是涉及中國文化的學問，基本上都可以上溯到《易經》的。那麼「易」呢，則有三義：不易，變易，容易（一說簡易）。舉凡天地萬象，無不網羅其中，連現代心理學的鼻祖榮格也為之傾倒萬分，是一本很神奇的書。

既然號稱包羅萬象，對男女性事這一人生大事少不了也要卜上幾卦。開篇第一卦「乾卦」如果翻譯得「具體」的話，就是描寫一個勃起的全過程。

乾：元、亨、利、貞。是好的開始，可以發展，可以繁榮，可以結果（這個總卦講白話點，就是性交是好事情）。

初九：潛龍，勿用。龍潛在水底，不要有動作（還沒有勃起）。

九二：見龍在田，利見大人。見到龍升到田野裡來了，見到大人先生是好的（為什麼在野呢？野合之謂也）。

九三：君子終日乾乾，夕惕，若厲，無咎。君子白天努力，晚上努力，這樣幹就沒錯（少年人就是這麼不舍晝夜地拼命啊）。

九四：或躍在淵，無咎。（龍）在下面躍躍欲試了，沒錯（要出頭了，當然是出個「小頭」啦）。

九五：飛龍在天，利見大人。龍飛在天上了，見到大人先生是好的（鋒芒畢露）。

上九：亢龍有悔。龍飛在天上，高過了頭，是要後悔的（別太興奮了，會過頭的）。

大家看到這裡可能要說我這是曲解了吧。不過呢，我這樣的曲解還算是比較克制，有些人甚至直接就說《易經》是中國人的第一本性學專著，每一卦講的都是男女性愛。近代學者錢玄同就說：「我以為原始的易卦，是生殖器崇拜時代的東西：『乾』、『坤』二卦即是兩性的生殖器記號。」而郭沫若對此進一步闡述，他認為「八卦的根柢我們很鮮明地可以看出是古代生殖器崇拜的孑遺。畫一以像男根，分而為二以像女陰，所以由此而演出男女、父母、陰陽、剛柔、天地的觀念……」。

再看看《易經》的原文：「男女構精，萬物化生」，「雲行雨施，品物流形」，「天地感而萬物化生」，「天地不交而萬物不興」，每一句都是在歌頌性交的。《易經》所謂的陰陽，其實就是生殖文化，所以《周易．繫辭》直接說了，「生生之謂易。」

如果這些大學者還不能說服讀者，那麼我們再來看看《易經》裡的「咸卦」，這個「咸卦」呢，和「乾卦」又不同，是個女性卦，感應卦。

> 咸：亨、利、貞，取女吉。可發展、繁榮、結果，娶個女人，是吉象。
>
> 初六：咸其拇。碰她的大腳趾（先露一手，試探一下）。
>
> 六二：咸其腓。凶，居吉。碰她的小腿。不好，不動才好（這個女孩子比較保守哦，慢慢來，老公有的是耐心）。
>
> 九三：咸其股，執其隨，往吝。碰她的大腿，她用手推開他的腳（越來越接近戰略要地，該死，又被對方拒絕了）。
>
> 九四：貞吉，悔亡，憧憧往來，朋，從爾思。不動就好，動了就糟了，內心忐忑，朋友，照你所想的去做（煮熟的鴨子害怕你跑了，膽子太小了就不是男人）。
>
> 九五：咸其脢，無悔。抱住她的背，不要後悔（迂迴作戰，繞到後面去）。
>
> 上六：咸其輔、頰、舌。吻她的嘴唇，親她的臉頰，舐她的舌頭（即將搞定）。

可見「咸卦」是典型的性交卦，闡明了性交前的調情動作，還有女上男下（兌上艮下，兌象徵少女，艮象徵少男）的性交體位。潘光旦先生認為，這一段文字與其說是描寫性交本身，毋寧說是描寫性交的準備。所謂「咸其拇」，「咸其腓」，「咸其股，執其隨」，「咸其脢」，「咸其輔、頰、舌」都是前戲，以解除女方的恐懼感，並刺激女方的性欲，自外而內，步驟分明，以叩開女方的齒牙為結束。

不過呢，《易經》所講的性愛，並不是單純的性欲發洩，而是追求一種兩情相悅的性愛，同時也體現了對女方的尊重。這些理論後來被中醫所吸收，認為性交需要精、氣、神俱至。

有些專家學者甚至認為六十四卦衍生圓圖也是先民的群合圖。李銘遠就認為一陰一陽是男女交合，而兩陽交合則是男同性戀，兩陰相交則為女同性戀，其他的可視為一男多女或一女多男的媾和，或多男多女的媾和，這些斷語倒未必是無稽之談，像「二女同居，其志不相得」，「二女同居，其志不同行」，「垢，女壯，勿用取女」，「孤陰不生，獨陽不長」之類的話，都足為旁證。

不過，如果把《易經》當成純粹的性愛入門讀物也不對，這本書是用性愛來講道理，講哲學的道理，因為這樣的方式更容易深入人心。現在很多人愛讀王小波的小說，卻不知道王小波學的也是《易經》的手段，用性愛談人生，誘引讀者墜其中而不覺。

養陰和養陽——馬王堆的性學書目（上）

一九七二年至一九七四年湖南的馬王堆漢墓挖掘出土了一具在地下埋藏了好多年都沒腐爛的女屍。這個歷經兩千多年肌膚柔韌，毛髮尚在，關節活動，全身潤澤的女屍，為世界上發現歷史最悠久的濕屍，女屍內棺上覆蓋的一幅彩繪帛畫，花紋美麗、色彩絢爛，可謂我國絲織品中的絕有瑰寶。此外還出土了漆器、陶器、竹簡、絲織等隨葬物品達三千多件，其中不乏奇珍異寶。經過考證，原來這裡是西漢初漢文帝時期長沙國丞相軑侯利蒼家族墓，一號墓出土的女屍是利蒼的夫人辛追，二號墓埋葬的是利蒼本人，三號則是利蒼兒子的墓坑。

這裡出土的書籍有《周易》、《老子》等，大部分是已經失傳一兩千年的古籍，被稱之為繼敦煌之後最大規模的一次古代典籍發現。這些帛書和竹簡在日後形成了一門獨立的學科——馬王堆學。

挖的既然是漢文帝時期的墓，出土的自然是春秋戰國時期的書籍了。這些書籍中和醫學相關的有十四種十五本，而其中與性學有關的就有七種——《養生方》、《雜療方》、《胎產書》、《十問》、《合陰陽》、《雜禁方》、《天下至道談》（這些書目為整理者所擬）。這些書籍因為載體是竹簡和帛書，所以年深日久，字數多有脫落，不足為奇。不過從現存的文字還是可以體察其大致內容的。

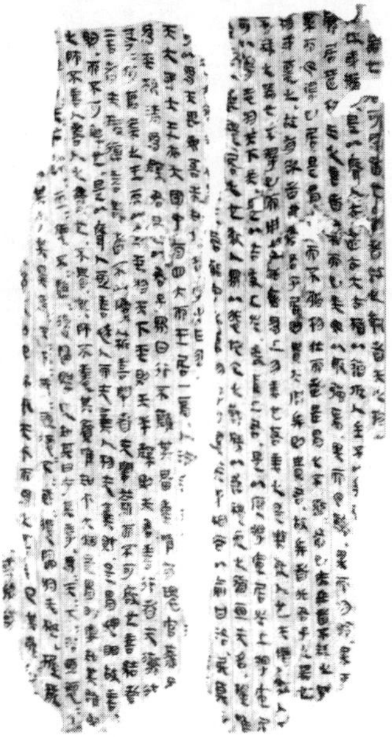

湖南長沙馬王堆出土的《老子》帛書， 與傳世今本《老子》多有不同

先說《養生方》，這本書除了一般的養生補益之外，還有性治療和保養的方法。而且按男女性別不同，分為「養陽」和「養陰」，包括了三十二個藥方，基本上現在電線杆子上的廣告所說的性功能障礙都在這裡已經提及了。其實這也沒辦法，古代沒有什麼娛樂，天黑得早，除了「嘿咻」之外，沒事可幹。不能勃起的，在《養生方》中叫做

「老不起」；嫌自己陽具太小的，嫌小弟弟硬度不夠的，也分別有專門治療的方子。此外又有治療性欲減退、精液稀薄的方子。另外還指出了攝食某些食物有助於壯陽。更指出男女交合要遵循一定的法度，房事要有節制，交合的動作要舒緩，要模擬各種動物的姿態。以上是針對男方的，至於針對女方的也不少。例如嫌自己的陰道過於寬鬆，如何增加性快感，還有怎麼修理陰毛。尤為難得的是本書的卷末還附上了一幅女性生殖器的平面圖，還標出了其後延用兩千多年的陰部部位術語。

《雜療方》的主治內容和《養生方》相近，但是開出的方案卻又有不同。比如治療男子陽痿的方子，該方用桂枝、乾薑、花椒、蕉莢等藥物磨碎之後混合在一起，用米湯合成丸子。乾燥之後收入竹筒中，防止藥性走漏。用的時候將藥塞入病人的肚臍眼中，等到藥性發作，陽具勃起的時候，再清除掉藥丸。

《胎產書》顧名思義，自然是講養胎、埋胎和求子的方法。產科在古代也屬於性學的一部分。這本書有兩幅插圖，一個是小孩子的全身像，標出了十二辰，大概是用來根據小孩子的生產之日以預測吉凶，另一張則是四方十二月的方圖。古人認為藏埋胎衣的位置會扭轉人的命運，所以特別重視。這本書的正文採用問對方式，偽託為大禹和幼頻探討胎孕問題，講的自然是逐月安胎的法門，還有藏埋胎衣與求生男生女之方了。想要生男孩，孕婦就要常弄弓箭或者去看公馬雄虎；想要生女孩子，就多佩戴簪子、耳環之類的東西。這本書是我國第一本論述胎教和優生的文獻。當然了，其中很多說法屬於牽強附會，但是對那個時代的人來說，已經很「科學」了。

《雜禁方》的篇幅短小，主要講禁咒巫術。像夫妻反目，就要在門楣上方塗上五尺大小的泥巴。而且還有給變心的愛人服用的媚藥，好讓對方回心轉意。為什麼這麼做呢？考古學家考證來考證去，以為門楣的「楣」和「媚」同音，而「門」則象徵陰戶。這當然是一種迷信，效果如何只有天知道。不過媚藥歷朝歷代都有，《左傳》裡頭就明說蘭花是媚藥，《山海經》和《博物志》也有提及，到了明清時代，《金瓶梅》小說中還有一種叫做「回背術」的媚藥。

談性正濃——馬王堆的性學書目（下）

《十問》、《合陰陽》、《天下至道談》這三本則比上面四本書籍內容更為翔實，因此價值更高。

《十問》一書，偽託了黃帝與天師、大成、曹熬、容成，還有堯與舜、王子巧與彭祖、商王盤庚與耇老、禹與師癸、文執（摯）與齊威王、王期與秦昭王等歷史名人之間的問答，相當於現代的電視專欄，每期都要特邀嘉賓，節目的內容自然是「談性正濃」。

這十問討論了十個有關房事養生的問題，主要論述房事中應如何順應天地陰陽的變化進行補養。第一問，問的便是如何行氣。提出了採陰補陽最初淺的概念。第二問，討論的是房中食補。通過服食動物的睪丸以達到壯陽的目的。第三問則提出了固精不洩的法門，一連列舉了九種不洩的好處。第四問討論的是長生長壽，把做愛當成健身運動了。第五問提到了性功能是最早衰退的，因此要愛護它，學習和研究如何保護它。第六問討論的是養陽，包括導引按摩、行氣服食等內容。第七問已經隱隱約約有了還精補腦的最初概念。第八問則有點搞笑，開篇講述大禹治水多年，過於勞累以至於陽痿，結果家庭大亂，他的臣子給他開的藥方是每天做體操之類的有氧運動。第九問談的是養生，主要是食補和睡眠。第十問講的是取天地之氣和通過對女子的採補還補自身。

應該說這《十問》全文四千多字，相當於春秋戰國時期性學的概要，涉及面很廣，但每一點其實都語焉不詳。《合陰陽》和《天下至道談》則不同，專一課題講的都是性技巧，所以不可避免地在有些地方有所雷同。

先說《合陰陽》，這本書專論行房的原則和方法，講到了男女行房之前的前戲和性交。提醒男方要注意挑逗女方的性欲，觀察其相應的反應（「五欲」之征）。

哪「五欲」呢？一是臉部發熱；二是乳頭豎立，鼻尖出汗；三是舌薄而滑；四是陰水流濕大腿；五是不斷吞咽口水。到了這個時候，就是正式進行交合的最好時機了。

交合的時候，男女應當模仿多種動物的活動姿態進行交合。對於抽送力度、角度、深淺和頻率也一一作了說明。有「十動」之說，後世所謂的「九淺一深」即是發源於此。同時在交合的過程中，男方還要細細品味。

書中還提到性交時女子陰戶產生的氣味，分為「十已」。一已出現清新涼爽的感覺；二已可以聞到燒烤骨頭的氣味；三已聞到焦燥的氣味；四已陰液如油膏；五已聞到稻穀的清香；六已陰戶十分滑潤；七已交媾能夠持久；八已陰液濃稠；九已陰液如膠似漆；十已則精氣耗竭。耗竭之後陰戶又會滑潤，清新涼爽的感覺重新出現，女方便達到了性高潮。

又指出性高潮的特點：女子鼻上出汗而嘴唇發白，手足抖動，臀部離開墊席。此時男子當及時停止性交，如不停止，就會對身體造成損害。這時，前陰部位因為氣血匯集而擴張，精氣輸入內臟，就會產生旺盛的精力和聰明的才智。

可以說，這本書證明了古代的中國人已經掌握了性交過程中有興奮期、持續期、高潮期、消退期等，並作出了精彩而具體的描述。

《天下至道談》的意思當然是把房事的養生保健提升到了天下至道的高度。這本書偽託了黃帝和左神的對答，和《合陰陽》最大的不同，在於這本書主要討論的是性保健，而非純粹的性技巧。在開篇即提出節制性欲對性保健的重要意義。接下來就談到性交的「八益」和「七損」。

所謂的「八益」，一是調治精氣，二是致其津液，三是掌握時機，四是蓄養精氣，五是調和陰液，六是聚集精氣，七是保持盈滿，八是防止陽痿。

而「七損」則為，一是精道閉塞（即性交的時候，陰莖或者陰戶疼痛），二是精氣早洩，三是精氣短竭（即淫欲過度），四是陽痿不舉（即性交時陰莖不能勃起），五是心緒不寧，六是陷入絕境（即女子沒有性欲的時候，男子粗暴地強行交媾），七是耗費精力（即性交的時候求急圖快，不能使雙方都達到性高潮）。

該書認為「八益」使氣血流暢，津液不絕，男女雙方情投意合、配合默契，能讓身體得到補益。而「七損」則是交合不得其道，對人體是有損害的。

指導黃帝養生的天師岐伯

講完「八益」、「七損」之後，順理成章的便是開始討論性交的體位了，共分為「十勢」；整個性交過程分成十個步驟，名之為「十修」；每次性交插入的角度、深淺和抽送頻率又名之為「八道」。「十勢」、「十修」、「八道」統稱為「接形」。

以上這些描述的視角是從男方的角度出發的，那麼在整個性交的過程，女方的反應又如何呢？下文則描述了女性性興奮的八種動作，稱之為「八動」；五種女性性興奮的聲音，稱之為「五音」。總而言之，本書指出如果女性不達到性高潮，便不能被稱為美滿的性交。

要而言之，這七本書字數不多，但卻是中華性學之發凡，內容之間的理論要素也趨於統一，都是通過天道來演述人道，體現了對「天人合一」的追求。

就做愛體位姿勢擬名而言，《合陰陽》上的「十節」：一曰虎遊，二曰蟬附，三曰尺蠖，四曰困角，五曰蝗磔，六曰猿據，七曰蟾諸，八曰兔騖，九曰蜻蛉，十曰魚嘬，和《天下至道談》的「十勢」基本上是重疊的。而許多沿用至今的術語已經在兩千多年之前定型，比如陰門、陰戶、精等等。而另外一些術語則在演進過程中慢慢消失，如玉策（陽具）、琴弦（陰道口）等等。

娶妻避其同姓——亂倫是很不好的事情

《國語・晉語》中說：「娶妻避其同姓，畏亂災也。」

看起來在春秋戰國時期，人們就已經很在意亂倫這一事，並已經擴展到同姓。不過中國人書面上振振有詞的東西大抵靠不住，所以孔子說「聽其言，觀其行」。

據《左傳》所載，在桓公十六年至桓公十八年僅僅三年間，就驚爆兩件驚天的醜聞。

第一件的男主角是衛宣公，他和自己庶母夷姜通姦，生下了急子，並為急子向齊國求婚。待看到兒媳長得漂亮，卻先下手為強，又生下兩個兒子。上烝庶母，下奪兒媳，可謂是一個也

衛宣公並姜
宣姜者齊侯之女衛宣公之夫人也初宣公夫人夷姜生伋子以為太子又娶於齊曰宣姜生壽及朔夷姜既死宣姜欲立壽乃與壽弟朔謀構伋子公使伋子之齊宣姜乃陰使力士待之界上而殺之曰有四馬白旄至者必要殺之壽聞之以告太子曰太子其避之伋子曰不可夫棄父之命則惡用子也壽度太子必行乃與太子飲奪之旄而行盜殺之伋子醒求旄不得遽往追之壽已死矣伋子痛壽為己死乃謂盜曰所欲殺者乃我也此何罪請殺我盜又殺之二子既死朔遂立為太子宣公薨朔立是為惠公竟終无後乱及五世至戴公而後寧詩云乃如之人德音无良此之謂也
頌曰
衛之宣姜 謀危太子
欲立子壽 陰設力士
壽乃俱死 衛果危殆
五世不寧 乱由姜起

衛宣公因為亂倫而使得自己的兩個兒子都不得好死

不放過，氣得夷姜上吊自殺。

第二件的主角則是魯桓公的夫人、齊襄公之妹文姜。魯桓公與齊襄公相約會於濼。在這次國際聯誼會上，魯桓公帶上自己老婆，為的自然是鞏固邦交，沒想到竟發現文姜和其兄長早有姦情。魯桓公對這頂綠帽子當然大有意見，因此狠狠責備文姜。文姜惱羞成怒，就向姦夫兼兄長齊襄公告狀，結果齊襄公竟派人謀殺桓公。

齊國是大國，魯國是小國，吃了這個虧也不敢和齊國翻臉，不過山東人脾氣耿直，藏不住事，就寫到詩歌裡去表一表，唱一唱，唱來唱去就被孔子收錄到《詩經》中，篇名叫〈南山〉：

南山崔崔，雄狐綏綏。
魯道有蕩，齊子由歸。
既曰歸止，曷又懷止！

整首歌的意思是，高高的齊國南山

上，有只雄狐淫邪地求偶。魯國的道路是那麼的坦蕩，文姜從齊國過來嫁給我們國王桓公。襄公你作為哥哥，既然將妹妹出嫁了，為什麼又要想和她通姦呢？

清末有個學者張亮采寫過一本《中國風俗史》，就對這段時期作過總結——

> 上自王家，下及士大夫家，內室穢亂，毫不為怪。於是庶子烝母，孫烝祖母，及以兄嫂為妻，竟出自國人之贊成。此時之人民，更烏知世間上有所謂廉恥乎？上有好者下必有甚，無怪民人之淫亂也！

亂倫是很不好的事情，這不好當然有優生學角度上的考慮，不過最主要的還是社會安定的問題。小到家，大到國，父母輩和子女輩的性交以及兄弟姐妹之間的性交，到最後都會出現許多問題，因此禁止亂倫的呼聲越來越高，慢慢由習慣法[1]演變為成文法。

後世很多朝代明訂法典，規定對亂倫的處罰，唐朝的《唐律疏議》卷二十六〈雜律〉說：「諸奸父祖妾、伯叔母、姑姊妹、子孫之婦、兄弟之女者，絞，即奸父祖所幸婢，減二等（謂徒三年）。」可見處罰是很重的。

不過，實際上習慣法和成文法之間總是有差距，一代明君唐太宗就把自己的弟弟齊王李元吉的妃子楊妃迎入宮中，唐玄宗更是連自己的兒媳楊玉環也不放過。當然了，制訂法律的文官們自然不敢去管皇帝老子的家事，不過對老百姓的家事，那管起來可就熱心得很了。

嫂子的手摸得摸不得——男女授受不親（上）

後世的儒家頭巾氣特別重，動不動就要逼寡婦上吊，讓淫婦浸豬籠，不過他們信奉的大老師孟子其實開通得很，討論起性問題來，足可以上電臺節目當主持人。

有一次有人問孟子，舜違背自己父親的意願，迎娶帝堯的兩個女兒娥皇和女英，這是典型的「不告而娶」，比「不告而取」的小偷還可恨，怎麼居然還是大聖人？

孟子當場給了那個傢伙一個爆栗，「為無後也」。然後說了一大堆「不孝有三，無後為大」的話，唬得對方連自己問什麼都忘記了。

其實舜不娶娥皇和女英，找別的姑娘成親，孩子照樣也會有，孟子答非所問，完全是詭辯。而且他公然宣稱：「告則不得娶。男女居室，人之大倫也；如告，則廢人之大倫。」什麼是男女居室？就是行房。孟子的意思是，舜是先上車後買票，已經和娥皇、女英那個那個了，所以要負責任。如果要是告訴父母，父母不同意了，那就更對不起娥皇和女英，所以就索性不說了。

孟子一向就認為飲食男女，人之大欲也。所以當齊宣王自我懺悔「寡人有疾，寡人好色」的時候，孟子就一臉不以為然。他告訴宣王，從前連周文王的祖父也好色，也愛他的妃子。《詩經》上說，他清早馳馬沿著河的西岸直到岐山之下，同他的妃子美女一起為了建築宮室而考察地勢。可是王國在他的治理下，內無怨女，外無曠夫，這是因為實行王道的結果。孟子說

1 法律上指未經明文規定，但為國家、國民承認，且具有法律效力的禮俗風尚或社會習慣。

到這裡，一臉正氣地說，好色沒有什麼不好，但是不能只有你一人好了，還要全民一起好，大家一起high，人人都有伴侶，人人都有和諧的夫妻生活，王道自然也就實現了。

當時「男女授受不親」已經蔚為風氣，開始走向極端了，《禮記·坊記》就已經載明了相關的戒律——

> 故君子遠色，以為民紀。故男女授受不親。……姑姊妹已嫁而返，男子不與同席而坐。寡婦不夜哭。婦人疾，問之不問其疾，以此坊（防）民，民猶淫洪而亂於族。

針對於此，有個叫淳于髡的人問孟子，既然男女授受不親，那麼如果嫂子掉進水裡快淹死了，該怎麼辦？這個可是經典的難題，就像老媽和老婆掉到水裡，要先救哪一個一樣的經典，不是非常人沒辦法對付。

孟子回答說，如果眼看嫂子要淹死了而不救，這真是豺狼了（連嫂嫂掉在河裡時是否應該用手拉她這都有疑問的人就更是豺狼了！）。男女授受不親，這是「禮」；嫂溺而援之以手，權也。

後來寫黃色小說出了名的大才子李漁在他的《十二樓·合影樓》開篇就接著這個話頭寫上這麼一段——

> 儒書云「男女授受不親」，道書云「不見可欲，使心不亂」，這兩句話極講得周密。男子與婦人親手遞一件東西，或是相見一面，她自她，我自我，有何關礙，這等防得森嚴？要曉得古聖先賢也是有情有欲的人，都曾經歷過來，知道一見了面，一沾

了手，就要把無意之事認作有心，不容你自家做主，要顛倒錯亂起來。譬如婦人取一件東西遞與男子，過手的時節，或高或下，或重或輕，總是出於無意。當不得那接手的人常要畫蛇添足，輕的說她故示溫柔，重的說她有心戲謔，高的說她提心在手何異舉案齊眉，下的說她借物丟情不啻拋球擲果。想到此處，就不好辜其來意，也要弄些手勢答她。焉知那位婦人不肯將錯就錯？這本風流戲文，就從這件東西上做起了。至於男女相見，那種眉眼招災、聲音起禍的利害也是如此。所以只是不見不親的妙。

阿谷處女的小故事——男女授受不親（下）

漢代的劉向寫過一本《列女傳》，裡頭有個關於阿谷處女的小故事。

少女阿谷在河邊洗衣服，孔子和他的弟子子貢路過，於是拿出一個杯子出來，讓子貢想辦法去挑逗那個女子，並且嚴肅地說：「這是為了考驗這個女孩子的品德。」於是子貢上前去，「我是從北鄙之地來的人，要往南邊的楚國去，卻碰上這麼個大熱天，真是難受，希望向姑娘借點水喝。」少女阿谷道：「這裡的溪水東流入海，你想喝就喝，問我做什麼？」話雖然這麼說，姑娘還是接過子貢的杯子，從溪水中舀了水，然後放在旁邊的沙地上，說道：「禮不親受。」

這個故事明顯是捏造出來的，因為雖然《禮記》有「男女授受不親」這一條，不過這只是

男女授受不親的極端例子便是「引線切脈」，這樣治療的效果可想而知，所以古代的皇后嬪妃往往壽命不長

士大夫人家的禮儀，下層的老百姓大多不理會這一套。

「男女授受不親」在後世的一個可笑產物，即是所謂「垂帳診脈」——男醫生為女病人診脈時，醫生和病人手掌不可避免要接觸，可是忍無可忍還須再忍，避無可避還須再避。為此想出一個辦法，讓女病人躲在帳中，只伸出一隻手讓醫生把握診脈。如果病人是貴為皇后妃嬪級別，那醫生就更慘了，只能用絲線繫在女病人手上，靠絲線傳遞脈動而診，至於病能不能治好，顯然居於次要的考慮了。這樣診治的療效只有天知道了。

男女授受不親自然是基於男女之防的需要，《禮記》的出現將不可能變為可能，把這一理念完美地付諸實踐。

想來《禮記》在當時是一部充滿理想主義的傑作，上至於國，下及於家，無所不管，和柏拉圖的《理想國》如出一轍，特別在〈內則〉、〈曲禮〉等篇中，更是對男女之防有許多「建設性」的想法，諸如：

外內不共井，不共湢浴，不通寢席，不通乞假，男女不通衣裳。

男女不雜坐，不同椸枷，不同巾櫛，不親授。嫂叔不通向……外言不入於捆，內

> 言不出於捆。
>
> 男女不同椸枷，不敢懸於夫之揮椸，不敢藏於夫之篋笥。

要是真的實施這種種戒律，不知成何世界。男女之間，視對方如惡魔，如猛獸，就是走在路上，也要相互避開，還談什麼陰陽和合之美？

而在〈儀禮〉篇中，更是將大男子主義發揮到了極致——

> 婦人以順從為務，貞慤為首，故事夫有五：一是平日纚笄而相，則有君臣之嚴；二是沃盥饋食，則有父子之敬；三是報反而行，則有兄弟之道；四是規過成德，則有朋友之義；五是唯寢席之交，而後有夫婦之情。

最後更演進為「三從」，未嫁從父，既嫁從夫，夫死從子；再加上〈周禮〉中的「四德」，婦德、婦言、婦容、婦功，合稱「三從四德」。

可悲的是，這樣的幻想竟然在宋明儒學大師的手上變成現實，大放光彩，把婦女禁錮得透不過氣來。直到晚清，西風日漸，中國的學者有了新的參照，放懷思考天理人欲這些老問題，在《老殘遊記》有一回「一客吟詩負手面壁，三人品茗促膝談心」中，劉鶚便借美貌才女之口，在雪夜之中與一位叫申子平的學子侃侃而談，一掃禮教千年之陰霾。

> 子平聞了，連連讚歎說：「今日幸見姑娘，如對明師。但是宋儒錯會聖人意旨的地方也是有的，然其發明正教的功德，亦不可及。即如『理』、『欲』二字，『主

敬』、『存誠』等字。雖皆是古聖之言，一經宋儒提出，後世實受惠不少，人心由此而正，風俗由此而醇。」

那女子嫣然一笑，秋波流媚，向子平睇了一眼。子平覺得翠眉含嬌，丹唇啟秀，又似有一陣幽香，沁入肌骨，不禁神魂飄蕩。那女子伸出一隻白如玉、軟如綿的手來，隔著炕桌子，握著子平的手。握住了之後說道：「請問先生，這個時候比你少年在書房裡，貴業師握住你手『撲作教刑』的時候何如？」子平默無以對。

女子又道：「憑良心說，你此刻愛我的心，比愛貴業師何如？聖人說的『所謂誠其意者，毋自欺也。如惡惡臭，如好好色』；孔子說『好德如好色』；孟子說『食色性也』；子夏說『賢賢易色』；這好色乃人之本性。宋儒要說好德不好色，非自欺而何？自欺欺人，不誠極矣，他偏要說『存誠』，豈不可恨？聖人言情言禮，不言理欲。刪《詩》以〈關雎〉為首，試問『窈窕淑女，君子好逑』，『求之不得』，至於『輾轉反側』，難道可以說這是天理，不是人欲嗎？舉此可見聖人絕不欺人處。……若宋儒之種種欺人，口難罄述。然宋儒固多不是，然尚有是處；若今之學宋儒者，直鄉愿而已，孔孟所深惡而痛絕者也！」

現在很多發達國家都在提倡多生，中國人算是世界上最能生的群體，只要天下一太平，婦女們就卯足了勁頭猛生狂生。而且在國家看來，「凡為國，不患威不立，患恩之不下；不患土之不廣，患民之不育」。

《詩經》裡至少有十幾首詩歌是鼓勵生育的，最出名的當是〈螽斯〉和〈桃夭〉。

螽斯羽，詵詵兮。宜爾子孫，振振兮。
螽斯羽，薨薨兮。宜爾子孫，繩繩兮。
螽斯羽，揖揖兮。宜爾子孫，蟄蟄兮。（〈螽斯〉）

桃之夭夭，灼灼其華。之子於歸，宜其室家。
桃之夭夭，有蕡其實。之子於歸，宜其家室。
桃之夭夭，其葉蓁蓁。之子於歸，宜其家人。（〈桃夭〉）

在這種趨勢下，據徐宗元所編《帝王世紀輯存》記載，夏代總人口為一千三百多萬人，到了周公相成王時（約西元前一〇二四年），總人口為一千三百七十一萬人。

秦始皇蕩平七國的十幾年太平光陰，人口突破兩千萬的關口。秦末大亂，生民十餘二三，倖存者大約六、七百萬。到了漢平帝元始二年（西元二年），料民所得人口達到了五千九百五十九萬人，這是漢代人口的頂峰數字。不過三國鼎立期間又迅速下降到七百六十七

清代皇帝結婚所用的「明黃緞彩繡百子被」與「百子帳」一樣，有象徵皇帝「子孫萬代」、「多福多壽」之意

萬人。

三分歸一統之後，西晉太康元年（西元二八〇年），全國在籍人口回升至一千六百一十六萬人。緊隨而來大分裂時期人口數目不詳。等到隋王朝統一全國，在隋煬帝大業二年（西元六〇六年）時，全國在籍人口達到四千六百零二萬人。唐玄宗天寶十四年（西元七五五年）為五千二百九十二萬人。

宋朝開國，太祖開寶九年（西元九七六年），全國人口只有一千五百多萬，至宋徽宗大觀四年（西元一一一〇年），全國在籍人口為四千六百七十三萬人。

元末人口大減，至明萬曆六年（西元一五七八年），全國人口創紀錄地達到六千二百萬。

到了清代，康乾盛世，定「滋生人丁，永不加賦」為國策。至乾隆二十九年（西元一七六四年）就增至兩億，七十年後的道光十四年（西元一八三四年）人口一舉翻了一番，達四點零一億。其後鴉片戰爭、太平天國運動、民國興起、軍閥混戰還有抗日戰爭等因素，中國總人口一直停滯在四億左右，這也是所謂「四萬萬同胞」口號的由來。

總之，在古代，可以說造成人口起伏波動的最大因素便是戰爭，在戰亂期間，「破國則積屍竟邑」，「鰥居有不願娶，生子每不舉」。

多子多福的觀念雖是主流，但是歷代都有節育的呼聲，有前瞻性眼光的學者早就意識到一味多生並非好事。戰國時期的韓非就提出，人口太多是導致貧窮的原因之一。他舉例說：「今人有五子不為多，子又有五子，大父（祖父）未死而有二十五孫，是以人民眾而貨財寡，事力勞而供養薄，故民爭，雖倍賞累罰而不免於亂。」

到了明末，著名的科學家徐光啟雖然說「生人之率，大抵三十年而加一倍，自非有大兵革，則不得減」，但也沒有提出什麼解決方案，倒是文學家馮夢龍替他操了這個心，他說：「不若人生一男一女，永無增減，可以長久。若二男二女，每生加一倍，日增不減，何以養之？」看看這個說法，是不是和今天的計畫生育政策有點相似？

到了清代，人口破紀錄地增長，讓有識的知識分子擔憂，以地理學家洪亮吉和歷史地理學家汪士鐸為代表。前者撰文通過自己的觀察和粗略的統計學論證了計畫生育的必要性；後者則主張通過晚婚以降低人口出生率，並提倡政府的介入，主張對超生者以加重賦稅的方法來處罰。汪士鐸又說：「人多而氣分，賦稟而遂薄，又濡染於風氣，故人才益難。」他顯然還有點優生學的概念，只不過還沒有科學資料的支援罷了。

因為中國人喜歡生，而且還要生得更多，所以在男權社會鞏固之後，「多妻則多子，多子則多福」的觀念迅速流行起來。

美男破老，美女破舌——上古時代的男同性戀

商王朝的時候，商王太甲登基三年，暴虐不明，不守祖宗之成法，於是被大臣伊尹放逐到桐宮（地名，非宮殿），令其悔過和重新學習湯的法令。三年後，伊尹看到太甲改過自新，於是再迎回太甲復位。

伊尹教訓太甲的話在《逸周書》上有記載，特別值得注意的是，「美男破老，美女破舌，武之毀也。」這應該是當時的諺語了。文中將美男與美女相提並論，勸誡的對象為男性，則「美男」必為男同性戀無疑了。

而在《尚書．商書．伊訓》更提到「三風十愆」，說：「卿士有一於身，家必喪；邦君有一於身，國必亡。臣下不匡，其刑墨。」三風之一叫「亂風」，亂風包括四愆，其一是「比頑童」，也就是搞同性戀。

商王朝男同性戀之風，不唯在民間有諺語，更在廟堂有訓誡，可見是很盛行的。

原民時代，同性戀之風在古代文明古國中的記載比比皆是，中國不大可能自外。清代的文人紀曉嵐就曾在《閱微草堂筆記》卷十二裡說「雜說稱孌童始黃帝」，注解上稱是出自同時代人錢大昕的說法。到了春秋戰國時代，一部《詩經》中的〈國風〉據考證就有好多詩歌是歌詠同性戀的，特別是〈鄭風〉。例如〈山有扶蘇〉、〈狡童〉、〈褰裳〉、〈揚之水〉等詩中就再三提到狂且、狡童、狂童，都是很有同性戀嫌疑的。

總之，上層貴族社會「玩美男」的風氣已經非常流行，而且整個社會還產生了一種對同性戀現象的「同情般的理解」，《晏子春秋》上的記載可以說是第一次比較深入且詳盡的報導了。

齊景公長得很漂亮。一天，有個小侍衛一直輕佻地盯著他。齊景公忍不住讓左右問他，為什麼這樣輕佻地望著我？這侍衛便說道，橫豎說出來會犯罪而死，不說出來也會想死。其實，我內心一直深深地愛慕著主公。齊景公聞言，暈了三分鐘才回過神來，居然吃豆腐吃到寡人頭上來，著實可惱，立馬要讓這個侍衛人頭落地。晏子聽說齊景公要殺人，在問清楚原因之後勸說道：「我聽說，拒絕別人的欲望，是修養不夠，憎惡別人的愛慕，是不祥的舉動。再說了，就算此人真的意淫於主公，還是不至殺頭的。」齊景公聽了，想想也是，於是消了氣說道：「有這樣的事嗎？以後在我洗澡的時候，叫他抱著我的背好了！」

有這樣的大臣，有這樣的君主，實在是開通得太讓後人匪夷所思了，以至於漢朝的劉向在校定《晏子春秋》的時候，要將這段文字列入「不合經術者」的「外篇」，即便到了元朝，當時人刻書還在這一章下注著說：「此章不典，無以垂訓，故著於此篇。」

不過整體而言，自春秋以迄戰國所留下的同性戀記載，都是把美男子當做女人，《墨子·尚賢》所謂「王公大人，有所愛其色而使」，「今王公大人，其所富，其所貴，皆王公大人骨肉之親，無故富貴、面目美好者也」。

既然上有所好，則少不了有人憑美好的姿容，甘於扮作妖冶的女相，以取媚於世，去獵取富貴，《荀子·非相》就寫道：「今世俗之亂君，鄉曲之儇子[2]，莫不美麗姚冶，奇衣婦飾，

2 儇，音同軒。儇子，指聰明而輕薄的人。

血氣態度，擬於女子。」

天下莫不知其姣也——孔孟對同性戀的態度

《史記．孔子世家》說，《詩》原來有三千多篇，經過孔子的刪選，成為後世所見的三百餘篇的定本。這個說法一直受到後世質疑，不過《論語》記孔子說：「吾自衛返魯，然後樂正，雅頌各得其所。」可見孔子即便沒有刪詩，對改訂詩經錯亂散失的音律也作出了貢獻。

《詩經》中有不少詩歌是歌頌同性戀的，更有意思的是〈鄭風．女曰雞鳴〉這一篇，歌頌一個賢女勸夫勤勞並交良友，不過他丈夫的這個良友麼，很有點同性戀的味道，但是顯然這位賢女一點也不介意，甚至代夫殷勤致意——

知子之來之，雜佩以贈之。知子之順之，雜佩以問之。知子之好之，雜佩以報之。

知道你對他勤眷戀，我解下佩玉表示奉獻。知道你對他很體貼，我解下佩玉表示慰問。知道你對他很愛好，我解下佩玉以報答。

是不是有點像《紅樓夢》裡頭賈寶玉贈給蔣玉函玉帶的情形呢。

孔子說：「詩三百，一言以蔽之，思無邪。」既然同性戀能入詩，可見在他老人家的眼中，同性戀算得上是很純正的感情了。這倒不是他老人家開通，而是在當時，同性戀並不被視為變態。

《左傳．哀公十一年》記載，魯昭公之子公叔務人有一個寵愛的變童（孌僮），叫做汪錡。當齊國攻打魯國的時候，公叔務人和汪錡同乘一輛戰車奮勇拼殺，一同戰死，一同停殯。魯國人因汪錡年幼，就打算以殤禮葬之，殤禮就是沒成年就死去的人之葬禮，禮儀上來說自然比成年人的葬禮低一些。孔子當時位列大夫，掌禮儀司法、施教化，他發表意見，「能執干戈以衛社稷，可無殤也。」意思是說，汪錡能拿著武器因保衛國家而戰死，沒什麼成年不成年（葬禮）的區分，而對於兩人情事則不置一詞，可見當時人是將同性戀視為常態的感情。

《詩經．國風．山有扶蘇》有云：「山有扶蘇，隰有荷華。不見子都，乃見狂且。」這個「子都」乃是眾多鄭國少女夢中的白馬王子，大名叫做公孫閼，不僅相貌生得美，還有著一身的好武藝，能征善射，因此便做了鄭莊公的大夫。

子都就是因為貌美而受到鄭莊公寵愛的。鄭國在決定討伐許國的時候，組織了一次祭天的儀式，在儀式上順帶檢閱部隊，並提供一輛戰車作為戰爭前鼓舞士氣的競賽獎品。大夫潁考叔乃是一位不服老的將軍，他搶了就跑，子都怎麼追也追不上，氣得直跳腳。兵臨許國城下的時候，潁考叔不愧為鄭國第一勇士，擎著鄭莊公的大旗一下子攻上了城牆，但他還沒有來得及得意，城下的子都想起爭車之恨，越看越不順眼，在城下抽出一枝箭對著他的後心就射了上去，潁考叔頓時一命嗚呼。另一位將軍瑕叔盈還以為潁考叔是被許國兵殺死的，連忙拾起大旗，指揮士兵繼續戰鬥，終於把城攻破。鄭軍全部入了城，許國的國君嚇得逃亡到衛國，許國的土地於是併入了鄭國的版圖。由於子都深受鄭莊公的寵愛，在國君的庇護下，居然逃過了罪責。

孟老夫子精通歷史，不可能不知道子都暗箭傷人的事情，但是當他提到子都時，卻也忍不住讚歎道：「至於子都，天下莫不知其姣也。不知子都之姣者，無目者也。」不知道子都長得漂亮的人，是不長眼的。

孟夫子整天養浩然之氣，對很多養他的國君都捨不得說幾句好話，總是夾槍帶棒的，可是一提起子都，完全是悠然神往的表情，可見孟夫子的審美觀真很男色啊。

◉儀制

但知其母，不知其父——母姓社會中的女性權威

從神話傳說、考古學的發現以及現代一些少數民族婚愛習俗中，我們可以多少探知原民時代的性文化底蘊。

漢代的《白虎通義》（又稱《白虎通》、《白虎通德論》）稱：「古之時，未有三綱六紀，民人但知其母，不知其父。」這一說法在《呂氏春秋》、《莊子》、《商君書》等書中都有記載。足以說明，人類在母系氏族社會奉行一種群婚的習俗。

《說文解字》對「姓」的解釋是：「人所生也，古之神聖人母。感天而生子，故稱天子。」

我們可以看到早期很多的姓，都帶有女字旁，如：姜、姬、姞、嬴、姚、嬀，證明當時

新石器紅山文化陶塑孕婦像，祈求生育繁殖的女神，具有隆起的腹部和肥大的臀部

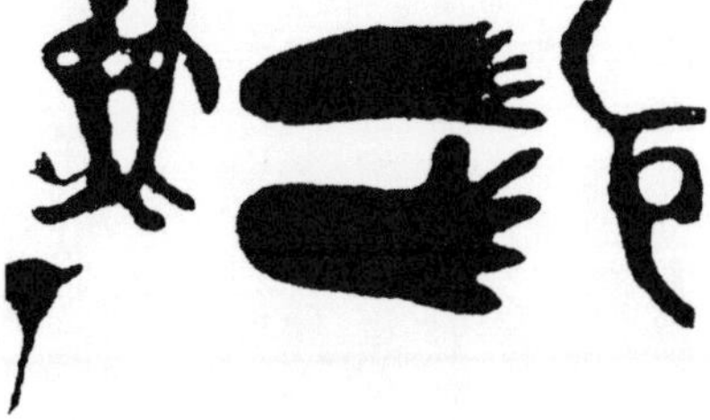

賀蘭山岩畫：姜厚踐巨人跡而生子

母系社會強大的女性權威。「母」字本來也是象形字，即在「女」的胸前加上兩點表示乳房。在《說文解字》中，「母」屬「女部」。

不過隨著父系氏族的崛起，男性開始努力奪回被女性權威否定了的生育作用。許慎《五經異義》引《春秋公羊傳》云：「聖人皆無父，感天而生。」便證明了男性開始改寫歷史了。《竹書紀年》則云：「簡狄吞玄鳥之卵而生契。」

總之，人之所以生下來，完全和女人沒有關係，至少那些偉大的人物之所以出生，是老天爺操心的結果。像夏朝開基之主啟的父親是大禹，母親是塗山氏之女，然而《山海經》、《淮南子》卻硬說啟是石頭生出來的，而不願意把生育的功勞歸美於母親。今天我國西南地區部分少數民族還保留著一種「產翁」制，當婦女生了小孩之後，丈夫在床上「坐月子」，護理小孩，彷彿後代竟真的是由父親生下的一般，而母親則繼續去工作。

神話中有「伯鯀腹禹」的說法，說鯀是禹的父親。一個男性怎麼可能生出孩子呢?這差點把一些歷史學家搞昏了，其實如果用「產翁」習俗來解釋，就很容易明白了。

進入父系氏族之後，婦女地位再次下降。由於部落戰爭的頻繁，強而有力的男性作為戰爭主力，地位得到了提升。而婦女則成為被保護的對象，當戰爭失敗後則淪為奴隸，很自然地就被視為財產，從而喪失了獨立的人格。

公有制的崩潰，使私有制取而代之的同時，帶來財產的繼承問題，因財產繼承問題又必然引出血緣、血統問題。為了保證父親的財產交到確實出身於他的後代之手，女性的貞操觀念開始形成。隨之而來的自然是在男女之間性愛愉悅的感受上，女性逐漸成為被動角色，性愛方面的男女不平等，已經悄然顯現。

當然，從性文化的角度而言，此時已經有了很大的進步。《禮記．坊記》云：「取（娶）妻不取同姓，以厚別也。」已經開始考慮到倫理問題。而《左傳．僖公二十三年》中「男女同姓，其生不蕃」的說法也反映了對優生問題的關注。

乘馬、班如，匪寇、婚媾——上古時代的搶劫婚

《禮記》上說：「昏禮不用樂。」

「昏禮」就是婚禮，不用樂，就是不張揚，偷偷摸摸地進行。為什麼要偷偷摸摸地進行呢？因為會有人來搶婚。所以《白虎通義．嫁娶》更直截了當地指出，「婚姻者，何謂也？昏時行禮，故謂之婚也。」

當女人被視為財產之後，自然成了你爭我搶的事物，誰的力氣大，誰就奪了去。

比如舜有個親弟弟叫做象，一心想霸占自己哥哥的財產，他同父母親一起商量，設下陷阱

要將舜置於死地。當舜掉下陷阱之後，象得意洋洋地對自己父母親說：「謀害舜大體上是我的功勞。那麼，牛、羊、倉庫都歸父母親吧，至於武器、樂器還有兩位漂亮嫂子，就都歸我吧。」

象說得這麼露骨明白，是因為當時的觀念認為婦女是可以繼承和瓜分的遺產。《史記．匈奴列傳》談到，「父死，妻其後母；兄弟死，皆取其妻妻之。」便是這一遺風的延續。

《周易》的卜辭就說得非常具體——

屯如邅如，乘馬班如。匪寇，婚媾。（〈屯〉六二）

描寫的是一個成年男子，騎著高頭大馬，打扮得漂漂亮亮，前往女方家中，將看中的漂亮女人搶回來結婚。大夥兒都驚動了，出來看的時候，才知道是男方過來搶婚。不過這屬於假劫真婚。所以爻辭明言「匪（非）寇，婚媾」。

卜辭又接著描寫道：

乘馬班如，泣血漣如。（〈屯〉上六）

雖然是演戲，但是女方還是配合地演了全套，真的傷心地哭泣起來。

《禮記．曾子問》云：「孔子曰：嫁女之家三夜不熄燭，思相離也；娶婦之家三日不舉樂，思嗣親也。」理由倒是冠冕堂皇的。說白了，女家不熄燈，是怕家中女子被人奪走；男家不舉樂，是怕女家來犯而保守秘密。

既然有假劫婚，自然就有真劫婚。《左傳．襄公二十五年》記載，鄭國一個小商販在去晉國途中，遇見一起迎親的，他看見新娘長得漂亮，就動了歹心，憑藉武力、體力搶走女子，強行成婚。

可見當時的搶劫婚已經司空見慣。這一習俗演進到後世，女方為了防備搶親的出現，則有了出嫁時候坐轎，蒙上紅蓋頭的措施，這些都是為了不讓來搶親的人輕易看到新娘子的容顏。而男歡女愛的新房，居然被稱為「洞房」，更顯示出迎親的男方不敢讓女方待在家裡，而是躲在山洞過夜的情形。

娶妻如之何？匪媒不得——結婚了結婚了

結婚這種事情，即便在現在，也不是單純兩個人的事。在原民漁獵時代，財產公有，因此群婚、雜交盛行。到了春秋戰國時期，這種日子就一去不復返了，結婚就變成和整個家族有關的事，娶一個好媳婦，就等於為家裡增添了一個好勞力。

所以，雖然一邊依舊是仲春之會，男女不禁，另一邊則是媒妁婚的興起。

> 蓺麻如之何？衡從其畝。取妻如之何？必告父母。……
>
> 析薪如之何？匪斧不克。取妻如之何？匪媒不得。……

這首出自《詩經・齊風》的〈南山〉，透露了當時男女結婚的條件——如果要娶妻，一定要徵詢父母的意見，取得父母的同意。但是父母認識的人也有限，而且同姓不婚，往往要到別的村子才能找到中意的人，在這種情況下，不通過中間人（媒人）介紹怕是不行。

不過那時候的婚禮並不怎麼受重視，《論語》中孔子說「禮」，喪禮、祭禮都有，而獨無婚禮。而且當時的人也不把結婚當成是一種特別值得慶賀的事情，《禮記・郊特牲》便說：「婚禮不用樂，幽陰之義也。婚禮不賀，人之序也。」

婚姻制度在逐漸演進中慢慢成熟，開始規範化，根據《禮記・昏義》上記載，昏禮：納采、問名、納吉、納徵、請期、親迎。也就是說婚禮包含了六項內容——

漢代畫像磚，描繪的正是提親上門送聘禮的情形。主人親自出門迎接，男方使者也須作揖回禮

納采，男方托媒說親；問名，問女方的生辰八字，是否與男方合，以定婚姻的吉凶；納吉，如占卜為吉，就把占卜合婚的好消息告訴女方；納徵，男方將聘禮送到女家；請期，選擇成婚日期；親迎，新郎親自到女方家迎新娘回男方家。

在這本書中還解釋了這麼做的理由，「所以敬慎重，正昏禮也。六禮備，謂之聘；六禮不備，謂之奔。」等於是把「六禮」是否完整執行看成是婚姻合法化的條件。

在《禮記》中這些禮儀細緻得無以復加，到了異常繁瑣的地步。以「親迎」為例，新郎先到妻家迎娶新娘。新娘到了男家，則夫妻行交杯共食之禮，即成為「結髮夫妻」，舉行婚禮自然是大張宴席，招待親友。這就是所謂的「成妻之禮」。行過成妻之禮，男女二人才可同居成為夫妻。

不過僅僅這樣還不夠，婚禮之後的次日或三日後，新娘要拜見公婆，然後叩拜男方祖先。如果公婆已亡故，則要在成婚三月後，行廟見禮，祝辭告神曰：「某氏來歸。」《禮記．曾子問》還特別指出，如果新娘未及見廟而死，還不能算是男家的人。這就是所謂的「成婦之禮」。行過成婦之禮，新娘才能被承認加入了男方宗族。

這些禮節執行起來，耗費時日不說，金錢上也是很大一筆支出。一般的平民百姓無力應付，後世常有偷奔他人、私自成婚的事發生。到了宋朝，朱熹索性在《朱子家禮》中將「六禮」合併為「三禮」，這才讓老百姓喘了一口大氣。

三宮六院七十二嬪妃——中國皇家婚姻制度

到了春秋戰國時，國君的妻妾更由百數十人增至數百數千人。俗言有「三宮六院七十二嬪妃」的說法，其實這只是一種泛泛之談。《禮記．昏義》有云：「古者天子後立六宮，三夫人，九嬪，二十七世婦，八十一御妻。」

夏商資料匱乏，其後宮制度不得而知，但是《周禮》上說：「內宰以陰禮教六宮。」鄭司農注云：「陰禮，婦人之禮。六宮後五，前一。王之妃百二十人，後一人：夫人三人，嬪九人，世婦二十七人，女御八十一人。」這應該是比較可靠的記錄了。

美女如雲，但是如何管理好如此龐大的後宮，可以一件大傷腦筋的事情，因此儒家的禮教就派上用場了。在《禮記》中就一一載明每位女子的職責——

王后，所謂「后」字，其原義曾是國主、國君，自然在宮闈中其地位如同天子。三夫人則如同三公，九嬪如同九卿，世婦如同大夫，御妻如同士。王后及三夫人乃為天下母儀，制定婦禮；九嬪掌教「四德」，即婦德、婦言、婦容、婦功；世婦主管喪祭禮賓之事；御妻則侍奉天子之燕寢。

為了防止后妃爭寵，儒家知識分子還特別制訂了同房的時間和順序。比照月的陰晴圓缺，從初一到十五，服侍周王是由地位較低的女子開始，逐漸遞進到地位較高的，而從十六到三十則反之。具體情況是，一日到九日，八十一御婦，每夜輪九人；十日到十二日，二十七世婦，每夜輪九人；十三日輪九嬪；十四日輪三夫人；十五日，皇后。十六日，皇后；十七日，三夫人；十八日，九嬪；十九日到二十一日，二十七世婦，每夜輪九人；二十二日到三十日，八十一御妻，每夜輪九人。

當然這只是紙面上操作，畢竟人都有感情，某些妃子難免會受到專房之寵愛。

由於天子和后妃同房的順序較為複雜，因此特設有「女史」一職，專門按照順序安排天子和後妃同房。為了作出區別，女史會讓嬪妃們戴上金、銀、銅等不同質料的戒指，藉以確認身分和識別服侍天子的順序；同時，把她們的日常言行舉止記錄下來，作為日後遞補時的參考。

除了女史之外，王宮中還有女沉、典婦等多種官職，分掌內闈各種雜事。后妃們的行動必須按照嚴格的禮制規定，聽從祖輩的訓誡，不得自由行動或隨意言笑。

這一管理制度到了明清兩朝便相當嚴密。對皇帝性生活的管理有了專門的機構，稱為敬事房，最高的負責人稱為敬事房太監，其任務是安排、記載皇帝和后妃的性生活。每次行房，敬事房太監必須詳細記錄年、月、日，以作為受胎的證據。

在後宮中，皇后具有發言的權力，皇帝不能隨心所欲地去妃子的住處，須事先有皇后的文

清代的嬪妃們

件通知妃子。如果沒有這份文件，皇帝即使到了妃子門外，也不能進入妃子的房間。在後宮中，皇后對皇帝和妃子的交往擁有否決權。

除了與皇后的性生活有固定的時日外，其他皇妃都各有一張綠牌，寫有妃子的封號，在侍候皇帝吃晚飯時，敬事房太監會把十幾張或幾十張名牌置於大銀盤中，和晚餐一起端到皇帝面前，等皇帝餐畢，他就跪在皇帝面前聽候指示。如果皇帝想找哪個妃子同房，就把這個妃子的名牌翻轉過來，放回銀盤。敬事房太監便退下，通知被選中的妃子香湯沐浴。到了皇帝就寢時，太監先脫去妃子全身衣服，用羽毛製成的毛衣裹住她赤裸的身體，背入皇帝的寢宮。為了防止皇帝縱欲，在規定的時間到了的時候，太監就會高呼「時間到了」，皇帝如果沒有回聲，他就再次呼叫。這往往搞得皇帝很不愉快。

因此，清王朝的皇帝之所以喜歡到避暑山莊，想追求完美的性生活也是一大主因，畢竟避暑山莊是行宮，規矩沒有那麼嚴格，而且也可以召喚一些民間身分低下的美女。咸豐皇帝在八國聯軍入侵北京的情況下逃到避暑山莊，意氣消沉，因此寄情於聲色，既聊以自娛，又自我麻醉。他有所謂漢女「四春」：牡丹春、海棠春、杏花春、陀羅春。此外還眷愛「天地一家春」，就是慈禧。《野史叟聞》更記載，山西籍孀婦曹氏，風流姝麗，腳甚纖小，喜歡在鞋履上綴以明珠。咸豐帝召入宮中，最為眷愛。

媵——揮淚大拍賣的陪嫁

娥皇女英

《易經．革卦》彖曰：「水火相息，二女同居，其志不相得，曰革。」這話是什麼意思呢？就是兩個女人相處就像水火難以相容，因此建議「革」——廢除它。

《尸子》上說帝堯嫁女，「妻之以皇，媵之以英」，就是說娥皇出嫁的時候，女英作為陪嫁也進入舜的家門，可謂是買一送一，加量不加價的翻版。大概是帝堯為了說服舜下定不告而娶的決心（孟子就曾說過，帝堯是事先知道這件事的），才做出揮淚大拍賣、跳樓大降價的舉動。

古書上說，娥皇、女英與舜三人每天歡愛得其樂融融，猜想是鬼話，因為做陪嫁的總是低人一等，詩經上的〈豳風．七月〉就有「女心傷悲，殆及公子同歸」的詩句，描寫的是少女們在採桑時忽然心裡悲傷起來，恐怕被女公子[3]帶去陪嫁。

不過個人的感受無補於事，就像在今天，很多人同樣把愛情和婚姻分得很開，媵制很快制度化，《儀禮．婚禮》注曰：「古者嫁女必以侄品從，謂之媵。」

3 在這裡是指諸侯的女兒。

《易經》的「歸妹」卦反映的也是媵制，一看卜辭就可以看出來，「歸妹以娣，跛能履，徵吉。」意思是陪嫁的就像跛腳的人還能穿鞋行走，是件好事情。

不過媵制會帶來很多麻煩，至少對於越來越講究宗法人倫的中國人來說，特別是在嫡庶之辨的大是大非問題上。通常家中只允許有一個至高無上的女主人，像娥皇女英那樣，總會讓男人頭疼。雖然後世有妻子死了，由妻妹續弦的婚俗，算是媵制的遺孑，但總體而言，媵制是逐漸沒落了。

東方各國常以獲得子孫為實行多妻的主要原因。日本納妾曾由法律認可，其理由是生育子嗣，以便繼承先人的祭祠。許多波斯人迎娶新妻，僅因為第一個妻子生不出孩子。埃及男子對於不幸無出的妻，雖戀情猶濃，不忍割愛，徒以子嗣所關，乃引起重婚的念頭。

聰明的中國人，準確地說應該是中國男人則發明了妻妾制。妻妾都生孩子，如果嫡庶不分，以後繼承父親的地位與遺產就會出大亂子，上到國，下到家都不得安寧。因此如何處置妾在家庭中的位置，難度相當大，沒有過硬的理論底子是萬萬搞不定的。

妾和妻是完全不一樣的，她之所以存在的理據是作為生育機器，作為婚姻制度的一種補充。《匯苑》上說：「妾，接也，言得接見君子而不得伉儷也。」就像今天不被法律保護的二奶一樣，妾是沒有夫妻的名分的。作為比照，如果女子隨男子私奔，也很慘。《禮記．內則》認為「奔者為妾」，「父母國人皆賤之」。

總之妾是未經明媒正娶的女子，現在電視上播放的古裝連續劇常常有這樣的臺詞，「我是坐了八抬大轎從大門抬進來的，你是從小門被帶進來的」，恰恰可以作為她們地位低下的旁證。

妾——一夫一妻制的備胎

曾經有個外國記者質問以清朝遺老自居的辜鴻銘，以為中國的妻妾制度乃是文明之淵藪。辜鴻銘悠然地指著面前的茶盤中的茶壺和茶杯，笑道：「一個茶壺可以配四個茶杯，你聽說過一個茶杯配四個茶壺的麼？」

直到二十世紀上半葉的中國，文人們以風流自命，納「小星」，富人納側室，娶「外宅」，收「通房丫頭」，乃至姨太太成群，都是司空見慣之事。辜鴻銘留過洋，娶過妾，研究的是中國的經典，不過他的這個講法其實大謬不然，只能騙騙洋鬼子。事實上，一夫多妻制從西周以來就沒有市場，他把中國的妻妾制度當成是一夫多妻制，簡直是大錯特錯。性學專家潘光旦就曾說：「一夫一妻在中國也有天經地義的地位。不過因為同時承認妾的制度，此種天經地義的禁錮的力量並沒西洋的那般大。……中國的婚姻是始終以一夫一妻為骨幹的；一夫一妻是常經，妾制是權變。」

妾的地位到底如何？我們不妨先看看韓非子講的笑話，雖然他是個嚴肅的人，而且口吃，不過偶爾講起笑話來，殺傷力還是挺強的。

> 衛人有夫妻禱者，而祝曰：使我無故得百束布。其夫曰：何少也？對曰：益是，子將以買妾。

古代士大夫妻妾和諧的理想圖景

這個故事是說，衛國有一對夫妻，妻子求神明保佑，許下心願，讓我憑空得到一百束布匹吧。他的丈夫就很不滿了，抱怨道，這也太少了吧。妻子說道：如果更多一點，你就會去買妾了。

故事裡頭描寫的顯然是一對平民夫妻，可是他們居然商量著買妾進門。這意味著在市場上妾的價格不高，當然可能要比一百束布匹高一些，但也高不到哪裡去。

《孟子》中所說「齊人有一妾」的故事中，那「齊人」是個乞丐，但他也有妾。妾的價格如此低廉會造成一個問題，很快便引起政治家的關注，西漢的《鹽鐵論》就記載了一位賢良的看法——

「古者夫婦之好，一男一女而成家室之道。及後士一妾，大夫二，諸侯有侄娣九女而已。今諸侯百數，卿大夫十數，中者侍御，富者盈室。是以女或曠怨失時，男或放死無匹。」

也就是說，古代流行的是一夫一妻制，除了王公貴族，平民納妾是不提倡的，不過春秋戰國禮崩樂壞，到了西漢，更沒有人把這個當回事了。

事實上，歷朝歷代並不提倡平民納妾，而且還有所限制，這點倒是可以從《明會典・律例四》中得到旁證，「民年四十以上無子聽之。」也就是說，老百姓納妾需要滿足兩項條件：一是四十歲以上；二是沒有孩子。由此可知，政府對平民納妾是有限制的。

準確地說，娶妾其實是作為對王公貴族的一種酬庸，一種福利，所以《白虎通義・嫁娶》

更明確地指出，「卿大夫一妻二妾者何？尊賢重繼嗣也。不備侄娣（指不能像天子和諸侯那樣有『侄娣從嫁』）者何？北面之臣賤，勢不足盡人骨肉之親。……士一妻一妾何？下卿大夫禮也。」

不過既然「富者盈室」，老百姓當然不服氣，東漢末年的黃巾之亂，應該說，有部分原因是老百姓為了爭取自己的性權利而做的爭鬥，這也是中國歷史上很多農民起義的原因之一。如果不信，看看其理論指導書《太平經》就知道了，上面就特意提到「一男二女法」：

太皇天上平氣將到，當純法天。故令一男者當得二女，以象陰陽。陽數奇，陰數偶也。乃太和之氣到也。……故使一男二女也。

一男兩女，這就不是一夫一妻制了，而是一夫多妻制，而且還扯到陰陽天人感應的政治角度。書中還提到王者可得到更多的女子，每州一個，以應九州之數。

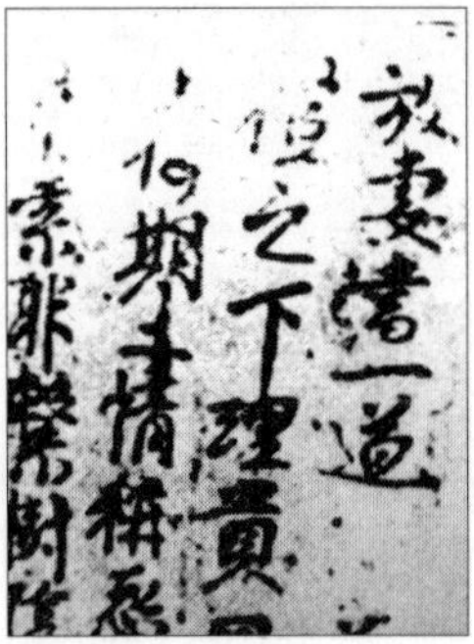

唐朝的離婚書

得帛縫新去，何能衲故時——離婚大戰

古代男方提出離婚不叫離婚，叫「出妻」。春秋時候的貴族們對自家姊妹被出稱之為「來歸」，他人的姊妹則為「大歸」，例如《左傳》上寫：「夫人姜氏歸於齊，大歸也。」

（文公十八年）「春王正月，杞叔姬來歸。梁氏曰：『婦人之義，嫁曰歸；反曰來歸。』」（成公五年）

周朝有個叫商陵穆子的人，他與妻子感情很好，但是妻子進門五年而無子，於是公婆強令商陵穆子改娶，其妻知道後十分傷心，徹夜痛哭。穆子也很難過，援琴作了一首〈別鶴操〉：

將乖比翼兮隔天端，山川悠遠兮路漫漫，攬衾不寐兮食忘飧！

倒是把家人感動了，於是他們沒有離婚，仍為夫妻，算是比較幸運了。

當然，男人隨便拋棄女人也並不被輿論所支援，《詩經．邶風》中〈谷風〉就描寫一個被拋棄的婦女在陰霾的天氣中，向老天爺發洩自己的怨恨，指責自己的丈夫過去山盟海誓，現在卻另有新歡。〈詩序〉就評論說：「〈谷風〉，刺夫婦失道也。衛人化其上，淫於新婚而棄其舊室，夫妻離絕，國俗傷敗焉。」

《詩經．衛風》的〈氓〉大家可能比較熟悉了，說得則更為詳盡和感人——一個婦女和抱布貿絲[4]的小商人從戀愛到結婚，當初也有火熱的愛情，結婚之後，她日夜操勞，主持家務，努力奔小康，結果在熬過三年的苦日子之後，丈夫卻變心了，並且還經常罵她，侮辱她，最後遺棄了她。

女人被男人拋棄這種「棄如敝屣」的感情，卻很奇怪地在男人身上得到共鳴。歷代就有不少文人托女子之聲口，寫棄婦之哀情的，比如王粲的〈出婦賦〉和曹植的〈出婦賦〉。不過別誤會，他們並不是真的對棄婦同情，他們同情的恰恰是自己，同情自己失去了君主的寵信。

事實上，真正譴責陳世美的沒有幾個，因為歷代寫文章的多是男人，讓男人譴責自己，難矣乎，但是讓男人為自己辯護，那倒是屢見不鮮。特別是自己不出頭，讓女人為自己辯護的例子也不是沒有。比如漢朝有個叫王肅的人，博學多才，才辭美茂，和孝文帝陳說治亂之道，甚得器重。王肅過去本來已聘謝氏女為妻，當他到了京師任職後，皇帝因為寵愛他，就把公主嫁給他。謝氏女聞訊，不勝悲愴，就作了五言詩：

本為箔上蠶，今作機上絲。得路逐勝去，頗憶纏綿時。

這首詩本是交給王肅的，王肅卻讓公主知道了，公主就代王肅寫詩答覆謝氏女：

針是貫線物，目中恆任絲。得帛縫新去，何能衲故時！

謝氏絕望之餘，遁入空門做尼姑去了，不甘心的她還寫了最後一封信給負心郎王肅，內有「既有絲麻，遂棄管蒯，糟糠之妻，白首飲恨」之句，實在是很傷感、很慘烈啊！

4 布，古代一種貨幣；貿，買賣。抱布貿絲，指帶了錢，來買絲。也借指和女子接近，亦指進行商品交易。

奔女的出路——先秦時期的豪放女們

《禮記．曾子問》上說：「三月而廟見，稱來婦也。擇日而祭於禰，成婦之義也。」

這段話是什麼意思呢？即婚後至遲三個月，須擇日率新娘至夫家宗廟祭告祖先，以表示婚姻已取得夫家祖先的同意。從此才算加入夫宗，具有參加祭祀和被祭祀的資格。

如果這三個月中女方沒有取得家人的同意，或者男方的認同，怎麼辦呢？《禮記》上沒說。但是《禮記》上曾子曾就相關問題詢問過孔子，如果萬一女方沒有完成「廟見」而死怎麼辦？孔子回道，婚姻無效，由男家盛殮，歸葬女方祖塋，作「未成婦」看待。可見廟見相當於現代的試婚期，男女同居長達三個月才能確定這段婚姻。

這之所以能成立，也是因為先秦時代對女子貞操並不太在意。後來宋代《朱子家禮》就改為三日廟見。而到了明代，皇族婚嫁仍依古禮；民間婚禮，按洪武三年（西元一三七〇年）詔令，拜公婆與拜祖撫一併於親迎之次日舉行。則廟見之本義被這些聖賢之徒全然埋沒了。

如果這三個月內，感情不和怎麼辦？男方可以出妻，女方是不是也可以出夫呢？《說苑．尊賢》便說：「太公望，故老婦之出夫也。」太公望就是姜太公了，她的老婆嫌他窮而「出夫」。可見在當時，婦女有改嫁意願時，並不會招來輿論的抨擊。

《禮記．雜記下》記載著一套「諸侯出夫人」（休妻）的儀節和辭令，之所以擬定出來，自然是希望大家彼此好聚好散，不要傷了和氣，所以《左傳》中「來歸」記載頗多，也就不令人意外了。這一情形即便到了漢代也沒有太大改觀，《白虎通義．諫諍》上還留下了「絕交令可友，棄妻令可嫁」的告誡。

夫妻在彼此尊重的基礎上離婚，是現代的觀念，也是先秦時代的觀念。對婦女婚姻自主權的認同，在先秦時代可以說是得到輿論支持的。《左傳》上有這樣一個故事——

鄭國大夫徐吾犯的妹妹很漂亮，公孫楚已經聘她為妻了，公孫黑又派人硬送去聘禮。徐吾犯對此感到害怕，報告給子產。子產說：「這是國家政事混亂，不是您的禍害。她願意嫁給誰就嫁給誰。」徐吾犯向這兩位請求，讓姑娘自己挑選。他們都同意了。公孫黑裝扮華麗進來，擺上訂婚的財禮然後出去。公孫楚身著軍服進來，左右開弓（向中庭射箭），便一躍登車而去。姑娘從房裡觀看他們，說：「子晳（公孫黑）的確是很漂亮的了，可是子南（公孫楚）是個真正的男子漢。丈夫要像丈夫，妻子要像妻子，這就是所說的順。」於是嫁給了公孫楚。

公孫黑因此而發怒。不久公孫黑把皮甲穿在外衣裡面去見公孫楚，想要殺掉公孫楚並占取他的妻子。公孫楚知道了後，拿著戈追逐公孫黑，到達十字路口後，用戈擊打他。公孫黑受傷回去了，告訴大夫說：「我好心好意去見他，不知道他有別的想法，所以受了傷。」

公孫黑情場失意，居然要殺死情敵而奪其妻，動武的結果是公孫黑不敵而受傷。其後朝堂公議，子產為求公允，判公孫楚流放，但他與徐吾犯之妹的婚姻仍有效。

既然婦女有婚姻自主權，有些女子也就未必把父母之命、媒妁之言放在心上，女子主動委身於男子，願做他的配偶，先秦時代往往有之，《左傳》便為此特意發明了一個「奔」字。如「昭公十一年」記載了泉丘人之女奔魯國孟僖子，她的女伴也一同去的事情。而「昭公十九年」則記載陽封人的女兒奔楚王，並生下了太子建。

一本《左傳》可謂奔女不絕於縷，而在《國語》中甚至還有三女齊奔的怪事。《國語》上說當周恭王和密國的康公去涇上遊玩時，有三女要「奔」向康公，康公之母認為康公乃平庸之人，不堪享此豔福，讓他把三女轉獻給周王。康公不聽，不到一年果然招禍，密國滅亡了。

「七去」與「三不去」——中國古代的婚姻法

《後漢書．應奉傳》的附注中，有這麼一個故事，有個叫鄧元義的人，他的父親鄧伯考是朝中的尚書僕射。鄧元義先回了老家，他的妻子就留下來伺候婆婆，雖然非常孝順，卻不被婆婆所喜歡。婆婆整天把她鎖在空房裡頭不說，還不給她足夠的飲食，以至於鄧元義的妻子身體一天比一天羸弱，但是她一點怨言也沒有。有一天公公鄧伯考感到奇怪，就問原因，他的孫子鄧朗已經長大，懂事了，就告訴自己的爺爺，母親沒有病，就是一直吃不飽。鄧伯考忍不住哭了，說道：「沒想到婆婆對媳婦居然這麼不好。」因此把鄧元義的妻子遣送回家，勸其改嫁，後來鄧元義的妻子嫁給了將做大匠（官名）的華仲。鄧元義回來之後，有一次在路上看見坐車出遊的妻子，告訴周圍的人，這是我原來的老婆，不是她不好，而是我的母親對她太殘酷了。

以前的離婚也像今天的離婚大戰一樣，也要有外遇、感情不和、夫妻生活不和諧之類的理由，不過這些理由都是為男同胞考慮的，《大戴禮記．本命》記載：

> 婦人七去：不順父母，為其逆德也；無子，為其絕世也；淫，為其亂族也；妒，為其亂家也；有惡疾，為其不可與共粢盛也；口多言，為其離親也；竊盜，為其反義

也。

翻譯成白話，第一條是不孝順父母，第二條是不能生育出男孩子，第三是亂搞男女關係，第四條就是嫉妒，第五條就是身染重病（因為這會增加男方的家庭負擔和社會形象），第六條是多嘴多舌，第七條是盜竊。不過最常見的離婚理由主要是第一條和第二條。

第一條所謂的不孝順父母，往往是婆媳不和。曾經有首歌曲很流行，叫做「女人何苦為難女人」，堪稱婆媳大戰中媳婦的心聲。

《禮記．內則》規定，「子甚宜其妻，父母不悅，出；子不宜其妻，父母曰，是善事我，子行夫婦之禮焉，沒身不衰。」可見「出妻」不是決定於丈夫，而是取決於公婆。

《後漢書．鮑永傳》上說：「永事後母至孝，妻嘗於母前叱狗，而永即去之。」連在公婆面前叱狗也要被「出」了，沒天理啊！在這裡為全體古代女性默哀三分鐘。

而《後漢書．列女廣漢姜詩妻傳》上說：「詩事母至孝，妻奉順尤謹，母好飲江水，去舍六七里，妻嘗溯流而汲，後值風，不時得還。母渴，詩責而遣之。」

鮑永、姜詩本來默默無名，由於孝母休妻，一下子出了名，永載二十四史，可謂是「賺翻」了。

至於〈孔雀東南飛〉中的焦仲卿和劉蘭芝，〈釵頭鳳〉中陸游和唐琬的悲劇，歸根究柢，也是因為第一條。

媳婦必須孝敬公婆，不然一不小心就被「出」了。圖為宋代佚名畫家的「女孝經」圖卷局部

第二條是因為古代以子嗣為重。即便賢者如顧炎武，在〈規友人納妾書〉中也寫道：「炎武年五十九，未有繼嗣，在太原遇傅青主，浼之診脈，雲尚可得子，勸令置妾，遂於靜樂買之。不一二年而眾疾交侵，始思董子之言，而瞿然自悔。立侄議定，即出而嫁之……」

因為無後的緣故而納妾出妻，是得到整個社會輿論支持的，自然有不肖之徒因為喜新厭舊藉這一條拋棄髮妻。比如魏時有個平虜將軍叫劉勳，他的妻子叫宋王，後來劉勳看上了山陽司馬家的女兒，就以宋王「無子」而把她「出」了。其時，兩人已結婚二十多年了，要「出」早該「出」了。

由於「七去」的解釋權在男方，隨意性很大，特別是口舌、嫉妒等條目更是很主觀的判斷，可以說是「欲加之罪，何患無辭」。然而婚姻大事，關乎宗法人倫，禮教也不允許男方太過分地行使否決權，於是又規定了「三不去」。

什麼是「三不去」呢？《孔子家語》上說：「三不去者，謂有所娶無所歸；與共更三年之喪；先貧賤後富貴。」為什麼呢？「嘗更三年喪不去，不忘恩也；賤取貴不去，不背德也；有所受無所歸不去，不窮窮也。」其實也就是民間流傳的「貧賤之交不可忘，糟糠之妻不下堂」。

「七去」、「三不去」據說曾載於漢令，今已不可考。唐律則規定，「諸妻無七出及義絕之狀而出之者，徒一年半；雖犯七出、有三不去而出之者，杖一百，追還合；若犯惡疾及奸者不用此律。」清律則規定，「凡妻無應出……之狀而出之者，杖八十；雖犯七出，有三不去而出之者減二等，追還完聚。」輯注云：「七出，於禮應出，三不去，於禮應留；義絕必離，姑息不可；七出於禮可出，未必即謂之應出，與義絕不同。」

可見事實上，法律對「七出」還是留下很大的、寬緩的餘地的。

大賢孟子也出妻——儒家對離婚的態度

「七出」本不合理，但「七出」之外，還有一些稀奇古怪的理由。

大聖大賢的孟子也出過妻，要是照著《韓詩外傳》的說法，有一天孟子進自己臥室的時候，她的老婆沒有看見，獨自蹲在地上，沒有起來迎接，孟子就氣吼吼地要休了她。他跑去找自己的母親訴苦，「這個婆娘無禮，我懇請母親讓我休了她。」他的母親就說：「將進入大堂的時候，一定會發出聲響。但是悄悄進來臥室的時候，卻必定看著下面。你進入臥室不發出一點聲音，還要讓蹲著的人抬頭看見你進來，是你無禮，還是你老婆無禮啊？」

連老婆蹲在地上都是出妻的藉口，可見女人難做了。不過看孟子的生平行事、言語文字，是很通人情的人，《韓詩外傳》的說法大概是造謠。但《荀子·解惑》就有「孟子惡敗而出妻」的說法，可見孟子是出過妻的。惡敗是什麼意思呢？「惡」就是厭惡，「敗」是敗壞身體，看來孟子也是一個控制不了自己欲望的人，有了老婆就要天天歡愛，結果把身體搞垮了，為了身體，只有忍痛割愛，毅然出妻了。

歷來大聖大賢的偉人，創作欲強之外，性欲也是超強，法國大思想家盧梭可為旁證。孟子為了身體健康而出妻，真是其情可憫，方式類似今人戒菸，也算毅力驚人。

女人攢私房錢也是出妻的一個理由，因為《禮記·內則》上就說：「子婦無私貨，無私蓄，無私器，不敢私假，不敢私與。」也就是嫁入夫家的女子就失去了對財產權的掌握和控制。像《韓非子．說林》就說了一個故事，有個衛國人在女兒出嫁之前，囑咐自己的女兒，做女人一定要有點私房錢啊，不然日子不好過。她的女兒就偷偷地攢錢，結果被公婆發現了，讓兒子休了她。因為在古人看來，女人攢私房錢和盜竊也差不了哪裡去。不過話說回來，看《紅樓夢》裡頭，很多小媳婦都有自己的私房錢，還洋洋自得的。可見私房錢往往可能只是婆婆對媳婦看不順眼找的藉口，不過是小問題。但總是難免有小題大做的人。

《漢書．王吉傳》記載了王吉年輕的時候居住在長安，隔壁人家的棗樹枝伸進了王吉家的院子，王吉的妻子就摘了幾顆棗給王吉吃，這本來不是什麼大不了的事，可王吉竟認為妻子品行不端，「乃去婦」。可見女人連一點捍衛自己婚姻的權利都沒有。

更糟糕的是丈夫可以任意出妻，而妻子則無權請求離異。《唐律疏義》上說：「婦人從夫，無自專之道，雖見兄弟，送迎尚不踰閥。若有心乖唱和，意在分離，背夫擅行，有懷他志，妻妾各徒二年。因擅去，杖一百，從夫嫁賣。其妻因逃而改嫁者，絞監候。」另外還規定了「其因夫棄妻逃亡，三年之內，不告官司而逃去者，杖八十；擅改嫁者，杖一百」。因此民間有「男不要女一張紙（休書），女不要男只有死」的說法，也就不足為怪了。

宋明理學大張之日，「夫有再娶之義，女無二適之文，故曰夫者天也」，更成了天經地義的事情，理學家程頤在《性理大全》中就對「出妻」發表過議論：

> 問：「妻可出乎？」
>
> 程子曰：「妻不賢出之何害？如子思亦嘗出妻。今世俗乃以出妻為醜行，遂不敢為，古人不如此。」

不過，也不是所有儒家知識分子都這麼看。明朝輔佐朱元璋得天下的劉基劉伯溫就認為「七出」中的「有惡疾」、「無子」兩條十分不合理。他說：「惡疾之與無子，豈人之所欲哉？非所欲而得之，其不幸也大矣，而出之，忍矣哉。」

清代大學問家錢大昕則主張離婚自由，反對歧視離婚女子，他說：「夫父子兄弟，以天合者也；夫婦以人合者也。以天合者，無所逃於天地之間；以人合者，可制以去就之義。……先王設為可去之義，合則留，不合則去，俾能執婦道者，可守從一之義，否則寧割伉儷之愛，勿傷骨肉之恩。……後世閭里之婦，失愛於舅姑，讒間以叔妹，抑鬱而死者有之，或其夫淫酗凶悍，寵溺嬖媵，陵憑而死者有之；准之古禮，固有可去之義，亦何必束縛之，禁錮之，置之必死之地而後快乎？」

通姦的「快樂」與「寬容」——先秦時代的婚姻觀念

明代學者謝肇淛在《五雜俎》上說：「古者婦節似不甚重，故其言曰『父一而已，人盡夫也』。」

確實，我們考察先秦的典籍，對女子與男子通姦，雖然不無微詞，但卻很少指責女方。後世的專有名詞「淫」，在這個時候僅僅是過度的意思，比如《詩・大序》上的「不淫其色」，疏注為，「淫者，過也，過其度量謂之為淫。」基本上不作道德上的貶義解。

有一次孔子要去見衛靈公的夫人南子，被子路冷嘲熱諷，逼得他不得不賭咒發誓——天厭

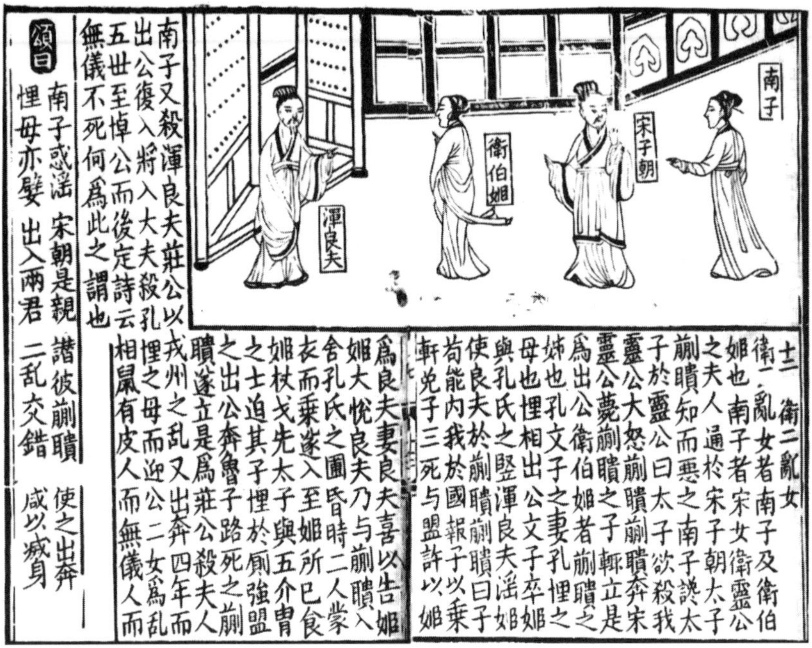

南子與宋朝通姦，引得衛國大亂

之，天厭之。這是因為南子的名聲不大好，和宋朝通姦。不過呢，她的私通是由她丈夫自己為他們安排的。《左傳・定公十四年》就記載，「衛侯為夫人南子召宋朝，會於洮。太子蒯聵獻盂於齊，過宋野，野人歌之曰：既定爾婁豬，盍歸吾艾豭？太子羞之。」

宋野人之歌的意思是，「已經滿足了你們的母豬，何不歸還我們那漂亮的種豬？」如此露骨的嘲諷，當然讓太子受不了，他回到朝中後，做的第一件事情就是要殺了南子。南子於是大哭逃走，此時衛靈公出現了，「執其手以登臺」，救了南子一命，這件事的餘波是太子不得不逃亡到宋國去了。

衛靈公對自己妻子與別人通姦一點也不介意，還幫助她，保護她，可以說當烏龜當得很積極。如果天下男人都這麼大度的話，潘金蓮就犯不上給武大郎下砒霜了。

如果說這件婚外情是一種特例，那麼我們可以翻開《左傳》，上面記載了諸侯國的上層貴族之間，至少發生十六次婚外情，由於涉及國際外交，更在當時造成軒然大波。

特別是像文姜這種既通姦又亂倫的瘋狂感情，實在是轟轟烈烈得讓現代人都吃不消。她與其異母胞兄齊襄公為了更方便發生關係而合謀殺掉了自己的老公魯桓公，此後兄妹二人來往於兩國之間，肆無忌憚地頻頻幽會，在兩國邊界出雙入對，直至齊襄公被國人殺掉。文姜公主的大兒子也深知舅舅與母親的事情，但在國事上仍然與舅舅親密合作，母親死後也予以厚葬。以至於《左傳》不得不為此發明一個專有名詞——「通」。

整本書在「通」來「通」去之後，中國也就進入了戰國時代，春秋貴族在婚外性關係方面的浪漫之風也被帶到戰國時期。

關於呂不韋與秦莊襄王后之私通，歷來議論者甚多，像《史記》津津樂道於秦王政為私生子的這種猜測之詞，居然有很大的市場，更有人借此指斥暴秦宮闈之淫穢。其實莊襄王后原來就是呂不韋置辦的姬人，雖經政治婚姻而成為莊襄王之妻，與呂舊情不斷，也不算是放蕩之尤。現在關於秦始皇的電視劇，就在這方面大做文章，也一點不足為奇。

比較有意思的當屬《戰國策》中記載的「戰國四公子」之一孟嘗君的故事——孟嘗君養的門客中有人和孟嘗君的夫人通姦，這件事情傳來傳去，大概都傳到孟嘗君的耳朵裡了，但是大家都沒看到孟嘗君有什麼動靜，於是有個人忍不住問孟嘗君，「門客吃你的、穿你的、用你的，居然還睡了你老婆，實在太不講義氣了。我建議把這個傢伙抓起來殺了。」孟嘗君卻不以為意，笑道：「他們兩個人因為欣賞彼此的容顏而情投意合，這也是人之常情，你的這個建議還是收起來，不要再說了。」

訓習禮儀足，三從四德——談談所謂的吃人的禮教

今人談起禮教，往往和封建合在一起講。封建是從周王朝開始的，周在取代了商王朝之後，實行了「封諸侯，建同姓」的政策，把周王室貴族分封到各地，建立西周的屬國。禮教也是有所本的，就是出自東周時期的《禮記》。對人民遵循《禮記》的精神而教育之，謂之禮教。

當然，古代還有樂教，所謂的樂教，乃是因為「四書六經」中有一部《樂經》，不過這本書後來失傳了，於是就變成了現在的「四書五經」。

據說，開國的周武王死後，年幼的成王繼位，由周公（武王之弟姬旦）輔政。他在「分邦建國」的基礎上「制禮作樂」，「禮」用來區別宗法遠近等級秩序，而「樂」從屬於「禮」，為「禮」而服務。

《論語．八佾》裡頭記載，孔子謂季氏，「八佾舞於庭，是可忍也，孰不可忍也？」所謂「佾」，乃是樂舞的行列，八佾這種樂舞指的是縱橫都是八人，共六十四人的大樂團。為啥孔子這樣好脾氣的人觀看這種舞蹈會這麼生氣呢？因為八佾是天子才有資格享受的一種樂舞，諸公六佾，諸侯四佾，士二佾。看看，周朝人多聰明，連音樂舞蹈這種藝術形式都能給人們灌輸君權至上、無人能與之相抗衡的等級秩序思想。

總之，禮樂這種東西說白了，就是一種用來建設國家秩序的意識形態，類似於今人所熱衷

的人權民主。清代學者凌廷堪就說：「上古聖王所以治民者，後世聖賢之所以教民者，一禮字而已。」

春秋戰國時期，是中國第一次禮崩樂壞的時期，樂壞來壞去得連《樂經》都失傳了。不過《詩經》的歌詞還在，我們大抵還是可以通過《左傳》知道，當時的人們在國際外交乃至政治經濟等領域往來的時候，都要互相酬唱《詩經》裡的詩歌，而且引用起來，各自契合當事人的身分。從這一點也可以看到禮樂精神的體現。

現在很多人把封建禮教等同於男女之防，這是對封建禮教的一個狹隘化。雖然封建禮教在今天已經過時了，但是我們不能站在今天的角度去批判古人，因為封建禮教對中國邁向文明還是起到了很大的作用，要一分為二地、歷史地看待。

禮教真正完全地滲透進男女個人空間，當在宋代。很多人論起封建禮教，總認為它要求女性從一而終是男權社會對女性的迫害和禁錮，其實這個結論只能說一半一半，不夠正確，因為封建禮教不唯對女性，對男性也提出了超高標準的禁欲要求。男人要讓人服，特別是讓女人心服口服地去守貞、去三從四德，自己不以身作則，不以德服人，那是在任何時代都行不通的。因此男性也是封建禮教的受害者。

我這裡不是為封建禮教作辯護，因為封建禮教早已經入土為安了，多說它的好話也不能讓它起死回生。我只是想說，封建禮教的利弊呢，要放在當時的環境去看，按照《禮記·曲禮》的說法，禮教之所設，乃是為了讓人們懂得「自別於禽獸」，因此「為禮以教人，使人以有禮」，這是很高尚的目的，錯不了。但是手段呢？這裡就只先說說對女人方面的要求，就是「三從四德」。

「三從」一詞最早見於《禮記·郊特牲》，「婦人從人者也，幼從夫兄，嫁從夫，夫死從子。」另外在《儀禮．喪服．子夏傳》中，儒家的禮儀專家在討論出嫁婦女為夫、為父服喪年限（為夫三年，為父一年）時說：「婦人有『三從』之義，無『專用』之道，故未嫁從父，既嫁從夫，夫死從子。」意思是說，女人因為家庭關係比較複雜，在喪禮上的禮儀，就沒有一種專門的規定了。那麼還沒出嫁的就和父家一樣服喪禮；已經出嫁，老公還在世的，就和丈夫一樣的方式來服喪禮；老公已經死了的，就和孩子一樣的規矩來服喪禮。這純屬就事論事，和後世將之引申為作為女兒、妻婦和母親的婦女應對男性絕對服從，完全是兩回事。

至於「四德」一詞則見於《周禮．天官．內宰》，內宰是教導後宮婦女的官職，負責逐級教導後宮婦女，所謂「掌婦學之法，以教九御婦德、婦言、婦容、婦功」。於是這「四德」呢，就是入宮美女的品德必修課。君主三宮六院七十二妃，當然是男女很不平等了。但是有些女權主義者往往望文生義，比如一看到這些就開始控訴，說是以貌取人，這是很不對的。班昭的《女誡》，對此就有比較完整的解釋：

> 女有四行：一曰婦德，二曰婦言，三曰婦容，四曰婦功。夫云婦德，不必才明絕異也；婦言，不必辯口利辭也；婦容，不必顏色美麗也（盛澆塵穢，服飾鮮潔，沐浴以時，身不垢辱，是謂婦容）；婦功，不必工巧過人也。

「不必顏色美麗」，已經說得很明白了。而隨著封建禮教的興盛，皇帝本身也是受害者之一，比如我們不妨看看晚清宮廷嬪妃的照片，就會發現其實裡面長得漂亮的女人，也沒有幾個，勉強只能算是中人之姿，這大致也能反映出古代男子對女子的要求，還是重德不重色的。

應該說，最初的三從四德是封建社會上層（包括了宮廷和貴族）對本族婦女的要求，並不是廣泛的社會標準，但是上行下效，幾千年風氣浸淫，於是平頭老百姓也心嚮往之，自甘受害，像唐代的《敦煌曲子詞．鳳歸雲》就說：「訓習禮儀足，三從四德，針指分明。」而元曲中也有劉唐卿〈降桑椹蔡順奉母〉第一折寫道：「那堪媳婦潤蓮，三從四德為先。」

以至於五四運動一興起，那些留過洋的、吃過洋墨水的就開始直斥禮教吃人了。一九一九年十一月一日，吳虞在「新青年」第六卷第六號上發表了〈吃人與禮教〉一文，就說：「我們如今應該明白了！吃人的就是講禮教的！講禮教的就是吃人的呀！」聞一多則在〈婦女解放問題〉上寫道：「從歷史上看中國的女性，就是奴性的同義詞，三從四德是奴性的內容。」

其實，這完全是此一時彼一時的問題。五四時期，畢竟內憂外患，時不我待，因此便是最有良心的國學大師，整理起「國故」來，也難免暴躁失常。如果放到一個和平的年代，不論是吳虞，還是聞一多，我相信他們是說不出這樣激烈決絕的話來的。

而在今天，太平盛世緩緩到來，我們倒是不妨心平氣和、從從容容地來探討封建禮教幾千年的利與弊、得與失，既不必替古人擔憂，也不必替今人「擦屁股」。

什麼時候成家最合適——歷代之適婚年齡

所謂修身齊家治國平天下，中國人的文化必須從「家」講起。什麼是家呢？從造字上可以看出，「家」字，意指一間屋，屋內有豬。一個中國男人一生最重要的成就是什麼？那就是成家立業。《白虎通義．爵》說得最為明確，「庶人稱匹夫者，匹，偶也。與其妻為偶，陰陽相成之義也。一夫一婦成一室，明君人者，不當使男女有過，時無匹偶也。」

那麼什麼時候成家最合適呢？

我們先看《史記》這本書，書上有一個專門分類，叫世家，自然是門庭顯赫的意思。這個「世」又是什麼意思呢？「世」是會意字，曾經寫作「丗」、「卋」，十加廿，或者是卅加一（這裡的「一」不表數字，僅為區別另一字卅）。所謂世家其實已經指出，三十年為一世，父子相差三十歲，即為一世。

男子應三十歲生子，在很早就形成一種制度，《禮記．內則》中就有男子「三十而有室」、女子「二十而嫁」的說法，而《周官．地宮》上也說：「媒氏掌萬民之判……令男三十而娶，女二十而嫁。」這說明，政府已經有了初步的婚姻法，規定了結婚的法定年齡。

但是為什麼非得「男三十而娶，女二十而嫁」呢？漢儒在《白虎通義》中解釋說，男三十筋骨堅強，任為人父；女二十肌膚充盛，任為人母；合為五十，應大衍之數，生萬物也。曾經為幾顆棗子而出妻的王吉居然就這個問題給漢宣帝上過疏，說世俗嫁娶太早，是「未知為人父母之道而有子，是以教化不明而民多夭」。

總之，那時候的人們堅信結婚太遲會有害健康，傷身促壽。比如桓譚《新論．祛蔽》云：「夫古昔平和之世，人民蒙美盛而生，皆堅強老壽，咸百年左右乃死。……後世遭哀薄惡氣，娶嫁又不時，勤苦過度，是以身生子皆俱傷，而筋骨血氣不充強，故多短折，中年夭卒。」王充在《論衡．齊世》中也記載當時人的見解，「上世和氣純渥，婚姻以時，人民稟善氣而生，生又不傷，骨節堅定，故長大老壽，狀貌美好。」

不過他們說的「古」是傳說中渺不可知的上古，實際上自有大規模戰爭以來，特別是到了春秋戰國時期，頻繁的戰事讓人口資源消耗得特別快，要是按照三十年為一世的慢吞吞的生法，自己的國家早就滅了，所以《墨子．節用篇》上的說法則是，「古者聖王為法曰：丈夫年二十無敢不處家，女子年十五無敢不事人。」

因此只要是長期的戰爭年代，法定婚齡總是偏小，如南北朝時期北齊後主規定，女子十四歲到二十歲之間必須出閣，北周武帝建德年間則強制十五歲以上男子、十三歲以上的女子成親。最後早婚成了主流，並以法律的形式固定下來。

我們不妨看看下面一組資料：戰國齊桓公令：男三十，女十五；戰國越王勾踐令：男二十，女十七；漢惠帝令：女十五；晉武帝令：女十七；北周武帝令：男十五，女十三；唐太宗貞觀令：男二十，女十五；唐玄宗開元令：男十五，女十三；宋仁宗天聖令：男十五，女十三；宋寧宗嘉定令：男十六，女十四；宋司馬光《書儀》：男十六，女十四；宋朱熹《家禮》：男十六，女十四；明太祖洪武令：男十六，女十四；清《大清通禮》：男十六，女十四。

可見漢儒的那一套實際上並不為歷代政府所奉行。以史料比較充實的清朝而論，順治帝十四歲大婚，康熙帝的婚事更早在十二歲時完畢，雍正帝的孝聖皇后結婚時十三歲，乾隆帝算晚婚的，大婚時也才十七歲。

◉掌故

女媧與伏羲——中國人的創世傳說

伏羲女媧交尾圖（晉代）

圖22

山東嘉祥縣出土的漢代畫像磚上，可以看到女媧和伏羲的畫像，兩個人都是人面蛇身，長長的尾部交纏在一起，中間稍上露出的則是一個大頭娃娃，直接表明性交以繁衍後代的主題。他們的臉面，或正向，或背向。伏羲手拿曲尺，女媧手拿圓規；或者是伏羲手捧太陽，太陽裡面有一隻金烏，女媧手捧月亮，月亮裡有一隻蟾蜍……

《漢書．古今人物表》稱伏羲為「上上聖人」，列居古今一切人物之首。他發明了八卦，還教會人類結網捕魚，使用火種。而女媧則更是神通廣大，天崩地裂之時，她以驚人的氣概撿起五色彩石，修補不周山斷裂的天窟窿，斷鼇足以立四極。女媧作為人類的創造者、人類的救星，形象可謂是光芒四射。因此《說文解字》的作者由衷地注釋道：「媧，古之神聖女，化萬物者也。」

關於女媧和伏羲的故事，唐人李冗的《獨異志》記載較為詳細：當宇宙初開之時，女媧和伏羲兄妹兩人居住在崑崙山，相依為命，兩人商議結為夫妻，又覺得羞恥，於是把自己的命運託付給上天，決定用占卜的方式來決定，他們各自點起了篝火，向天禱告說：「上天如果不讓人類絕跡，要讓我兄妹二人結為夫妻，就讓兩堆火的煙合為一股吧；若不同意我們結為夫妻，就讓兩堆火的煙分開吧。」兩股濃雲糾纏在一起的時候，兩人於是為了繁衍人類開始交合，伏羲用草編織的扇子派上了用場，用來遮住彼此交合時候的表情。

漢代畫像磚：伏羲女媧交尾圖

如此難為情的性交，再加上繁衍全人類的使命，看來女媧和伏羲要從中得到快樂是比較困難的。

日本創世神話和女媧伏羲的故事至為相近——伊耶那歧命和伊耶那美命是天地間混沌初開以後的第八對兄妹。他們領受了天上眾神的旨意，決定開創人類世界，他們交合之後生下的第一個孩子便是畸形兒。這倒是顯示出兄妹近親結婚造成的後果，因此人類視近親結婚為亂倫，也是自然而然之事了。

不過老是靠交合繁衍人類，再加上懷胎十月，生產力難免受到限制，因此女媧開始偷懶，摶黃土以造人了。忙完了這些之後，她為人類建立了婚姻制度。因此，女媧被作為婚姻之神受到祭祀也是理所當然的。

野合而生的孔聖人——上古時代的野合風俗

在新疆呼圖壁的大型壁畫上我們可以看到，圖畫中位於上邊的大人們陽具勃起，正在做性交動作，而下方有兩排歡躍的小人，這既是對性交的褒揚，也是對生育的禮贊。學者聞一多說：「在原始人類的觀念裡，婚姻是人生第一大事，而傳種是婚姻的唯一目的。」「結子的欲望在原始女性是強烈得非常，強烈到恐怕不是我們能想像的程度。」「個人的存在是為他的種族存在而存在的。」

古人把性交譬為「雲雨」，這是因為他們把女子的肚腹看成是土壤，把男人的精子看成是種子，如果沒有雲和雨，自然也就沒有收穫。同時，秋天是收穫的季節，自然就成了分娩的最佳時機。分娩最好在野外進行，因為這樣可以收納天地之氣，使得分娩順利；同時，分娩又有利於使土地肥沃，得到豐收。

原民在由漁獵階段過渡到農耕階段後，越來越認識到土地的重要性，因此將男性生殖器與土地聯繫在一起，將男根的象徵物稱為「田祖」、「田主」。這種關係擴大為天和地、陰和陽，於是男女要交合才好，才是事物的生機。這便是所謂的「天人合一」的一種表現。因此原民又創造了姜嫄這位大地女神的形象，她生育的兒子也以穀物「稷」命名，後來推土而成的「社」演化為土地神。大地所生的「稷」演化為穀神，「社」和「稷」聯在一起稱作「社稷」。

春秋時候，鄭國久旱不雨，國君向自己的大臣子產詢問，子產回答說這是因為全國曠男怨女太多了，陰陽不調，所以風雨不順。於是國君就採取了一些措施，諧調婚嫁，男歡女悅，於是天降甘霖，旱象解除了。

這一理論建立的基礎是「君人者不當使男女有過時而無匹偶也」。如果怨女曠夫很多，人間性關係不順，那麼自然界也會出亂子，古代的臣下以此諫君者甚多。

桑木，又叫扶桑木，本意是傳說中的太陽樹。遠古時期每個文明都有太陽神崇拜，桑樹的意義如此重大，自然要將其栽種於神聖的祭壇——「社」的周圍，桑林則成了「社林」和「社木」。

漢代畫像磚：野合圖

原民認為野合——野外性交，可得天地之氣而有益健康，同時有利於穀物生長，因此經常在桑社裡組織自由性交。在這個場合中，男女放懷無忌，無分老幼，縱情交合，慢慢地就形成上自天子、下自庶民都認可的集體活動。據《禮記．月令》載，凡到仲春之月，候神鳥都飛來了，天子一定要親自率領后妃嬪娥，抬著豬牛羊等上等供品祭祀太陽神，還要將象徵男女性交的弓箭供奉給高媒神。《國語．魯語》中曾記有魯莊公如齊觀社的故事。所謂觀社，其實就是去觀看女人的裸體舞。

有桑社就有桑林之舞，在這種舞蹈儀式中，男女雙方都可以放肆地挑逗對方，求得對方的回應。相近於桑林之舞的還有「萬舞」，這是為了紀念女媧這個媒神而設立的「高禖之祀」典禮中一個活動。春秋時楚文王死後，其弟子元想追求寡嫂，就跳「萬舞」來挑逗她，可見「萬舞」中性意味、性刺激是相當強烈的。因此聞一多就說：

是祀高禖用萬舞，其舞富於誘惑性，則高禖之祀，頗涉邪淫，亦可想見矣。

一心治水、三過家門而不入的大禹都在這種地方停下腳步。《楚辭．天問》中說：「焉得彼塗山女，而通之於臺桑？」這是說他走到塗山的時候，看見漂亮的塗山姑娘，正巧剛好碰上桑社狂歡節時期，兩人便有了熱烈的歡合。

孔子的父親叔梁紇在他快六十歲的時候也去趕桑社，在尼山之上，對一位姓顏的女子一見傾心，一宿風流之後，顏姓女子便懷上孔子。「野種」可謂是罵人最狠毒的話語之一，不過大概大多數現代人都不知道他們推崇的萬世師表的大聖人居然是一個「野種」。

當然，對此，頭巾氣十足的文人倒有一番說法——如果不是野合而得天地之氣，很難生下大聖大賢。

靡靡之樂——最古老的黃色歌曲

隨著國家建制，夏朝由大禹的兒子啟開國建基，不過這段歷史，司馬遷言之不詳，目前考古學也沒有太多的發現，到現在還鬧不清整個夏朝有多少個王。

這一時期戰爭的規模越來越大，不再是部落和部落之間，而是部落聯盟和部落聯盟之間，因此戰爭中產生的女奴就更多了。作為夏王自然擁有更多的戰利品。據《管子．輕重甲》記載，「昔者桀之時，女樂三萬人，晨噪於端門，樂聞於三野。」不過古人的說法總是比較誇張，每次戰役動不動就說殺了多少萬人，事實上以當時人口和社會條件，不可能有這麼大的軍事動員能力，所以女樂三萬人的說法，應該是一種誇張。

取代夏王朝的是商王朝，這個王朝開始有了文字記錄，那個時代的甲骨卜辭、銅器銘文和《商書》中的〈盤庚〉等都是這方面的重要文獻。這時候女子淪為男子的私有財產與附庸的現象就更為普遍了。

商王朝最後一個統治者紂王，「造鹿臺，為瓊宮玉門，其大三里，高千尺，七年乃成。厚賦以實鹿臺之財，充鉅橋之粟，狗馬奇物充牣宮室。以人食獸。廣沙丘苑臺」。

紂王耽於聲色，所欣賞的音樂、舞蹈有許多都充滿了性意味。當時有個著名的音樂家師延就被紂王強行關押起來，被逼迫創造黃色音樂，師延「奏清商、流徵絲角之音」，想要蒙混過關，紂王大為不滿，「這是古代無聊的音樂，不是我喜歡聽的，再來。」師延這位大藝術家為了活命，無奈之下只好犧牲藝術，「作新淫聲，北里之舞，靡靡之樂」。紂王好不高興，《呂氏春秋．侈樂篇》就說，紂王「作為侈樂，大鼓、鐘、磬、管簫之音，以鉅為美，以眾為觀；俶詭殊瑰，耳所未嘗聞，目所未嘗見。務以相過，不用度量」。於是鹿臺之上「奏迷魂淫魄之曲，以歡修夜之娛」。在黃色歌曲中，商王朝也很快就滅亡了。

雖然現在不知道這些黃色歌曲的內容，不過根據甲骨文卜辭，可以推想那時候已經有職業的舞蹈家了，比如〈殷墟文字乙編〉二三七三卜辭有「貞，呼取舞臣廿」的記載，就是叫二十個舞臣來參加祭祀舞蹈的證明。

商紂王既然連音樂都嫌不夠黃，那觀看舞蹈更非脫衣舞不看了。《竹書紀年》上說：

自盤庚遷都至此，二百七十三年未嘗遷動。紂廣大其邑，南距朝歌，此距邯鄲及沙丘，皆離宮別館。以酒為池，懸肉為杯，男女裸奔相逐其間。宮中九市，為長夜之飲。

這種荒淫到了春秋戰國時期，更是愈演愈烈。楚莊王即位，「淫於聲色，左手擁秦姬，右手抱越女」；吳王夫差的後宮中竟有「宮妓數千人」。統治者耽於女色的記載比比皆是。記錄史書的史官們到最後連譴責的力氣也沒有了。

女人已經變成純粹的財物，可以彼此轉讓。晉悼公興師伐鄭，鄭國派人贈送女樂十六人及其他禮品給晉悼公以求和；晉悼公受禮後又以女樂八人賜給功臣魏澤作為獎賞。至於越王勾踐獻美女西施給吳王夫差，更是眾所皆知的故事了。

東方的海倫——人盡可夫的夏姬

春秋時期，女子沒有私名（到漢代才有私名，如班昭、蔡琰等）。所以女子的稱謂，或以字配姓，如伯姬、仲子、孟姜、季嬴之類；或以姓繫夫氏，如衛孔姬、晉趙姬之類；不一而足。

夏姬本是鄭穆公之女，這位顛倒眾生的人間尤物，在她的一生中，曾為三代王后（先後與陳靈公等三位國君有不正當關係）；先後七次下嫁，故名「七為夫人」；九個男人死於她的床裙下，又稱「九為寡婦」。

她還未出嫁就和親生哥哥子蠻私通。父母因她豔名四播，迫不得已，趕緊把她遠嫁到陳國，成了夏御叔的妻子，夏姬的名字也就由此而來。子蠻在痛失妹妹後，於兩年之後英年早逝。

夏御叔是陳定公的孫子，他的父親公子少西字子夏，所以他就以「夏」為姓，官拜司馬（相當於國防部長）。夏姬嫁後九月便生下兒子夏征舒，旁人難免竊竊私議。十多年後，夏御叔逝世，她在夫家的封地株林守寡。

陳國的國王陳靈公，還有朝中的兩位大臣公孫寧（又名孔寧）和儀行父都先後成了夏姬的入幕之賓。三人還常常一起飲酒作樂，不過這些都瞞著夏姬的兒子夏征舒。最後陳靈公藉口夏征舒要繼承父親爵位，就要好好地學習，將他送往鄭國學習。

夏征舒回國之後，陳靈公讓他襲了父親的大夫職。每當夏征舒離家上朝時，這君臣三人就輪流乘車去株林和夏姬幽會。在幽會過程中，夏姬把自己的內衣分別送給這三個情夫，而這君臣三人竟無恥地穿著夏姬的內衣去上朝，並且在朝廷上相互大談夏姬的風情。大臣泄冶實在看不過去，當場勸諫。於是，陳靈公對他懷恨在心，縱容孔寧、儀行父殺了泄冶。

有一次，陳靈公、儀行父和夏姬三人喝酒的時候，互相開玩笑，討論夏征舒到底是誰的孩子。夏征舒知道此事後，感覺受辱而氣憤萬分，再加上當時一首歌謠傳到了他耳朵裡，「胡為乎株林？從夏南；治酒歡會兮！從夏南！」於是當陳靈公再次來到株林找夏姬的時候，夏征舒興兵弒君，隨即率兵入城，只說陳靈公暴卒，立世子媯午為君，史稱陳成公。

孔寧和儀行父倉皇逃到楚國，隱匿了淫亂的事情，只說夏征舒弒君，乃是人神共憤。楚莊王偏聽一面之詞，決意討伐陳國。

楚國是當時的大國，楚莊王更是春秋五霸中的一員，陳國很快兵敗，夏征舒被捉，處以「車裂」的刑法。夏姬被搶到楚國後，楚莊王和子反都想占有她。另一個大臣巫臣別有用心地說夏姬是個不祥之人，勸他們要汲取陳國君臣的教訓，才先後使楚莊王和子反罷了此念。

事後，楚莊王將夏姬賜給了大臣連尹襄公。不到一年，連尹襄公戰死沙場，夏姬就跟他的兒子黑腰好上了。這件事情傳得沸沸揚揚，於是夏姬在巫臣的建議下，假託迎喪之名而回到鄭國。沒想到，大夫巫臣其實久慕夏姬美豔，他苦苦地等啊，等了十四年，也就是夏姬已經五十多歲的時候，巫臣才藉出使齊國的方便，繞道鄭國，在驛站館舍中與夏姬成親。

楚莊王於是醋意大發，把巫臣在楚國的家人滅族，連黑腰也身首異處。巫臣也不是好惹的，跑去培植吳國成為楚國的敵人，從此這兩個國家一有空就打仗。

縱觀夏姬一生，可謂傳奇典範，比諸曾引發特洛伊之戰的古希臘美女海倫有過之而無不及，雖然和她在一起的每個男人都沒有什麼好下場，但是追求她的男人還是前仆後繼、無怨無悔。更出奇的是，半百之年，居然還有男人為她棄國滅族。她究竟是如何青春永駐，一直到如此年歲還保持著容顏的嬌嫩、皮膚的細膩，從而傾倒眾生的？作為後人，我們只能神馳想像了。

陳靈公君臣三人互相交換夏姬內衣的場面，作為一種變態性行為，雖然不值得提倡，但畢竟豐富和開闊了中國的性文化史，因此，特辟專章指陳。

登徒子的小故事——巫山雲雨原是夢

如果說夏姬的故事是性放縱的樣本，那麼宋玉的〈登徒子好色賦〉則以文學辭藻之美，寫禁欲主義之興起，為性壓抑張本。無限制的縱欲當然不值得提倡，至少人的身體難以承受，但是禁錮自己的欲望、性壓抑，為何又能得到認同呢？故事是這樣的——

大臣登徒子在楚王面前誣陷宋玉，他說：「宋玉其人長得嫺靜英俊，說話很有口才而言辭微妙，又很貪愛女色，希望大王不要讓他出入後宮之門。」

楚王拿登徒子的話去質問宋玉，宋玉自我辯白說：「容貌俊美，這是上天所生；善於言詞辯說，是從老師那裡學來的；至於貪愛女色，下臣則絕無此事。」

楚王說：「你不貪愛女色確有道理可講嗎？有道理講就留下來，沒有理由可說便離去。」

宋玉於是辯解道：「天下美女，楚女為最，楚國女子之美麗者，無法超過我家鄉的美女，而我家鄉最美麗的姑娘還得數我東邊鄰居家的那位小姐。論身材，若增加一分則太高，減掉一分則太矮；論其膚色，若塗上脂粉則嫌太白，施加朱紅又嫌太赤。她那眉毛有如翠鳥之羽毛，肌膚像白雪一般瑩潔，腰身纖細如裹上素帛，牙齒整齊有如一連串小貝，嫣然一笑，足可以使陽城和下蔡一帶的人們為之傾倒。如此姿色絕倫的美女，趴在牆上窺視我三年，而我至今仍未答應和她交往。登徒子卻不是這樣，他的妻子蓬頭垢面，耳朵攣縮，嘴唇外翻，齒列不齊，彎腰駝背，走路一瘸一拐，身上既有疥疾，還有痔瘡。這樣一位醜陋的婦女，登徒子卻與之頻繁行房，生有五子。請大王明察，究竟誰是好色之徒呢？」

宋玉在賦中用文學誇張手法，恰恰是為了強調自己如何禁得起美色的誘惑——天下最美的美女就住在他東鄰，這位多情的美人向宋玉秋波頻送三年之久，他仍未動心。相形之下，登徒子之妻醜陋不堪，登徒子還和她生了五個孩子？為了證明自己人品的正直，宋玉從正反兩面都找到參照，把禁欲當成是一種驕傲，一種定力，原民流行的兩情相悅的自然性交則受到貶損。

這篇賦為後世提供了「登徒子」和「宋玉東鄰」兩個著名典故。隨著時代的演進，禮教大張之日，「登徒子」便成了「好色者」的同義語，而且有了明顯的貶義。

不過，宋玉奉行的禁欲主義只是在紙面上說說而已，他的另一篇〈高唐賦〉寫得極為縹緲高妙，說的是宋玉和楚襄王在雲夢澤玩耍之時的事情。這是中國人第一次對男女性生活作出的詩意描寫。即便千載之下，也讓讀者怦然心動。

> 昔者楚襄王與宋玉游於雲夢之臺，望高唐之觀。其上獨有雲氣，兮直上，忽兮改容，須臾之間，變化無窮。王問玉曰：「此何氣也？」玉曰：「所謂朝雲者也。」王曰：「何謂朝雲？」玉曰：「昔者先王嘗游高唐，怠而晝寢，夢見一婦人曰：『妾，巫山之女也。為高唐之客，聞君游高唐，願薦枕席。』王因幸之。去而辭曰：『妾在巫山之陽，高丘之阻，旦為朝雲，暮為行雨，朝朝暮暮，陽臺之下。』旦朝視之，如言，故為立廟，號曰『朝雲』。」

整個故事說的是，楚襄王和宋玉到雲夢澤的臺館遊覽，眺望高唐的景色，唯見它的上面有雲氣，聚集起來向上升，一下子又變了模樣，頃刻之間變化無窮。楚襄王問宋玉：「這是什麼氣？」宋玉說：「這就是所說的朝雲。」楚王說：「什麼叫朝雲？」宋玉說：「從前楚懷王曾游高唐，有一天累了白天睡覺，夢見一個婦人，對他說：『我是巫山之女，到高唐來做客的，聽說您游高唐，願為您侍寢。』懷王於是就留她同眠。離別時她對懷王說：『我家在巫山的南面，高丘的土山上，早晨成雲，晚上成雨，每天早晚都在陽臺山之下。』懷王第二天早晨觀看，果然和她所說的一樣。因而為她建了廟，稱做朝雲廟。」

楚王之夢，充滿了神秘與溫馨，同時，也充滿了誘惑與嫵媚。從此以後，「雲雨」一詞，便成了中國人談論「性交」的隱語，而「神女」甚至被用作妓女的代稱。

生殉制度——吃使者豆腐的秦宣太后

秦宣太后在秦國長期執政，歷經三朝，與當時的許多風雲人物交往深厚，她的執政可以說是將秦國的爭霸事業推到了一個前所未有的高度。她曾經指導自己的兒子昭王誘殺了兩位對秦國有極大威脅的國君，一位是楚懷王，一位是義渠王。

《戰國策》記載，有一次楚國攻打秦國周邊的韓國，韓國求救使者一撥接一撥地往秦國跑，可謂是冠蓋相望，但是秦宣太后就是不發兵。最後韓國派出使臣尚靳，在朝會上指出唇亡齒寒，如果秦國不出兵，最後也會吃虧。

宣太后於是單獨召見了尚靳，發表了一通意見，她說，使者來了很多，就你還說得有點道理，現在這情形，哀家就和你打個比方吧，過去我和丈夫同房，丈夫一條大腿壓在我的身上，我就感到吃不消；而丈夫全身壓在我的身上，我卻不感到重了，這是為什麼啊？所以說，現在要幫助韓國的話，兵不眾、糧不多，則不足以救韓。再說軍事活動日費千金，你要是有個分擔我身上重量的好主意，我才好下出兵的決心。

廟堂之上，一位堂堂的太后竟對外國使節大談夫婦床笫之事，清朝王士禎在《池北偶談》裡評論道：「此等淫褻語出於婦人之口，入於使者之耳，載於國史之筆，皆大奇！」而南宋鮑彪新注本裡則說：「宣太后之言汙鄙甚矣！以愛魏醜夫欲使為殉觀之，則此言不以為恥，可知秦母后之惡，有自來矣！」

不過他們可能都沒有考慮到，求救的使者那麼多，該說的其實都說了，這位尚靳為什麼會被單獨召見呢？作者猜想尚靳應該是個美男子，讓秦宣太后動了心，所以她藉口商量軍國大事，其實是以性話題挑撥對方，公然吃外交使節的豆腐。

秦宣太后的淫亂在當時是出了名的，可以說是舉國皆知。大臣魏醜夫就是她最心愛的面首[5]，後來宣太后生病將死，擬下遺命：「如果我死了，一定要魏醜夫為我殉葬。」魏醜夫聽說此事，狂暈，服侍老女人已經很吃虧了，還要殉葬？幸虧他有個死黨庸芮肯為他出面遊說宣太后，「太后您認為人死之後，冥冥之中還能知覺人間的事情麼？」宣太后說：「人死了當然什麼都不會知道了。」庸芮於是說：「像太后這樣明智的人，明明知道人死了不會有什麼知覺，為什麼還平白無故地要把自己所愛的人置於死地呢？假如死人還知道什麼的話，那麼先王早就對太后恨之入骨了。太后贖罪還來不及呢，哪裡還敢和魏醜夫有私情呢？」宣太后覺得庸芮說得有理，這才放棄了讓魏醜夫為自己殉葬的念頭。

殉葬分為生殉（活埋）和殺殉（殺而後埋），三代之前已經有之。所謂「天子殺殉，眾者數百，寡者數十；將軍、大夫殺殉，眾者數十，寡者數人」。

西漢年間，廣川王劉去邀集了一些無賴少年盜掘了一座古墓——西周末代帝王周幽王的墓，發現有一百多具屍體，衣服完好，栩栩如生。這些屍體只有一個男性，其他都是女性。可見，那些女屍都是殉葬的妃妾。

西元前六二一年，秦穆公死後用一百七十七人殉葬，其中包含自己最寵愛的三位國之良臣，「國人哀之，為之賦〈黃鳥〉」。

後來以活人殉葬的做法就逐漸被陶俑、木俑、泥俑、金屬俑所代替。戰國時期，秦獻公上臺第一年（西元前三八四年），就廢除了活人殉葬制度。秦始皇死後，秦二世卻令大量後宮和工匠殉葬，「計以萬數」。

漢朝之後，就很少聽說殉葬的事情了。到了明朝，農民出身，做過和尚的明太祖朱元璋又讓這一制度復活。他死後，用了四十六個妃妾、宮女殉葬，朝鮮的史書《李朝實錄》也記載明成祖死後逼殉宮女的詳情。三十多名宮女在吃完最後的晚餐之後，被帶上殿堂，哭聲震動殿閣。殿堂內置有小木床，太監們使宮女立在床上，從房梁上垂下繩套，把她們的頭放在圈套中，然後撤掉小床，讓她們吊死。

這種以活人，特別是以婦女殉葬的野蠻制度的終結者是曾經歷過土木堡之變的明英宗，他在臨死時候，在遺詔中寫明：「用人殉葬，吾不忍也。此事宜自我止，後世勿復為。」

5 古代專供貴婦人玩弄的美男子。

說娼道妓不分明——從字源說開去

哲學家羅素曾說：「古代娼妓制度絕不如今日之為人鄙視。其原始固極高貴。最初娼妓乃一男神或女神之『女巫』，承迎過客為拜神之表示。其時人御之，亦必事之，然基督教父詬詈訴毀，連篇累牘，目為異端陋俗，及撒旦遺孽。茲後娼妓遂由廟宇驅入市場，淪為商業。」這個總結切近於西洋人的歷史。

至於中國人，早在《易經》上就說：「觀天之神道，而四時不忒。聖人以神道設教，而天下服矣。」老實不客氣地承認宗教就是麻藥，用處大大的有。《禮記·祭義》對此作了精闢的闡述：「因物之精，制物之極，明命鬼神，以為黔首則，百眾以畏，萬民以服。」

因此呢，中國鬼神文化從殷商時代就很發達，在人與鬼神間很早就設立了媒介。《史記》上描寫商湯代桀以後，大旱七年，湯以身為犧牲，剪爪斷髮，著布衣，嬰白茅，禱於桑林，天乃大雨。我們可以看出商湯和近代猶自可見的跳大神的巫師沒有兩樣。

《淮南子·說山訓》的高誘注：「醫師在女曰巫，在男曰覡，針石糈藉，皆所以療病求福祚。故曰『救鈞』。」那麼這裡所指的女巫是不是像西洋人一樣，要靠性交來迎取信眾呢？至少目前還沒有發現這樣確實的資料。

現在的很多學者認為中國人和老外一樣，在很早很早以前也有「巫娼合一」的歷史。雖然說什麼都可以往巫文化裡頭裝，中國古代的巫師算得上十項全能，可以測天象、主卜筮、通醫藥，只是硬要說中國古代的巫師也搞性交易，實在有點犯不上。雖說現在任何領域都流行和國際接軌，但在這方面就免了吧。

娼妓之形成，需有交易，交易之所以發生，是因為一方有需求一方有供給。娼妓的定義是以獲取經濟利益為目的而與他人發生性行為的女子。如果男女是在彼此自願的原則下，頻繁更換性伴侶，頂多只能站在道德的角度上，斥其淫亂，談不上賣淫。根據《史記．滑稽列傳》記載：

> 齊國州閭之會，男女雜坐，行酒稽留，六博投壺，相引為曹，握手無罰，目眙不禁；前有墮珥，後有遺簪，日暮酒闌，合尊促坐，男女同席，履舄交錯，杯盤狼藉。堂上燭滅，羅襦襟解，微聞薌澤。

可見晚至春秋戰國時期，中國男女間的性生活一點也不匱乏，就像孔子的父親，都六十多歲了，還能自由地找到一個妙齡少女雲雨。《詩經》上更記載鄭國溱洧之會，男女間採蘭贈芍，交際既自由，性禁忌又少，所以在這種情形下產生專事賣淫的娼妓，不大切合實際。就像今天能在網路免費得到的資訊，誰又願意付酬呢？

以《說文解字》這部由東漢經學家許慎獻給漢安帝的中國最古老的字典為證，有「倡」字而沒有「娼」字。要到了梁代顧野王《玉篇》中才開始有了「娼」字，並說「娼，婸也」。「婸」字是什麼意思呢？我們回頭再找《說文》，這個字的意思是，「婸，放也，一曰淫戲。」宋朝丁度《集韻》說：「倡，樂也，或從女。」明人《正字通》：「倡，倡優女樂，別作娼。」

大體我們可以從娼這一個字的演進過程看出，它一是有放蕩過度的意思，用來形容性生活過度；二則是形容從事和音樂這一職業有關的人。總之，從原始的字源來看，一點也沒有性交易的含義成分在裡頭。當然，後世娼女以賣淫為生，音樂歌舞，仍為她們的主要技術。

不過晚到宋朝「倡」才從女字旁，早之前的倡，則是沒有男女之別的。《史記．趙世家》上說「趙王遷，其母倡也」，還有《李延年傳》「中山人，身及父母兄弟皆故倡也」，都足為旁證。至於娼字確實的出現，則要等到唐代，趙璘《因話錄》上就說：「陳嬌如，京師名娼。」

「妓」這個字，《說文》上解為，「妓，婦人小物也，從女，支聲。」「婦人小物」到底是什麼意思呢？段玉裁的注解上說：「小物謂用物之瑣屑者，今人用此字取微細之意，即𡛷之俗體也。」漢魏時期張揖《埤蒼》說：「妓，美女也。」進入隋代，陸法言的《切韻》終於明確地給出：「妓，女樂也。」大致可以搞清楚妓是能夠表演歌舞的美女。到了南宋戴侗《六書故》冒出了「女之有技者別作妓」，女之有技，有的是什麼技？女紅、女樂都能算是技，但是不是還特指房中的性技術呢？書中沒有明說，也不知道是字意本身就模糊，還是字典是「糊塗字典」。

那麼什麼時候娼和妓搭夥不分家了呢？我翻來翻去，才翻出這麼一條，《舊唐書．天竺國傳》說：「百姓殷樂，家有奇樂娼妓。」

總之，翻了半天字典，發現娼妓一詞並不太壞，嚴格說起來，還是誇女人的詞，又是美女又擅長歌舞，明星味很濃呢。

游娼富貴——女樂是娼妓麼

《管子．輕重甲》上說：「夏桀有女樂三萬人，終以女樂亡其國。」這裡的女樂應該是從民間徵集還有戰爭中掠奪的美女，屬於性奴隸。到了春秋戰國時期，國與國之間互相贈送女樂的事情就非常之多。這當然有外交上聯誼的目的，但是在聯誼的背後，往往埋伏著美人計。

魏晉墓磚畫：樂妓

秦穆公因為周邊生活著許多戎狄的部落和小國而煩惱，這些小國常常突襲秦的邊地。當時，西戎諸部落中較強的是綿諸、義渠和大荔，其中綿諸王手上有晉國人由余主政，把國家治理得井井有條。由余出使秦國時，秦穆公接見之後，大為傾倒，便問內史王繆，「鄰國有聖人，是我們的憂患啊。由余，就是綿諸的聖人，該怎麼辦？」王繆出了個主意，「綿諸處僻陋之地，從來沒有享受過中國聲色也，我們給他們送一大隊『女樂』過去，讓他們整天亂搞，使他們的政事紊亂，到時候他們的臣下離心，由余就會過來投奔我們了。」於是秦穆公找了藉口將由余挽留在秦居住，另一方面給綿諸王送去女樂，果然綿諸王大享眼耳之福之後忘乎所以，國內大批牛馬死亡，也不加過問。等到這個時候，秦穆公才讓由余回國。由余的勸諫卻引起綿諸王的猜忌和痛恨。在秦人的規勸下，由余終於投奔秦國，秦穆公「命公子迎之，拜為上卿，遂併國十二，辟地千里」。

美人計是最古老最簡單不過的計謀，可是往往最古老、最簡單的總是最有效的，即便聖如孔子也被美人計整倒過，連冷豬肉都沒能吃到，以至於不得不掛冠出走。

孔子一方面治理魯國初顯政績，另一方面他在夾谷會盟時隨機應變，讓身邊的強鄰齊國嘗到敗果。齊景公和晏嬰這兩位齊國君臣看到魯國實力由弱轉強，忙給魯定公送去從國內挑選出來的八十名能歌善舞的女樂。當女樂到了魯國的首府曲阜後，魯定公一下子栽倒在糖衣炮彈之下，整天沉湎於歌舞淫樂之中，再也無心料理朝政。以至於該年南門外要由國君主持的郊祭，魯定公居然也缺席了。孔子看此情形，忍不住對自己的弟子長嘆，說道：「國君如此違禮，令人失望。按祖制明日需將膰[6]肉分與親臣共用，如不分膰肉，則可辭職而行矣！」結果第二天，孔子在家一直坐等到天黑，最後他的弟子子路趕來向他說道：「夫子，膰肉已被季氏家臣分享。」到了這一地步，孔子只好捲鋪蓋走人了。

不過呢，女樂只是屬於君王的私人財產、性奴隸，根本談不上什麼賣淫不賣淫的。

古龍的小說常常愛說，娼妓是最古老的職業，這種說法是沒文化不讀書人的想當然。其實娼妓的出現，需滿足以下幾個條件：首先當然是女人願意出賣自己的肉體去換取利益，第二是男人願意支付酬勞，第三是形成規模產業，第四是便於交易的貨幣的出現。第一、二條，無須論證。第三條則需要有大城市的出現，降至春秋戰國，隨著商業經濟的發達，大型城市一個又一個出現，晏子在拜會楚王時就說：「齊之臨淄三百閭，張袂成陰，揮汗如雨，比肩繼踵而在，何為無人？」古代以五家為比，五比為閭，臨淄有三百閭，人口自然大為可觀了。城市規模大了之後，自然有商賈往來，像鄭國的弦高、魯國的子貢、越國的范蠡都是那個時代的富商。這些人遠行千里，不可能把妻妾帶在身邊，生理問題只能走到哪裡就在哪裡解決。第四，在春秋戰國之前，交易方式多是以物易物，《鹽鐵論・錯幣》就說：「古者市朝而無刀幣。各以所有易所無，抱布貿絲而已。後世即有龜貝金錢刀布之幣。」這時候有了刀幣就比較方便了，《孟子》、《戰國策》諸書時時可見「黃金若干鎰」，便可窺知金屬貨幣的通行了。至少到了這個時候，去嫖娼不用抱著一大匹布出門，不然還沒有見到女人，就已經累到兩條腿抽筋了。

總之，有了以上這四個條件的湊合，娼妓不出現才叫奇怪了。《史記・貨殖列傳》就明白地寫道：「越女、鄭姬，設形容，鳴琴，揄長袂，躡利屣，目挑心招，出不遠千里，不擇老少者，奔富厚也。」這裡的越女、鄭姬我就敢拍胸脯向各位保證是娼妓。《漢書・地理志》說得則更為詳細了，「趙中山地薄人眾，猶有沙丘紂淫亂餘民。丈夫相聚遊戲，悲歌慷慨。作奸巧，多弄物為倡優。女子則彈弦，游媚富貴，遍諸侯之後宮。」

「奔富厚」，「游媚富貴」，說的就是美女賣身是看在錢的分上，和你年齡大小、長得帥不帥一點關係也沒有。有錢你才是大爺，才能得償所願，這才是板上釘釘的賣淫。

6 音同煩，指宗廟祭祀所用的熟肉。

夜合之資——娼妓神管仲

明人沈德符在《萬曆野獲編》上說有一位被稱之為白眉神的神仙，「長髯偉貌，騎馬持刀，與關公像略肖，但眉白而眼赤。京師人相詈，指其人曰『白眉赤眼者』」。這位白眉神就是娼妓之保護神，據《金陵歲時紀》記載，「六月十一日為妓寮祀老郎神之期，或云，神為管仲，蓋女閭三百之所由來也。」娼妓們對自己的保護神可是必恭必敬的，「初薦枕於人，必與艾（老公豬，指嫖客）同拜此神，然後定情，南北兩京皆然也」。但是管仲這個春秋時期的大政治家怎麼會成了娼妓行業的保護神呢？

原來，春秋時期禮崩樂壞，為夏商周三代以來未有之大變局，在這種時局動盪的年代，思想上的爭鳴必然帶動第三產業的發展，雖然娼妓業還沒有出現，但是各國諸侯為了網羅人才，什麼招數都使得出來，醇酒婦人便是吸引人才最常用的一種手段。像燕太子丹延攬荊軻，沒少在這方面下工夫。

管仲相齊，開布衣而為卿相之局。他是一位大改革家，他的所有改革思想在《管子》中寫得非常清楚，〈權修篇〉上說：「凡牧民者，使士無邪行，女無淫事。士無邪行，教也；女無淫事，訓也。教訓成俗，而刑罰省數也。」這算是比較穩健平和的主張，沒有什麼新奇之處，然而「士無邪行，女無淫事」當然是一種理想社會的狀態，所以才需要教訓。教訓無效呢？那還不如自己設立國營妓院。明人謝肇淛的《五雜俎》云：「管子之治齊，為女閭七百，徵其夜合之資，以佐軍國。」

雅典大法律家梭倫的想法和管仲可謂如出一轍，他於西元前五九四年左右訂立國營妓院律法，人們歌頌他，「梭倫，偉大的梭倫，你設立了妓院，保障了良家婦女的安全。因為那些浪蕩漢、小夥子有了去處，不再在大街上追逐良家婦女了！」可見這樣的法律，其目的是為減少淫亂，並非增加淫亂。

而管仲相齊在西元前六八五年，死於周襄王齊七年，即西元前六四五年，可以說，在這點上中國人還是可以大大「驕傲」上一回，不要老以為中國人只有四大發明。其實管仲開娼妓行業的合法化、產業化和國營化之先河，是站在一個特定的角度上，既解決了社會問題，又充盈了國庫，清朝的褚學稼評價說：「以充國用，此即花粉錢之始也。」

此外，管仲以布衣為相，在齊國沒有貴族的支持，只能投齊桓公所好以固寵，與其讓別人進獻女色，還不如由自己一手抓，《韓非子．外儲說右下》說：「昔桓公之霸也，內事屬鮑叔，外事屬管仲，桓公被髮而御婦人，日游於市。」可見管仲這個「紅樓」沒白建。

管仲成功之後，自然有周邊國家來取經，別的富國強兵的思想不好學，這個娼妓產業國營化的「新經濟政策」卻是「星星之火，可以燎原」。諸國的高級官員來了一趟齊國的女閭，是一學就會，一看就懂，回國之後，一請就准，一設就靈，而且很快又有新的創新。在某些方面，有些中國人的腦筋實在是太好使了，不佩服不行啊。

根據《吳越春秋》記載，越王勾踐要報仇復國，把軍隊都集中在北山之上。為了慰勞軍隊，鼓舞士氣，他發明了軍妓制度，「越王勾踐輸有過寡婦於山上，使士之憂思者遊之，以娛其意」。《越絕書》記述得更為詳細，「獨婦山者，勾踐將伐吳，徙寡婦致獨山上……蓋勾踐所以游軍士也。」

其後進入戰國時期，大規模戰爭的曠日持久使得軍妓更為普遍，《商君書．墾令篇》便足為反證，「令軍市無有女子……輕惰之民，不遊軍市，則農民不淫。」由此便知道「軍市」本有女子賣淫，在和平時期甚至吸引了輕惰之民來這裡揮霍。

事實上，由於古代後勤補給還未如後來完善，軍皆有市。軍市之中置妓女，從而解決軍人的性饑渴問題，也是一種不得已的方法，但大概是臨時措施或者在某個階段執行一下，並沒有制度化。到了漢武帝時候，才建立起了營妓制度。據《漢武外史》記載，「一曰，古未有妓，至漢武始置營妓，以待軍士之無妻室者。」

分桃之愛——孔子也有走後門的時候

衛靈公是個淫亂的昏君，他的王后南子是宋國的公主，未出嫁前就和宋國的公子朝相好，嫁給了衛靈公後，公子朝也跟著來衛國做了大夫，和南子藕斷絲連。宋朝長相英俊，被喜好男色的衛靈公看上了，遂與之有私，而宋朝又和衛靈公的嫡母宣淫亂，之後怕事情洩露，就勾結了一幫人作亂，逐靈公出去。後來靈公復國登位，公子朝只好和南子出奔晉國。可是衛靈公卻以母親想念媳婦為由，把公子朝召回衛國。以至於孔子在《論語》中自怨自艾地說：「不有祝鮀之佞[7]，而有宋朝之美，難乎免於今之世矣！」

除了宋朝之外，衛靈公還寵愛彌子瑕。有一次彌子瑕於深夜得知母親重病。一著急，連招呼都不打一聲，就私自駕著衛靈公的馬車出了宮。根據衛國的法律：「竊駕君車者罪刖。」也就是私用君王的馬車，是要砍掉雙腿的。衛靈公非但沒有生氣，反而大聲讚歎道：「多麼孝順的人啊，為了母親甘願冒這等危險！」又有一次，彌子瑕陪伴衛靈公遊園。園中桃樹果實累累，紅綠相間，正是初熟的時候。彌子瑕摘下一個桃子，吃了幾口，將剩下的一半順手遞給了靈公。靈公又讚歎了，說彌子瑕是怕桃子不夠熟，所以先替他嘗嘗是否酸澀，乃是關心主上的表現。

不過以色事人，其能久乎？人無千日好，花無百日紅，再加上衛靈公本就是荒淫之主，時間長了，便對彌子瑕心生厭煩，而彌子瑕卻不知進退，於是從前「私車」、「分桃」的舉動便都成了黑材料被翻出來了——這個傢伙，從前居然敢私駕我的馬車，目無主上；還把他吃剩不要的桃子塞到我手裡，蔑視君主到無以復加的地步……

往日的甜蜜恩愛現在都變成了指責的理由，韓非子在〈說難篇〉中就評論說：「故彌子之行，未變於初也，而以前之所以見賢，而後獲罪者，愛憎之變也。」

古人行文喜歡用典，從此把男同性戀稱為「分桃之愛」，這個辭彙的流行程度不亞於今天的「斷背」，大概古代男同性戀彼此見面之時，都會問上一句，你今天分桃了嗎？

值得注意的是，韓非子討論彌子瑕得寵失寵的現象很客觀，一點也沒有站在道德高地上胡亂掃射，要是換上宋儒，大概就會冒出一大堆世風日下的套話。男同性戀的「愛情」被人認可，不僅局限在上層貴族之間，即便是底層的士，只要是有真情，也會得到人們的理解。戰國時，有兩位頗有名望的士人，一個叫潘章，一個叫王仲先，雖然同為男子，卻一見鍾情，不但

---

7 祝，管宗廟的官。鮀，音同陀，衛大夫，字子魚，左傳作「祝鮀」。佞是有口才的意思。

相依相守，而且果然同生同死。人們深受感動，於是將他們合葬，後來墓上長出了一棵枝葉繁盛的大樹，枝枝相抱，葉葉相對。世人遂將此樹稱為「共枕木」，認為他們之間的情意感動了上天，特降此祥木以示後人。

孔子在魯國吃不開的時候，開始周遊列國，曾經出仕於衛，受到了衛靈公的禮遇。不過孔子之所以得到衛靈公的禮遇，絕對不是因為他自身的聲望德行，他也是靠走後門才見著衛靈公的，而且走的還是衛靈公男寵彌子瑕的後門，借助的是他的學生子路和彌子瑕的連襟關係。可見我們這位大聖人為了當官也曾身段柔軟。

不過聖人到底是聖人，可以一時，卻做不到一輩子。有一次靈公與南子同坐一車出遊（應該彌子瑕也在場），並且讓孔子為陪乘，過街市時，市人做歌曰：「同車者色耶，從車者德耶？」孔子嘆道：「君之好德不如好色。」終於狠了狠心，離開衛國去了宋國。

對於孔子這生平唯一一次走後門的行為呢，是很難辯解的。宋儒朱熹在《論語集注》卷三談到「子見南子」這一幕，只好一口咬定，「聖人道大德全，無可不可。」要是換成了別人，那大概會被罵死了，開個玩笑。其實朱子本人也是很開通的一個人，不過作為聖人之徒，再開通的人，也很難自由地發表自己的意見的。

因偷窺而亡國之第一人——春秋窺陰癖案例

窺陰癖指的是在暗中窺視異體裸體或性行為，以取得性的滿足，伴有當場自慰或事後回憶

重耳流亡圖

窺視景象時自慰。這種變態行為幾乎僅見於男性。

晉文公重耳在流亡期間途經曹國，當時曹國國君曹共公看到重耳來投靠，心裡就有些討厭，此時曹大夫僖負羈就說：「晉公子名聞天下，駢脅重瞳，我們應當好好接待他才是。」

重瞳是眼有雙瞳，這個好理解；駢脅是什麼，今人多不詳了。其實駢脅就是胸大肌、肋間肌、背闊肌特別發達，就像連到一起了。也就是說重耳是個像阿諾史瓦辛格一樣的肌肉男。

曹共公一聽說重耳駢脅，就遏制不住自己偷窺的欲望，特地在重耳的浴室掛起微薄的帷幕，當探聽到重耳洗澡的時候，就跑去偷窺。如果是他自己偷偷看也就算了，他居然還領著他的愛妾、侍女一群人，嘻嘻哈哈地擠到門口。

晉文公雖是落難公子，到底咽不下這口氣。僖負羈沒想自己一番話，居然惹出事情來，他的妻子看見重耳公子身邊的隨扈才氣足以擔任相國，而今日曹共公的行為觸怒了晉公子，將來晉公子返國後，曹國一定會遭到報復，於是力勸丈夫暗中善待重耳公子。僖負羈便跑去向重耳賠罪道歉，又偷偷給重耳他們送去食物和玉璧。

重耳把這些都記到心裡，就匆匆離開了曹國。返國之後，重耳勵精圖治，於晉文公五年（西元前六三二年）春興兵討伐曹國。曹國只是小國，雖然非常有戰鬥力，但到底沒能堅持多久，晉軍很快俘虜了曹共公。晉文公指責曹共公納美女三百人，並提起當年被偷窺的舊恨，指責他不肯聽取僖負羈的勸諫，彈丸小國竟有乘軒者（大夫之車）三百人之多。總之，今天滅掉曹國是曹共公罪有應得。

曹共公的偷窺大有男色的嫌疑，可惜晉文公不通風情，曹國因之亡國。而另一位春秋時期的君主亡國則是因為中了美男計，並因此名垂「三十六計」之中。

重耳的父親晉獻公早年雄才大略，奮發圖強，極力開拓疆土。他想要去攻打虢國，但滅虢又必須經過虞國，虞、虢兩國唇齒相依，關係又十分密切，晉獻公為此而作難，於是就召集文武大臣商議對策。

由於虞國有賢臣宮之奇主政，足智多謀，如果不離間虞國君臣之間的信任，滅虢的大計便難以實現。晉獻公的大臣荀息獻計說，這倒不必擔心，古書上有云，漂亮的男孩子可以使人敗家。你何不選幾個漂亮的孌童送給虞侯，讓虞侯迷上了後庭，再教這批孌童從中調唆，說宮之奇的壞話，使虞侯疏遠宮之奇，再送上良馬玉璧，則大事成矣。

晉獻公稱妙，依計而行，虞侯果然給這幾個晉國孌童攪得七顛八倒，連宮之奇的話也不聽了，借給晉師道路而伐虢。晉國滅掉虢國之後，於返回晉國的途中，乘虞國毫無戒備，突然發起襲擊，輕而易舉地滅掉虞國，俘虜了虞侯。

中國人很喜歡聽美人計的故事，卻往往將「美人」等同於美女，不知道還有美男。在春秋的時候，美男的魅力就已經可以讓一國之君痛哭流涕——

宋恆公的男寵向魋，位至司馬，很受寵幸。有一次，向魋知道恆公之子公子佗有四匹白色的駿馬，大為心動，於是恆公就瞞著公子佗，將馬的尾鬣染成紅色轉送給了向魋。這事自然瞞不過公子佗，大怒之下派人將馬取回。向魋非常害怕，當即就想開溜，恆公知道後，閉門而哭，眼睛都哭腫了。

願為雙鳥飛，比翼共翱翔——安陵與龍陽之好

根據《世說新語》的記載，山濤和嵇康、阮籍一見面就情投意合。山濤的妻子覺得丈夫和這兩個人的交往非比尋常，就問他怎麼回事？山公說：「當今之世，配得上做我朋友的，就只有這兩人了。」妻子說：「從前僖負羈的妻子也曾親自觀察過狐偃、趙衰，我也想看看他們可以嗎？」於是有一天，兩人來了，妻子勸山濤留他們過夜，並給他們準備了酒肉。晚上，她越過牆去觀察這兩個人，流連忘返，直到天都亮了。山公過來問道：「妳覺得這兩人怎麼樣？」妻子說：「你的才智情趣比他們差得太遠了，只能以你的見識氣度和他們交朋友。」山公說：「他們也總認為我的氣度勝過他們。」

有人據此推斷出阮籍等人是同性戀者，這實在是有點牽強，不過，阮籍在他的詩裡卻對同性戀者的情事加以吟詠、讚美——

昔日繁華子，安陵與龍陽。夭夭桃李花，灼灼有輝光。
悅懌若九春，磬折似秋霜。流眄發姿媚，言笑吐芬芳。
攜手等歡愛，宿昔同衣裳。願為雙鳥飛，比翼共翱翔。
丹青著明誓，永世不相忘。（〈詠懷詩〉）

這首詩中的安陵和龍陽，分別指的是戰國時候楚國君主與魏國君主的兩位男寵，一位是安陵君，另一位則是龍陽君。春秋戰國時代，封國國君的爵位有公、侯、伯、子、男。國君以下，就封為「君」，有封地采邑，位尊權重，比如戰國四公子，無一不是以君名行世。「君」爵的受封者都和封國國家有近親的關係，不然就是為國家立下不可磨滅的大功。彌子瑕得寵於衛靈公也不過官至大夫，安陵君卻因受寵而得到這個爵位。

安陵君能得到這個爵位也是絞盡了腦汁。根據《戰國策．楚策》記載，安陵君是楚共王的男寵，頗為得勢。但是有個叫江乙的人提醒他，「無咫尺之地，骨肉之親，處尊位，受厚祿，一國之眾，見君莫不斂衽而拜，撫委而服，何以也？」安陵君忙問該怎麼辦，江乙為他籌畫道：「以財交者，財盡則交絕；以色交者，色衰而愛弛。……願君必請從死，以身為殉，如是必長得重於楚國。」

於是安陵君就一直在尋找這樣表白的機會，直到三年後，當安陵君和楚共王在雲夢打獵時，共王有感而發，說道：「今天打獵，真使我快樂，但在我死後，誰還和我一起享受這快樂呢？」安陵君聽了以後，立時流淚下跪，說道：「大王萬歲千秋之後，願得以身試黃泉，蓐螻蟻。」也就是願意從死，不再樂生。楚共王聽了，自然大為感動，當即設壇封他為安陵君。

就固寵的手段相比較而言，龍陽君顯然更勝一籌，《戰國策．魏策》就記載了他的撒嬌之詞。在一次和君王一起釣魚的過程中，龍陽君感傷地說道：「始得魚也，臣甚喜，後得又益大，今臣直欲棄臣前之所得魚也。今以臣凶惡，而得為王拂枕席。今臣爵至人君，走人於庭，辟人於途。四海之內，美人亦甚多矣，聞臣之得幸於王也，必褰裳而趨王。臣亦猶曩臣之前所得魚也，臣亦將棄矣，臣安能無涕出乎？」

龍陽君用魚來作比喻，害怕自己也和那些小魚一樣，最後被喜新厭舊的君王拋棄。魏王聽了，為了哄龍陽君，便下令全國：「有敢言美人者，族！」

不過伴君如伴虎，君臣之間的感情再怎麼真摯也是建立在不平等的基礎上，一不小心，便會自取其辱，人頭落地。

楚文王有位心愛的男寵申侯，楚文王因為寵愛他而深知其為人，在知道自己將不久於人世時，送給他玉璧，並傷感地說：「只有我知道你，你這個人啊，貪得無厭，予取予求，不考慮別人的付出卻總是指望回報。我死了之後，你要趕快離開，不要去太小的國家（小國君主氣度太小），否則將難以容身。」可惜這個申侯不以為然，之後又做了鄭厲公的男寵，行為很不謹慎，結果果然被殺了。

男子去勢，女子幽閉——宮刑的起源

自古至今，刑與德被視為治國安邦的兩套良策，國家的發展，必然會對刑法進行完善。《尚書．舜典》載有，「象以典刑，流宥五刑。鞭作官刑，撲作教刑，金作贖刑。眚災肆赦，怙終賊刑。欽哉！欽哉！唯刑之恤哉。」可見在原民時代，已經有了一整套方案。到了夏代，又逐步確立了墨（刺字）、劓（割鼻）、剕（斷足）、宮（去勢）、大辟（斬首）的五刑制度，這些都是肉刑。

宮刑是殘酷性僅次於大辟的一種肉刑，之所以如此，當然是因為當時的人們認為生殖器的價值僅次於頭顱。這種認識，即便在今天也是如此。中國史學之父司馬遷在觸怒漢武帝，被處以宮刑之後，在寫給朋友的信中便說：「故禍莫憯於欲利，悲莫痛於傷心，行莫醜於辱先，而詬莫大於宮刑。刑餘之人，無所比數，非一世也，所從來遠矣。」可以說，宮刑是比死還要難受的、最恥辱的懲罰。

那什麼是宮呢？即「丈夫割其勢，女子閉於宮」（《周禮》秋官司刑注），就是閹割男子生殖器、破壞女子生殖機能的一種肉刑，其目的就是讓所懲處的人喪失性功能。

中國最早的去勢據考證發生在商朝，甲骨文中已出現「凸刀」字，其形狀為用刀去勢，《甲骨文合集》第一冊第〇〇五二五片載：「庚辰卜，王，朕（凸刀）羌，不死。」便說明商王武丁時期就出現了被去勢的閹人。到了周朝，受了宮刑的男子就被稱之為「寺人」。

「寺」字為「士」與「寸」二字構成。這裡的「士」，並不是指知識分子，而是男性生殖器的象形字；「寸」也是象形字，像一隻手拿著一把小刀；而「士」與「寸」合在一起，便是用刀割去男性生殖器了。

最初的「寺」是將陰莖連根割去，在沒有消毒的情況下施行這種刑罰，男人的存活率不高，但經過很長一段時間摸索後，人們發現破壞陰囊與睪丸也能達到讓男性喪失生殖能力的目的。《韻會》一書云：「外腎為勢，宮刑男子割勢。」外腎即指陰囊和睪丸，破壞了它，人的性腺即不再發育，陰莖不能勃起，從而喪失了性能力。所以古代針對男性的宮刑，也叫做去勢。

但是即便如此，一般人在受宮刑以後，因創口極易感染，若要苟全一命，那麼手術前後的環境就需要有所措置了，於是所謂的「蠶室」也發明了出來。據唐人顏師古的解釋，「凡養蠶者欲其溫早成，故為蠶室，畜火以置之。」

清代閹割太監用的刀

而新腐刑亦有中風之患，須入密室，乃得以全，因呼為蠶室耳。」

有針對男子的宮刑，自然也會有針對女性的宮刑，具體一點的名稱為椓刑。「椓」據《說文》釋是以棍擊伐之意，這裡當然是作動詞用；但是在用作名詞的時候，是表示宮刑的意思。明朝王兆云作的《碣石剩談》說：

> 婦人椓竅，椓字出《呂刑》，似與《舜典》「宮刑」相同，男子去勢，婦人幽閉是也。昔遇刑部員外許公，因言宮刑。許曰：五刑除大辟外，其四皆侵損其身，而身猶得以自便，親屬相聚也。況婦人課罪，每輕宥於男子，若以幽閉禁其終身，則反苦毒於男子矣。椓竅之法，用木槌擊婦人胸腹，即有一物墜而掩閉其牝戶，只能便溺，而人道永廢矣。

可見具體的做法就是槌擊婦人胸腹，使子宮脫垂，據說是從制服牲口的辦法裡受到啟發而發明創造出來的。王夫之在〈識少錄〉中就說：「……皆不知幽閉之義。今得知，乃是於牝剔去其筋，如制馬豕之類，使欲心消滅。國初用此，而女往往多死，故不可行也。」

上面提到的幽閉，其實說的就是針對女性的宮刑，在古代不太先進的醫學條件下，這種刑罰確實殘酷非常，受刑的女子往往死於非命。

那麼為什麼會有宮刑這種刑罰呢，它具體是用來懲罰什麼樣的罪過呢？《伏生書》上說：「男女不以義交者，其刑宮。」而《白虎通義》亦說：「女子淫，執置宮中不得出；丈夫淫，割其勢也。」也就是說宮刑是對男女之間淫亂的懲罰。淫亂的概念，在原民的群婚時代是沒有市場的，只有在以夫權為主導的夫妻制建立之後，才有可能出現。

然而，由於宮刑的震懾力顯然超越其他的刑罰，因此宮刑的施刑範圍擴大了，擴大到與初意完全不相干的地步，到了周穆王時，便已規定「宮罪五百」，可見到西周時需要判罰宮刑的罪名已相當多。不過此時的宮刑並不適用在貴族身上，因為「公族無宮刑，不剪其類也」。因此貴族即便是犯了宮刑，也以別的刑罰替代，「而髡者，必王之同族不宮者」。「髡刑」者，即將犯人剃光頭髮，鎖住頸項服勞役。

所以宮刑在先秦時期主要是針對的是廣大奴隸和一般平民。《史記．秦始皇本紀》便記載秦始皇造阿房宮築驪山時所徵召的七十餘萬服勞役的人群中，便多有「隱宮刑徒」，這裡的「隱宮」自然便是宮刑。

刑餘之人——太監的起源

「唯女子與小人為難養也，近之則不孫，遠之則怨。」孔子的這句話只要讀過點書的人，幾乎沒有不知道的。這句話現在一般都解釋為只有女人和小人是最難相處的。不過有人卻認為，這句話中的「女子與小人」其實應該標點為「女、子與小人」，分別代表君主身旁的三種政治勢力——「女」指的是君主的妻妾，「子」指的是君主的兒子，「小人」指的是君主周圍的寵臣、佞臣、優伶、宦官之類。

君主的妻妾參政，夥同兒子，與近臣相勾結。這樣的事例，一部《春秋》，比比皆是。「女」、「子」、「小人」一旦勾結起來，便會亂政篡權，是當時引發政治動亂的主要根源。

「女」、「子」此處姑且不論，我們先說說「小人」中的一種——閹人。

夏商之世雖然出現了被去勢的閹人，但目前還沒有資料證明夏商的君王已將閹人引進宮廷之中。閹人服務於內宮的記載出現在西周時期，《周禮》卷九記載，「宮者使守內，以其人道絕也。」

這些「宮者」被稱為寺人、閹人、內豎等等。為什麼看管宮廷的人是「人道絕」的閹人呢？這是因為西周奉行的是嫡長繼承制，促使後宮的嫡庶妃嬪制度也日趨嚴格。而如此龐大的美女群，交給男人看守當然不放心了；完全交給女人，則有些力氣活又不是女人能應付的。

上行下效，其後各諸侯國大都設置了宦官。春秋時期，列國國君雖不能如天子之制而設立后妃，但像齊襄公那樣「唯女是崇，九妃六嬪，陳妾數百」的國君也比比皆是。因此《冊府元龜・內臣部總序》上說：「平王東遷，諸侯力政，霸者間起，多僭王制；晉、宋、齊、楚、魯、衛諸國，皆有寺人；司宮、巷伯、太子內師、大閽、內豎之名，見於載籍。」

當然，此時宦官的人數不多，《古今圖書集成》卷一二一便說：「宦者不過數十人，內小臣四人，寺人五人，閹人每門四人而已，不若後世之多。」而且宦官機構的設置尚不系統規範。但是便是這樣少的人數，借著自己親近君王的特殊地位，也不時在整個春秋史上掀起軒然大波。

比如晉獻公寵信驪姬，因此「盡殺群公子」，便是派遣自己信任的宦官寺人披率兵去追殺重耳（即晉文公），害得重耳只能逃跑，在翻牆的時候甚至差點被寺人披追上，在牆頭被砍下了一截衣袖。

寺人披的行為可以說是忠心為主。但有些宦官則是利用自己的特殊身分，外結權臣，內結后妃，弄權作惡，甚至假借君主的名義，有時候竟然廢立君主，誅殺太子，屠戮大臣。其中最著名的事例莫過於齊桓公時的豎刁。

齊桓公晚年寵信的易牙，便是由寺人貂（即豎刁）引薦給桓公的。易牙善於烹調，為了贏得齊桓公的歡心，甚至將自己的兒子烹煮給桓公吃。而豎刁以厚獻和自宮得以接近桓公得寵。這兩個人聯手，於齊桓公六位妃嬪中選定長衛姬，整天攛掇桓公立衛姬之子無詭（一為虧）為太子。等到齊桓公臥病之時，兩人更索性與衛姬一起倡亂，閉塞宮門，築起高牆，將一代雄主活活餓死在圍牆之內。

此外，根據《史記》記載，秦始皇嬴政剛剛即位的時候，還是個少年，國政操持在相國呂不韋之手。呂不韋原本與秦莊襄王妃有私情，為了擺脫老情人的糾纏，同時也是害怕禍及自身，於是私下找到一個陽具粗大到能夠插入車輪之中，帶動整個車子行走的嫪毒，將其偽裝成宦官，送入宮中進獻給太后。太后一下子就迷戀上了嫪毒，封其為長信侯，賜之山陽地和河西太郡，以至事無大小皆決於毒。西元前二三八年即秦始皇親政之年，長信侯嫪毒居然矯王御璽及太后璽，發動兵變，進攻蘄年宮作亂。秦始皇在平定嫪毒叛亂之後，次年，免相國呂不韋之職，令出居河南。其後，呂不韋畏罪自殺。

齊桓公時的豎刁不過是在內廷進行政治活動，但嫪毒叛亂事件性質明顯不同，屬於起兵作亂，可以說是先秦宦官勢力發展的頂峰，同時也說明了宦官在當時已經成為依附於專制君主但又力圖左右局勢的特殊勢力。

軍事帝國時代的性文化

——秦漢魏晉南北朝

◉思潮

貞節牌坊的專利人秦始皇——貞節觀念的起源

貞節牌坊群

《睡虎地秦墓竹簡》是一九七五年十二月在湖北雲夢睡虎地發掘出土的一批秦代竹簡，共有一千一百五十五枚。這裡面都是當時秦王朝統治時期的法律和行政文書，裡面有一則非常有趣，講的是捉姦的事情——

某里士五（伍）甲詣男子乙、女子丙，告曰：「乙、丙相與奸，自晝見某所，捕校上來詣之。」

里正相當於我們現在的居委會主任，當發現他的地盤上出現了「狗男女」時，他的反應是馬上捉拿到官。

那麼秦代通姦會受到什麼處罰呢？秦始皇帝初成一統、焚書坑儒之餘，卻到處刻碑，在會稽的一塊石刻上，對於這個問題是這麼解決的，「飾省宣義：有子而嫁，倍死不貞。防隔內外，禁止淫佚；男女絜誠。夫為寄豭，殺之無罪；男秉義程。妻為逃嫁，子不得母；咸化廉清。」即死刑。

那麼我們再看看別的石碑是如何處理男女關係的，「男女禮順，慎遵職事，昭隔內外，靡不清淨。」（「泰山刻石」）「男樂器疇，女修其業。」（「碣石門刻石」）

看來會稽人民受到的是特別的警告哦。為什麼是這樣呢？清代的顧炎武在《日知錄》上解釋說，會稽在春秋時屬越國，越王勾踐為了爭霸，需要充足的兵源，於是鼓勵老百姓多生育，因此這裡的風氣是全國最淫亂的，所以秦始皇要刻石在這方面特別強調。

大家都知道秦始皇對儒家一點也不感興趣，為什麼又會到處提倡禮教呢？要知道禮教的男女大防向來可是儒家的專利啊。這是因為秦王朝雖然是法家治國，但是它把全國五分之一的人口都驅使到了軍隊，哪怕是統一六國之後，依舊北擊匈奴，南征北越。要讓戰士在前方打得忠心，自然不能讓他們的老婆在後院起火。所以秦國的法律有異於列國，對通姦罪要處以極刑。

對通姦要處以極刑，那麼對貞節的女子自然要鼓勵了，所以《史記．貨殖列傳》上提到巴寡婦清是當時出身富豪之家的「富婆」，始皇帝因她是「貞婦」而築臺表彰她——

> 巴蜀寡婦清，其先得丹穴，而擅其利數世，家亦不訾。清，寡婦也，能守其業，用財自衛，不見侵犯。秦始皇以為貞婦而客之，為築女懷清臺。

後世的儒家知識分子很不待見秦始皇，所以不願意承認貞節牌坊的發明權屬於秦始皇，我們當然可以理解。

既然說到了貞節，那麼什麼樣子才能算是貞節呢？《禮記．郊特牲》就給出了標準，「一

《列女傳》的貞節故事：楚白貞姬

與之齊，終身不改，故夫死不嫁。」而到了太史公的筆下，就被簡約了一下，《史記．田單列傳》上說：「貞女不更二夫。」

寫到這裡，大概女權主義者又要開始哇哇大叫了，說為什麼只要求女人不要求男人，太不公平、太不平等了。

其實不是這麼一回事啊。因為春秋戰國時代，戰火不斷，男人都去當炮灰了，死啦，女人在後方，反而安全。所以男女比例嚴重失調，因此才特別對女人作這樣的要求。這完全是經濟學上供需的關係。劉向的《列女傳》中就記述楚國的兩位守節婦女，受楚王贈封號為「貞姜」、「貞姬」。

之後漢王朝建立，又是群雄逐鹿，又是楚漢相爭，害得劉邦看到一個幾千人的小城就要驚呼這裡怎麼有這麼多人。因此我們看到少女緹縈為了救她父親而上書朝廷，漢文帝「憐悲其意」，廢除了肉刑，但卻唯獨保存下了「宮刑」來對付犯奸的男女，這其實算不上是什麼值得奇怪的事情。

而如果「紅杏出牆」的事發生在魏晉三國時期，女人的命運是斬刑，並且在受刑時要「去衣裸體」。《魏書．刑罰》規定：「男女不以禮交，皆死。……犯法至死，同入斬刑，去衣裸體，男女褻見。」

三國是什麼樣的時代，就用不著解釋了吧。總之，只要有戰爭，就會出現女多男少，對女性的貞節標準就會有所提高。

漢王朝除了用法律勸導貞節，還動用物質鼓勵，如漢神爵四年（西元前五十八年）詔賜貞婦順女帛，這是中國有史以來第一次褒獎女子的貞順（見《漢書．宣帝紀》）。過了一百七十七年，即到了漢元初六年（西元一一九年），又出現旌表貞節的事。《後漢書．安帝本記》記載，「元初六年二月，詔賜貞婦有節義穀十斛，甄表門閭，旌顯厥行。」

雖然這時期的官方輿論搞得轟轟烈烈的，但是老百姓都是關起門來過自己的日子，才不理會這一套。只是有了兩漢時代的鋪墊，以後魏晉南北朝竟然湧現出幾個先進模範出來——《魏書》載兕先氏許嫁彭老生為妻，還未過門時彭就要先上車後買票，和她發生關係，這個女人死活不幹（也可能是嫌棄對方太難看了），堅拒不從，結果竟然被彭所殺害，因此光榮地獲得官方頒發的證書文件，「號曰貞女」。

另一個事例則發生在北齊，有個叫羊烈的人，他以玄學知名，做過左右戶部郎中、兗州大中正等官。可是那個時代是以門第為高啊，提升自己家族婦女地位的責任就當仁不讓地落到他這個族長的頭上。於是他就動起了歪腦筋，規定了羊家門裡的女子在丈夫死後不許再嫁；還在兗州造了一個尼姑庵，逼那些夫死而無子的女子一律出家為尼。經他這麼一折騰，羊家的閨門之譽大為提高，他們這個不入流的羊門也一下子連升三個檔次。

有了為了貞節的名聲而逼自己家中的婦女去當尼姑的家長，就會有因為害怕戴上綠帽子而殺自己女人的「大丈夫」。比如南梁的杜嶷，他的小妾收到自己父親的來信，正讀信時杜嶷回家，妾羞以家事告杜嶷，把信吞了下去。杜嶷懷疑是情書，居然命令下人剖腹取信，信取出時，妾尚未斷氣。這算是史書上記載的以貞節殺人的第一例了。不過這種事情，沒有貞節觀念也會發生，畢竟有些人的天性就是嫉妒心特別強。

看了那麼多事例，我們得說在秦漢魏晉南北朝時代，貞節烈女雖然表面從不缺乏，但是也並不多，可以說每一位簡直就像大熊貓那麼稀罕。清代的考據學家方苞——這個貞節烈女的熱心搜尋狂人——翻遍了古書也就找到這麼幾例。

就以我們現在最常見的《世說新語》來說，裡面有「賢媛」這一詞目，但是戴上尋找貞節烈女的有色眼鏡去看時就會發現，只能找到郗超之妻周馬頭「生縱不得與郗郎同室，死寧不同穴」這一孤證，其他的更多是山濤之妻徹夜窺看嵇康、阮籍相處之類的，賢則賢矣，貞節大概就談不上了。

其實我只要舉出一兩個例子，大家就知道秦漢時期人們的貞節觀念其實是淡薄的，簡直到了無視的地步。像漢武帝時，平陽公主在丈夫曹壽死後寡居，就和自己的左右商議長安列侯誰合適做自己的丈夫。大家其實都知道她的心意，就眾口同聲說衛青合適。平陽公主就說，他原是我的家奴，怎麼能做我的丈夫？平陽公主的不好意思，完全出於身分地位上的考慮，和貞不貞、節不節那是一點也不相干。總之，女性不以再嫁為恥，而且公開商議，這是當時的風氣。

到了東漢末年，這時上距秦始皇築女清臺已經過去了四百年，而兩漢對貞節也做了不少的鼓勵，不過顯然大家仍沒把貞節當成一回事。比如從匈奴歸漢的蔡文姬初嫁衛仲道，夫亡，歸母家；後來又被擄掠到匈奴，歸南匈奴左賢王；回來之後，在曹操的支持下，又嫁給了董祀。

但是貞節旌表在漢代成為制度之後，形成了一套由地方官推舉甄選的機制。到魏晉南北朝時期，對貞節婦女的獎勵，雖仍然如漢代一樣僅存於各詔令之中，但更明確地要求地方官推選，出現一套層層負責的流程，可看出旌表貞節開始與地方行政、監察等制度相結合。這一趨勢必然在未來縮減了女性的自由空間。

節欲——中國房中術的第一要義

漢代畫像磚：男女親吻圖

在討論中國房中術之前，有一個前提要先聲明一下。那就是古代人即便生活在同一個時代，對於性生活的認識及賦予的道德倫理意識也是不一樣的。我們現代人不論窮富尊卑，但是通常來說，從小所被灌輸的教育、日常接觸的資訊，並沒有太多的差異，因此可以形成比較相近的倫理觀。之前有一本書很流行，書名叫做《世界是平的》，大致講的便是這麼一回事。

但是在古代，很多時候具體情況都要具體分析。我在這裡就不用傳統的史觀，而是按照人身自由程度，簡單地把人民分為三種：

一是權貴階層。這一階層要麼有著巨大的威權，要麼有龐大的財富，那麼這些人在古代屬於享受最大的人身自由的少數一群人，可以追求和享受大多數人沒有的東西。甚至往往因為擁有特權的緣故，而藐視為了維護自己利益而制定的道德倫理。

二是平民階層。中國的平民階層和西方是有很大的不同的，他們大多數是自耕農，往往被束縛在土地上，一遇到災年或者戰亂就會失去他們的土地，淪為奴隸階層。但是如果年成好，會過日子，他們中的少數人也可能上升為權貴階層。應該說，自從封建制度建立以來，中國歷代的王朝都很注意給平民階層留一條上升的管道，雖然有時候很細，像漢代的舉孝廉，隋唐以後的科舉都是。那麼這個階層因為被土地束縛，所以眼界很小，價值觀非常的穩定，有時候甚至固執地不接受世界的變化。

花園中的兒女情

三是奴隸階層。這一階層除沒有人身自由之外，還沒有獨立人格。大多數人一提起盛唐隆宋就以為古代都是平民社會，其實奴隸到處到有，有些人還是世世代代祖祖輩輩注定了要做奴隸，即便到了明清時代還有軍戶、丐戶。這一階層不僅沒有婚姻的自由，有時候連性的自由也沒有。像《金瓶梅》裡頭，張大戶要和潘金蓮發生性關係，還有《紅樓夢》裡頭，賈寶玉要和襲人發生性關係，潘金蓮和襲人根本就沒有拒絕的權力。

這三個階層之間，由於彼此封閉，所以道德倫理觀念很難傳遞。

比如說房中術，在權貴階層的通識裡頭，這是一種追求長生的學問，並不是要讓人去縱欲享樂，相反，對奉行者的要求恰恰是節欲。而在平民階層的通識裡頭，則完全相反，因為他們在這方面的教育，往往來自於游方各地的僧侶道士，這些出家人給他們開出的藥方多是縱欲的、不顧身體承受能力的。至於奴隸階層，性知識至為缺乏。在極端的情形，可能純粹就是原始的獸欲、生物的本能了。

三個階層之間的差異如此懸殊，這種情況其實我們去看看《三言》和《二拍》這兩部明代小說集，就可以找到很多的事例了。

房中術的起源是在春秋戰國時期，在兩漢還有魏晉南北朝時期非常盛行，像王莽、曹操等人都是房中術的信徒。同時，房中術在學術方面的地位也是很尊崇的，班固在《漢書・藝文志》中不但收錄了八家房中術的作品，並給予這些作品單獨分類。這樣的做法在正史中是唯一的一次，以後的正史可就再沒有這麼做了。反過來也恰恰證明那個時代房中術在人們的眼中是很正經的學問。

在今天多數人的印象裡，房中術無非就是教人怎麼做愛，讓上層貴族忘情地縱欲，那麼在這裡我得說，事實並不是這樣的。我們看班固是怎麼給出房中術的定義的：

> 房中者，情性之極，至道之際，是以聖王制外樂以禁內情，而為之節文。傳曰：「先王之樂，所以節百事也。」樂而有節，則和平壽考；及迷者弗顧，以生疾而殞性命。

這麼短的文字中，就提到了三個「節」字，正說明修行房中術為的不是床笫間的淫樂，而是有著更高的目的——長生。

但是班固沒有說的卻是，房中術是有中心的。什麼中心呢？以男性為中心，講的往往是一男駕馭多女的技術，是御女之術，而非御男之術。如《養生方》說：「食脯一寸勝一人，十寸勝十人。」所謂「勝十人」，指的是一夜之中或者是不間斷地與十位女人連續交合，並非指在不同的時間分別與十位女人行房事。

有人要說了，這不是縱欲麼，人的身體怎麼受得了啊？

我們看《金瓶梅》，張大戶念念不忘小丫鬟潘金蓮，得手之後是什麼結果呢？

（潘金蓮）長成一十八歲，出落得臉襯桃花，眉彎新月。張大戶每要收她，只礙主家婆厲害，不得到手。一日，主家婆鄰家赴席不在，大戶暗把金蓮喚至房中，遂收用。結果身上添了四五件病症：第一腰便添疼，第二眼便添淚，第三耳便添聾，第四鼻便添涕，第五尿便添滴。

可見縱欲對身體是大大地有壞處，所以明清小說總是不忘記在這種關鍵段落免費送上唐代著名道士呂洞賓的歪詩，「二八佳人體似酥，腰間仗劍斬愚夫。雖然不見人頭落，暗裡教君骨髓枯。」

既然縱欲是很不好的事情，那麼禁欲行不行呢？我們的老祖宗根據長期的觀察，給了一個字的答案，否。道理雖然說出來不值錢，但是不值錢的道理也是道理，這裡就說一說了。

男女不交，便使陰陽不通，往往會導致各種疾病。所以隋唐著名醫生孫思邈就說：「男不可無女，女不可無男。無女則意動，意動則神勞，神勞則損壽。若念真正無可思者，則大

佳，長生也，然而萬無。強抑鬱閉之，難持易失，使人漏精尿濁，以致鬼交之病，損一而當百也。」（《千金方．房內補益》）

男不和女交會有什麼樣子的嚴重後果呢？有醫案為證，元代的李鵬飛在《三元延壽參贊書》就說了這樣兩個例子：有個富家子弟叫唐靖，陰部生瘡，潰爛不已，道人（注意他的身分）周守真診斷後就說，這是因為欲與女交而不得交。另一個例子也是男的，是個名叫汪令聞的商人，因外出經商，十年不近女色，後來生起病來，而且是重病。醫生瞭解了他的情況後就說，最好的辦法就是趕快與女人交合。汪令聞遵囑而行，果然病癒。

縱欲也不行，禁欲也不行，看來只有節欲了。現在大家明白了為什麼班固是公認的良史之材了吧，一個「節」字，就揭示了房中術的要義之所在。

有人會說，騙人！節欲還要一晚上找十多個女人？

現代科學讓我們知道在性生活中，男人的高潮是伴隨著射精而實現的。在一次射精過程中，肌肉強烈收縮三到八次，頂多花個三到十秒即宣告結束。但就是這麼短短幾秒鐘，事後卻讓男性感到疲勞，特別是一夜多次射精更是明顯。但是如果一直不射精的話，則會一直神采奕奕。

古人很早就認識到這一點，比如在戰國的《養生方》中，關於射精就用了如下幾個詞語：施、傾、星、決，可見是早就認識到射精的重要性了。進而在此基礎上又提出了控制射精的技術，叫做「玉閉」（這個詞在漢代以後就衍生出「閉固」、「固精」、「不泄」等專業術語，其實意思都是一樣的）。像南朝陶弘景所著《養性延命錄》便說：「修道者必須道以精為寶，施之則生人，留之則生身，生身則求度，在仙位，生人則功遂身退，功遂而身退，則陷欲以為劇。何況妄施而廢棄，損不覺多，故疲勞而命墮。」

這種控制的最高境界是什麼呢？《養性延命錄》就引了彭祖之言說：

但能御十二女子而復不泄者，令人老有美色。若御九十三女而不泄者，年萬歲。凡精少則病，精盡則死，不可不忍，不可不慎。數交而時一泄，精氣隨長，不能使人虛損。若數交接則泄精，精不得長益，則行精盡矣。在家所以數交接者，一動不泄，則贏得一泄之精，減即不能。數交接，但一月輒再泄精，精氣亦自然生長，但遲微不能速起，不如速交接不泄之速也。

一晚上找九十三女人，大概他的「小弟弟」是金屬打造的，反正我們是凡夫俗子，磨都磨破囉。當然，以上說的情況都是針對上層貴族的，因為平民階層是搞不到那麼多女人的，那麼對一個女人，自己的老婆，一晚上不停地求歡，好不好？也是不好的。這個就留待以後再說了。

這裡就先總結一下古代權貴階層流行的房中術的第一個要義，在男性保持不射精的情況下，交合的女性越多越好（簡直是當性奴嘛，哪有半點快樂可言）。

現在大家明白了吧，所謂的房中術，講求的不是快樂，不是肉欲，而是相當於比拼耐力的馬拉松比賽。要是大家覺得這種房中術很過癮的話，那就先去操場上跑個三十圈吧。

以玄女、素女為師——張天師是如何給人治病的

道家對中國人的生活方式和思想的影響是很大的。這種影響在漢代尤為巨大。小說《三國演義》開頭說的黃巾起義就是由張角創立的太平道發起組織的。張角沒有成功，但是他的起義對後世影響非常大，甚至可以說是改變了中國歷史的進程。要知道，大多數人類文明都有一個政教合一的過程，由宗教領袖取得國家政權，然後以神靈的名義治理國家。張角的黃巾起義雖然失敗了，卻也引起了中國歷代統治者的警惕。對各種教門，只要出現挑戰封建皇權的苗頭就竭力打壓，因此一直到民國，政教合一這種事情，只在少數幾個局部政權發生過。比如張道陵的五斗米教，又比如太平天國運動，歸根究柢，也算是中國社會最後一次政教合一的衝動。

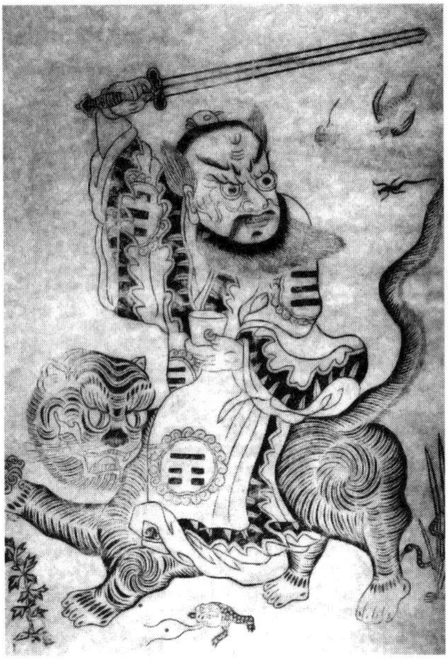
張天師的畫像

張角太平道的思想資源說起來算是道家。道家是學派，道教則是教門，真正將道家變成道教是由張道陵完成的。張道陵留下來的事蹟不多，我們現在只知道他是東漢時的沛國人，本為士子，博通五經，做過江州令。當然還有一些其他事蹟，都是神神怪怪的，可信度不高，應該是他的徒子徒孫編出來的。他專研黃老之道，見世風日下，不久遂棄官隱於北邙山（今河南洛陽北），通過給人治病得到老百姓的信任，然後又到了龍虎山，在這裡正式開創了道教，成為天師道的第一代天師，被世人稱為「張天師」。

中國的道教算是世界上最奇怪的宗教之一，因為這個宗教的門徒太喜歡熱鬧了。如果說儒教的構成是專門拍皇帝馬屁的讀書人，那麼道教的構成則是專門拍老百姓馬屁的道士。只要老百姓熱衷什麼，他們就研究什麼，飲食、養生、嫁娶、驅邪、長生啊之類，沒有他們不想做的，也沒有他們做不了的，總之是不嫌髒不嫌累，我想今天的很多所謂的專家學者大概都沒有他們那樣的獻身精神。

正是由於他們研究的「科學」門類是如此之多，因此很快就出現跨學科的專家。比如說長生學，道士就將它和煉丹術之間搭起橋梁來，算得上是生物學和化學兩門科學的融合。又比如房中術，要是按照現代人的思路，做愛對於男性而言，無非就是流出一點點蛋白質的過程，但是道士就不這樣想了。做愛，要當成一件大事去做，做得好了，也能長生。總之，道士們的一切手段、一切目的無非是為了兩個字——長生。很多人都覺得中國的道教博大精深，書籍浩如煙海，其實說穿了，就是這兩個字。

因為道家堅信，人是可以通過正確的修煉方法「得道成仙」，從而獲得肉體的永生的。在這種信念的指導下，他們從來沒有停止過對「長生方法」的探索。

人要長生，要做的第一件事是什麼事呢？道士們會告訴你，是不生病。人要是生病了呢？道士還是會告訴你，我來治。

那麼，張天師是怎麼給人治病的呢？《漢書．神仙傳》上說：「其治病事，皆採取玄素，但改易其大較，輕其道尾，而大途猶同歸也。」這裡的玄素指的就是玄女和素女。

玄女是上古神話時代黃帝的老師，根據神話傳說，黃帝要消滅蚩尤的時候，玄女曾經為黃帝做神鼓助威。有人曾經考證玄女就是西王母，天知道是怎麼考證出來。從《山海經》我們可以知道，在西元前三世紀的時候她被描述為「其狀如人，豹尾，虎齒而善嘯，蓬髮戴勝」。就是這樣的容貌，在戰國時代就有她和周穆王糾纏不清的故事。到了漢代的時候，故事的男主角就變成是漢武帝，說她掌管長生不老蟠桃的果園，還在七夕私會漢武帝。對於西王母的愛戴歷代都有。到了明清的時候，她再次換了個名字，變成了「無生老母」，是不是很眼熟，原來義和團迷信的就是這一位陪我們度過了幾千年歲月的老太婆。玄女是寫過好幾本兵書的女人，所以是當之無愧的戰鬥女神。中國的黃色小說有個傳統，就是把做愛描寫得像打仗一樣，這並不是沒有道理的。因為傳授給黃帝房中術的三個女人，排在第一位的就是玄女，然後才是素女，最後是采女。

西王母——從半人半獸到女仙之首，圖為漢代畫像磚中西王母的形象

再說說第二位素女，這一位大家可能都比較熟悉了，因為開列中國房中術的經典之作是少不了《素女經》這本書的。她本來是位音樂女神，據說擅長彈奏一種五十弦的樂器瑟，黃帝一聽之下，感到心神搖動，於是斷定這種樂器太危險了，就讓人將之一分為二，變成了二十五弦流傳後世。揚雄〈太玄賦〉上就說：「聽素女之清兮，觀宓妃之妙曲。」

可見，只要是女人，只要是和黃帝稍微有點關係的女人，在後人的描述下最後都變成性愛專家了。至少在漢代，這一說法已經成為主流。像王充的《論衡．命義》上就說：「素女對黃帝陳五女法，非徒傷父母之心，乃又賊男女之性。」而張衡〈同聲歌〉也說：「素女為我師，儀態盈萬方。眾夫所希見，天老教軒皇。」《雲笈七籤．軒轅本紀》更記載，「（黃帝）於玄女素女受房中之術，能御三百女。」總之，玄素或素女之道是古代房中術的別稱。

說到這裡，現在大家知道這位張天師是怎麼給別人治病的了吧。那就是指導病人做愛，做正確的愛。戰國時期的性愛觀念，《合陰陽》、《天下至道談》裡都已經說過了，主旨無非是怎樣使性交不傷身體。現在張天師則更進一步了，要通過性交去治病，並使之有益於健康，還可以得到長生。

道家認為，生命的本質是「精」、「氣」、「神」，而長生的關鍵是「練精化氣，練氣歸神」。天才總是能對一切的思想活學活用，下面我們就要看張天師到底是怎麼用的。

過度儀——早期道家提倡的群交宗教儀式

張道陵創立五斗米教，史書上說他立二十四治，以祭酒分領，不喜施刑罰，廉恥治民，廣施符水，還在教眾之中推行房中術，用以治病，百姓奉之為師，可見他的組織能力是很強的。那麼他推行的是什麼樣的房中術呢？

據說，張天師自稱漢安元年（西元一四二年）七月七日日中時，老子把一本書傳授給他，這本書叫做《黃書》，現在只剩下兩卷存於《道藏》，即《洞真黃書》和《上清黃書過度儀》，內容講的是「黃赤之道」，又稱「黃書赤界」（即男女合氣之術，也就是房中術）。張天師向他的信徒保證，行「黃赤之道」可以「解除三官考逮，解脫羅網，撤除死籍，著名長生玉曆，過度九厄，得為後世種民」。這種房中術是老天爺為了憐憫眾生而發明的法門，目的是讓男女雙方法象天地，按照日月及宇宙大化的節律來運作，模擬並返還大宇宙的過程，因此行「黃赤之道」是無比神聖和高尚的。

男女合氣也就是性交，在現代人看來屬於是很隱私的事情，但是在古代並不是這樣。我們這裡要就事論事，不要以為張天師是個神秘教派的首腦。

我們看漢末的《太平經》裡說，「陰陽不交，乃出絕滅無世類也」，「天統陰陽，當見傳，不得中斷天地之統也……如男女不相得，便絕無後世，天下無人，何有夫婦父子君臣弟子乎」。一句話，不做愛，沒人類；沒人類，就沒文明。說得很是理直氣壯，道理也淺顯明白。

賀蘭山岩畫：原民時代的野合群交圖

而且古人的性生活其實在家庭裡頭一直是很公開的，因為也沒有辦法不公開。我們看看古代人住的房子就知道，從現存的明清建築來看，臥室與做其他用途的房間相比，隱密性方面沒有什麼區別，隔音效果非常不好，一做起愛，呼天搶地的聲音一出來，再怎麼隱藏也沒有用。我們的成語不是有「隔牆有耳」這樣的句子麼？這對古代中國人的性行為、性心理的影響是非常大的，以至於連聽房都成為鬧洞房的習俗之一。富人還好一些，窮人則更糟糕，中國人喜歡誇耀四世同堂，在那麼小的地盤裡頭，誰跟誰做愛，誰的性能力如何，在家庭內部幾乎是很公開的一件事情。

既然做愛在家庭內部是公開的，那麼如果一個男子娶上幾個老婆的時候，往往會很自然發生一男多女群交。《楚辭．招魂》就說：「二八侍宿，射遞代些，九侯淑女，多迅眾些。」（花般的侍女含苞待放，互相替代使之魅力四射。列國諸侯的淑美女子，人數眾多真不同凡響。）我們不妨想像一下這樣的情形吧——當男主人和妻子做愛的時候，小妾或者丫鬟們就站在旁邊觀看，事實上，中國的很多春宮畫描繪的正是這樣的情景。也正因為如此，古代中國人在性方面，其實一點也不保守，公開地宣講「男女居室」是「人之大倫」。有了這樣的觀念，我們下面再去理解張天師組織的群交活動就不會太過於詫異了。

好了，我們再繼續談《黃書》，談張天師是教人們如何修行法術，有哪些具體的儀式。《上清黃書過度儀》這本書為我們作出了解答。

「過度」的意思是從世俗進入神聖，「儀」就是儀式。書上說黃赤之道為「黃書契令大度之法」，亦稱「天地大度之法」或「八生大度之法」。凡入道之人，年過二十者，都必須接受這種「過度儀」法。「夫弟子在師治受道，不得過二十不過度，二十外受道，即過度。當沐浴禁誡熏香也，入靖，必先啟師，然後行事，出入皆拜靖乃謝。」整個過度儀的行法儀式頗為繁雜，有入靖、思神、思炁、行炁、自導、布九宮、釋天羅、越地網、嬰兒回等二十法。

那麼具體是怎麼樣的呢？首先，道士與受過度儀之男女弟子入靜室，弟子請求老師，也就是道士幫忙過度，於是道士帶著他們走到東邊，然後男的站左邊，女的站右邊。接著，各自互相叉手，存想思神（這個階段應該比較接近西方的那種祈禱），然後下來是懺悔，將自己的事情告訴天上的神明，接著又一路叩拜各種各樣的神仙，乞求過度，誦唸過度之辭。

現在，終於可以開始行男女合氣之事。首先要做的第一件事是「解手八生」，哪「八生」呢？為戲龍虎、轉關、龍虎交、龍虎校、龍虎推、龍虎湯、龍虎張、揖真人。名字都叫得很玄乎，搞得像神功秘笈似的，其實無非就是性交前的熱身運動，大家別著急啊。

再下來就是「解結食」，就是由道士幫大家脫衣服，結散髮。然後注意呼吸，納生氣，吐死氣。

第三是「布九宮」，這是說要男女通過姿勢的擺放對應五行、九宮、八卦。

第四是「躡紀」，應該就是性交了，在這個過程中要大唸咒語，男的唸叨，「神男持關，玉女開戶，配氣從陰，以氣施我。」女的唸叨，「陰陽施化，萬物滋生，天覆地載，願以氣施妾身。」

第五是「甲乙咒法」，在唸叨各種稀奇古怪咒語的同時，要追隨道士走步。

接下來是「還神」，幹了那麼累的體力活，應該休息一下了。

第七是「王氣」，類似今天的氣功導引，用意念驅使體內的氣流運轉。

第八是「嬰兒回」。在做完各種動作之後，向道士行禮道謝，完成了整個儀式，成為種民。

以上的文字內容含有各種各樣的隱語，目前專家們的解說紛呈，大家如果想要了解得更仔細，還是自己去看書吧。

總之，在整個過度儀式中，男女信仰者的動作和咒語非常之繁瑣，從頭到尾都充滿了隱秘的象徵意味。按照張天師的本意，他之所以推行過度儀，是為了將個人性事技巧昇華成為一個宗教性的儀式，給信仰者以生活自信。這種儀式過程始終在對應陰陽、五行、八卦、九宮和干支之數，使人體的小宇宙與天體的大宇宙運行相吻合。他最初傳授的對象是夫妻，而不是像上面所記載的那樣。

我們可以看《老君音論誡經》對張天師之後的天師道的批評，「（道官）、（祭酒）傳（張）陵身所授黃亦房中術，授人夫妻，淫風大行，損辱道教……吾觀世人夫妻修行黃赤，無有一條按天官本要，所行專作濁穢，手犯靖廬、治官禁忌。」

這些資訊反過來告訴我們「黃赤之道」原本是夫妻間修行的，而且還有一套很嚴格的教規（《天官本要》）。但是隨著一些修道者對「黃赤之道」的濫用，它的適用範圍明顯擴大化了，不分男女老少、長幼尊卑、親疏內外。因此「黃赤之道」日益被人們視為一種淫穢不潔的方術，特別是在南北朝的佛道大論爭中，「黃赤之道」更成為佛教學者攻擊的靶子，極盡嘲諷之能事，認為道士行「黃赤之道」是不知羞恥的禽獸。

像北周時有個叫甄鸞的人，他是一個數學家、學問家，本來是個道教徒，後來皈依佛門，寫了一本《笑道論》，在書上說：「臣就觀學，是教臣《黃書》合氣之法，三五七九，男女交接之道。四目四鼻，兩口兩舌，兩手兩心，正對陰陽，法二十四棄之數行道。……男女至朔、望日先齋三日，入私房詣師立功德，陰陽並進，日夜六時。此諸猥雜，不可聞說。」在做完如上簡單的介紹之後，他便開始抨擊這種群交活動是「教夫易婦，稚色為初。父兄立前，不知羞恥，自稱中氣真術。今道士常行此法，以之求道，有所未詳」。

而其他批評者也指控過度儀使得「士女溷慢，不異禽獸」，因此是「外假清虛，內專濁泄」的可卑可鄙的行為。

甄鸞的這種指控，指出過度儀把個人性的活動變成了宗教性的儀式，既羞辱了公眾，侵犯了規則，而且蔑視了社會，攪亂了秩序。至於房中術合理不合理，倒沒有評說。

事實上，通過性儀式來控制信眾的宗教儀式在人類歷史上屢見不鮮，像猶太教的割禮就是。即便是現代很多教門，也搞這樣的活動，而且總是搞得大張旗鼓的，讓政府很是頭疼。

道士和醫生——中國人的性學顧問

霍去病是一代名將，他一生中四次領兵正式出擊匈奴，都以大勝回師，滅敵十一萬，降敵四萬，開疆拓土，二十二歲就當上大司馬驃騎將軍。然而僅僅過了兩年，元狩六年（西元前一一七年），霍去病就因病去世了。

關於他的死，南北朝時期託名班固所著的《漢武故事》是這樣說的，當將軍霍去病生病的時候，漢武帝在柏梁臺向一位神女祈禱，於是神女出現在霍去病將軍面前，求與之合，被霍去病斷然拒絕。此後，霍去病的病情益發嚴重，不久謝世。神女向漢武帝稟告原委，說霍去病陽氣虧損，她本想以自己的陰氣補其陽氣，無奈遭拒。

這個故事反映出古代人的性觀念裡頭，相信男性能夠從女性性高潮時的分泌液（「女精」、「陰精」）中獲得好處，小一點的好處是治病，大一點的便是長生，更進一步，連女性的唾液、乳液等也都有「補益」之效，這就是所謂的「採陰補陽」之說。因此女人可以通過與男人做愛來拯救男人。

那麼我們再反過來，男人是不是也可以通過與女人做愛來拯救女人呢？在《史記・扁鵲倉公列傳》裡，就有這樣一個病例——

濟北王侍者韓女生病了，症狀是腰背痛，全身發寒熱，很多醫生都治不好。漢代的名醫淳于意經過診脈，認為她得病的原因竟然是「欲男子而不可得也」。

至於淳于意最後是不是叫一個男人上去和韓女嘿咻一番，書上沒寫，不好亂說。不過中醫裡頭有「一滴精，十滴血」的說法。而現代科學研究證明，男性精華裡所含有的胞漿素，能阻止細菌核糖核酸的合成，並能像青黴素那樣殺滅葡萄球菌、鏈球菌等致病菌，對女性來說是防治各類婦科炎症、癌症的特效藥。可見男人的精子是一味好藥了。

我們知道中國古人總是喜歡把理論建立在神神道道的基礎上，也就是建立在抽象的看不見的地方上，像「氣」就是這樣的一個東東。這氣在男人身上是陽氣，在女人身上則是陰氣。做愛呢，則是「合氣」了。馬王堆漢墓出土簡書《十問》是這麼說的：

> 待彼合氣，而微動其形。能動其形，以致五聲，乃入其精——虛者可使充盈，壯者可使久榮，老者可使長生。……玉閉堅精，必使玉泉毋傾，則百疾弗嬰，故能長生。

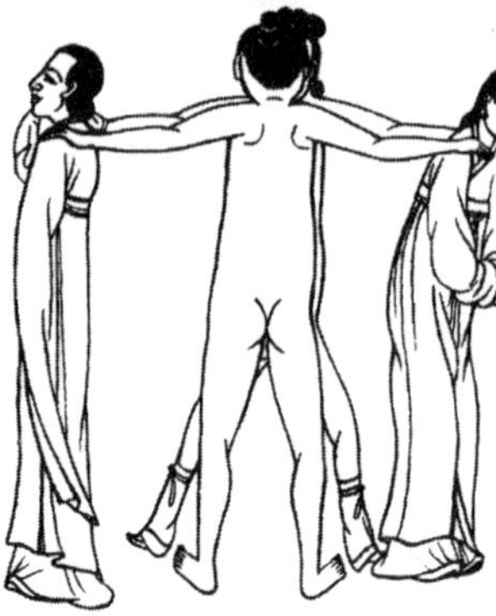

「合氣」之一法

可見，關於男女做愛對彼此雙方的身體健康是有益的這一點，古人是很早就認識到的。從馬王堆出土的性學書籍早已經證明了這一點。漢代是中國房中術比較流行的朝代，一是因為西漢初期尊奉黃老之術，所謂的黃老，指的是黃帝和老子，也就是說道家的地位還是比較高的。雖然此後有漢武帝獨尊儒術的做法，但是道家總體來講，還是一直比較受人民群眾信賴，這種信賴在很大程度上是因為道士們身兼養生專家、性學顧問兩個職位。

《漢書．藝文志》關於房中術的著作共有八家、一百八十六卷之多，分別是《容成陰道》二十六卷；《務成子陰道》三十六卷；《堯舜陰道》二十三卷；《湯盤庚陰道》二十卷；《天老雜子陰道》二十五卷；《天一陰道》二十四卷；《黃帝三王養陽方》二十卷；《三家內房有子方》十七卷。單單從書名我們就可以看出這些書基本上是道士寫的。

為什麼道士會成為性學專家呢？我們就得說說漢代班固寫的《白虎通義》。這本書是東漢章帝在建初四年（西元七十九年）於洛陽白虎觀召集諸儒，講論五經同異的會議記錄，最後由班固整理出來。全書分十卷，主要是強調綱紀倫常，其理論依據是天人感應、陰陽五行，以作為當時官方對經學的標準答案。在這本書中，經學大師們對性問題非常重視，甚至討論了老年人的性交問題——

> 男子六十閉房何？所以輔衰也，故重性命也。又曰：父子不同　施，為亂長幼之序也。《禮．內則》曰：妾雖老未滿五十，必預五日之御。滿五十不御，俱為助衰也。至七十大衰，食非肉不飽，寢非人不暖；七十復開房也。」

即強調上了年紀的男人需要通過性交以獲取女人陰氣，補充自己衰退的陽氣。連老年人都不忘記提醒一把，可見漢代人對性教育的重視，認為這是人生最重要的一件大事。

既然重視性教育，就要有人傳授，《白虎通義》對此特別指出，「父所以不自教子何？為渫瀆也。又授之道當極說明陰陽夫婦變化之事，不可父子相教也。」父親不能教自己的兒子，那母親就更不能，那該由誰來教呢？《白虎通義》上沒有說。

但是我們可以猜，是道士，因為他們是出家人。當然這並不是說他們沒有老婆孩子——在漢代，道士是有老婆的，比如創立道教的張天師，他就有一個名叫張衡的老婆——而是說他們的社會網絡和平常人不會有太大的交集，所以由他們來教導孩子顯然是再合適不過的了。這裡還是先引《漢武故事》吧——

> 上（武帝）造神君請術，行之有效，大抵不異容成也。神君以道授宛若，亦曉其術，年百餘歲，貌有少容。衛太子未敗一年，神君亡去。自柏臺燒後，神稍衰。東方朔娶宛若為小妻，生三子，與朔同日死，時人疑化去未死也。自後貴人公主慕其術，專為淫亂，大者抵罪或夭死，無復驗云。

再看《神仙傳》，裡頭記載了張天師向其徒眾傳授房中術作為修煉之法，「故陵語諸人曰：『爾輩多俗態未除，不能棄世，正可得吾行氣導引房中之事，或可得服食草木數百歲之方耳。』」

總之，道士作為性的啟蒙者、傳播者是被公認的。這一點，我們可以在很多明清小說中看到。即便在正史中，只要稍微留心，也有不少，像漢代就有甘始、東郭延年、封君達、冷壽光等人。《後漢書》上就說冷壽光「年可百五六十歲，行容成公御婦人法，常屈頸鷮息，鬚髮盡白而色理如三四十時」。魏晉時代，東晉的葛洪，南朝梁的陶弘景，也都是房中術的大理論家之一。宋朝的茅山第二十五代宗師劉混康也是一位房中術專家，宋徽宗趙佶就曾向他求「廣嗣之法」。明朝開創武當派的張三豐據說也是。

除了道士之外，房中術的專家就非醫生莫屬了。因為中國古代的性科學從來就不單純局限於性的常識、性技巧、性功能障礙治療與受孕等方面，它如果不是和道家的長生概念聯繫在一起，就是和醫家的保健聯繫在一起。可以說中國歷代的醫學家，沒有不研究房中術的。像隋唐時的孫思邈就是一位房中術大師，所著《千金要方》中就有不少房中術的重要理論。

廣嗣種子——房中術的首要理由

我們知道，任何理論要得到大眾歡迎，至少要在道德高地上占有位置。房中術雖然說是以節欲養生為主，但是這種理由實在是太渺小太自私了，覺悟實在是太低了，跟自由、平等、民主、人權之類的口號比起來那自然是拿不出手的。

看一下張天師傳教的例子就知道了，他的黃赤之道、混氣之法，其實說白了，就是房中術。但是他不這麼說，他會說我這是鼓勵大家繁衍人類，沒有人類，宇宙就會滅亡了，所以他把參加過度儀的信徒叫做「種民」。

漢代的官方文獻《白虎通義》的〈嫁娶篇〉上說：「天子諸侯一娶九女者何？重國廣繼嗣也。」你看，多娶老婆的理由就是為了多生孩子。「不孝有三，無後為大」，這種思想在現代的生活中尚有市場，那麼在古代是什麼情況就可想而知了。涉及子嗣問題，連禮都可以變通。

中國古代有一類圖書一直很暢銷的，比如《廣嗣寶集》，相當於現代的育嬰寶典，讀這種書是想生孩子的準爸爸媽媽必須要做的功課。這種書裡頭就少不了收有「仙傳種子丹方」、「種子法」。

中國人的這種觀念，大抵外國人是很難理解的，希拉蕊·柯林頓就曾經在美國國會抨擊中國的生育政策，以為中國人連生育的自由都沒有。其實她一點也不瞭解，中國人之所以熱衷生育，並不是為了自由，相反是為了不自由。這種熱衷是基於對家族的神聖義務——每個男子都有義務使本族枝繁葉茂，一旦無後，則祖宗在九泉之下便不得「血食」[8]了。

這種近乎宗教的崇拜祖先觀念導致了重子嗣，尚多子。因此傳世房中術文獻最經典、最完備的作品《醫心方．房內》（即《醫心方》第二十八卷）中，其篇幅最長的一節就是「求子第廿一」，遠遠超出其他各節平均篇幅的五倍以上，也就不是一件難以理解的事情了。

唐代吳道子所繪「天王送子圖」（局部）

我們這裡不妨看看一代大儒顧炎武的例子。他一輩子以反清復明為己任，到處奔波還要著書立說，但是在子嗣問題上卻不能免俗。他一生無子，引為憾事，當一代名醫傅青主告訴他還有生孩子的可能的時候，他不顧五十九歲的「高齡」納了個妾。相反，這如果是簡單的財產繼承問題（當然，對多數人來說這也是一個很重要的問題，但是對顧炎武這種認為天下已亡的大儒來說，就成了簡單的問題），大概顧炎武也就不會這麼放在心上了。

科學昌明，如果沒有孩子，現代人會去求醫問藥。那麼古代人呢？除了祭拜祖宗鬼神之外，往往只能求助於房中術了。所以房中術絕對不是一門下流的學問，而是一門拯救全人類的高尚學問。

每一門學科在其萌芽時期都會有不少的謬誤，現代科學常識告訴我們婦女排卵一般是在月經周期的中段，其他的日子屬於安全期。但是古人的求子偏偏是在安全期上大做文章。

馬王堆漢墓出土的帛書《胎產書》上就說：「禹問幼頻曰：我欲殖人產子，何如而有？幼頻答曰：月朔（指月經）已去汁□，三日中從之，有子。其一日男，其二日女也。」也有認為只有在婦女月經結束後五日內同房才能受孕。我們先來看一些資料——

以婦人月經後三日，夜半之後，雞鳴之前，嬉戲令女感動，乃往從之……有子賢良而老壽也。（《素女經》）

婦人月事斷絕潔淨三五日而交，有子，則男聰明才智、老壽高貴，生女清賢配貴人。（彭祖語）

凡欲求子，候女之月經斷後則交接之，一日三日為男，四日五日為女。（《洞玄子》）

轉引《洞玄子》的那條尤其讓人鬱悶，因為實在是太言之鑿鑿了。我就有一個疑問，一三四五日到底是生男還是生女都那麼明確，那麼二日為什麼沒寫？難道會是「不男不女」？

總之，這一說法到了明清也沒有改變，我們看給顧炎武診病的傅青主寫的《傅青主女科》就知道了，播種最合適的時機依舊還是月經之後的三五天內。不過，錯誤的常識好像並不妨礙

8 鬼神享受牲牢的祭祀。

中國人多生。

為了孩子，中國古代人對房事的態度一直是很認真的。認真到什麼程度？認真到如果按照房事禁忌去行房的話，簡直找不到幾個好日子可以做愛了。比如《禮記正義》就說雷電大作時，夫婦禁忌交接，否則生子會肢節不全，而且還會給自身帶來災患，「雷將發聲，有不戒其容止者，生子不備，必有凶災。」

這種提法比較具象，所以很容易讓人接受，於是這方面的案例就慢慢地累積下來，我們下面不妨看看其他的日子啊，比如《產經》就有「九殃」之說：

> 夫合陰陽之時，必避九殃，九殃者：日中之子，生則歐逆；夜半之子，天地閉塞不喑則聾盲；日蝕之子，體戚毀傷；雷電之子，天怒興感必易服狂；月蝕之子，與母俱凶；虹霓之子，若作不祥；冬夏日至之子，生害父母；弦望之子，必為亂兵風盲；醉飽之子，必為病癲，疽痔有瘡。

再看《玉房秘訣》則有「七忌」之說：

> 晦朔弦望——生子必刑殘；雷風天地感動——生子必癰腫；新飲酒飽食——生子必癲狂；新小便，精氣竭——生子必妖孽；勞倦重擔，志氣未安——生子必夭殘；新沐浴，髮膚未燥——生子必不全；兵堅盛怒，莖脈痛——內傷有病。

以上說的是懷孕之前的注意事項，那麼懷孕之後，又有哪些需要注意的呢？

胎教——中國人的優生學

優生優育的「優生學」最早於一八八三年才由英國人高爾頓提出。不過本人寫的既然是中國人的性文化史，難免要擺一擺一切「古已有之」的姿態，但是大家可別太當成一回事啊。畢竟現在的優生學是科學的，我們古代的優生學是瞎蒙的，陶弘景就說過，醫者意也。當然了，瞎蒙總是有蒙對的時候嘛。

春秋戰國的典籍中已有「男女同姓，其生不蕃」的記載，這算不算優生學？當然算。但是男女不同姓，還是生不出一個好兒子來，這可該怎麼辦？《後漢書．馮勤傳》就記載過一種取長補短的思維：馮勤祖父身材矮小，恐後代更矮小，於是就為自己的兒子娶了一個高大的女子配為兒媳，生出來的孫子馮勤果然身材魁梧。

身材高低可以量化，但是人的智商品德如果運用這種思路是要碰壁的。那麼怎麼辦呢？有沒有辦法把孩子在娘胎裡頭就搞定，不要讓他一生出來就唧唧歪歪的煩人呢？這裡就得說一說中國人很古老的胎教概念了。越古老的就是越現代的，這也是現在懷孕媽媽討論最熱烈的話題之一啊。

在漢代有一本書叫做《大戴禮記》，《禮記》是儒學的一本經典著作，其中的文章是孔子的學生以及戰國時期儒學學者的作品，經劉向收集整理共有一百三十篇，漢朝有位叫做戴德的學者就將這一百三十篇再加以簡化，得到八十五篇，這就是《大戴禮記》，至於他在簡化的過程中有沒有塞進自己的私貨，不好說，但是至少可知這是西元前一世紀的作品。在這本書的卷三中有這樣的說法：

> 《青史氏之記》云，古者胎教，王后腹之七月，而就宴室。太史持銅而御戶左，太宰持斗而御戶右。比及三月者，王后所求聲音非禮樂，則太師（即太史）組瑟而稱「不習」；所求滋味非正味，則太宰倚斗而言曰「不敢以待王太子」……

太史、太宰都是國家重臣，居然成了監獄長，一個持銅一個持斗的，對王后嚴加看管，實在是有點匪夷所思。這種胎教之無聊，不提也罷。總之一句話，太不「科學」了。可是就是這樣不科學的胎教，《大戴禮記．保傅》還將其抬舉到了「書之玉版，藏之金匱，置之宗廟，以為後世戒」的高度。

值得一提的是，劉向的《列女傳》也提到了胎教：「古有婦人妊子，寢不側，坐不邊，立不蹕，不食邪味，割不正不食，席不正不坐，目不視邪色，耳不聽淫聲，夜則令瞽誦詩道正事；如此則生子形容端正，才過人矣。」其意思就是希望孕婦能在懷孕期間避免各種不良的感官刺激，保持心境平和，才能生出聰明漂亮的孩子。作為旁證，《列女傳》中還記錄了一個醫案——

> 太任文王之母，摯任氏之仲女也，王季娶以為妃。太任之性，端一誠莊，唯德之行。及其娠文王，目不視惡色，耳不聽淫聲，口不出傲言。生文王而明聖，太任教之，以一而識百，卒為周宗。君子謂太任為能胎教。

這是說周文王之所以成為一代明君，就在於他的母親太任是一位品行端莊的婦女。她懷文王時，注意不受外界的影響，所以生出來的孩子聰明異常。如果劉向這個說法不是編出來的話，那麼太任可能就是胎教第一人了。

東漢的王充是個非常討厭房中術的人，他就說：「素女對黃帝陳五女之法，非徒傷父母之身，乃又賊男女之性。」不過另一方面他對優生學特別地感興趣，在《論衡》的〈氣壽篇〉、〈命義篇〉中，對房事和優生的關係做了專門的論述。他認為萬物都是稟氣所生，人當然不例外。這個氣呢，首先是稟受於父母的，因此說：「稟氣渥則體強，體強則命長；氣薄則體弱，體弱則命短。」「強弱壽夭，謂稟氣渥薄也。」這在今天看來，也是相當科學的遺傳學論。他言之鑿鑿地認為人的品性是在娘胎裡頭就決定的，這個到底正不正確，我們不妨存而不論，因為現代的科學似乎也沒有找到答案。

有了這樣的思想準備，於是在他之後的張仲景在《金匱要略》的〈婦人篇〉中就提出「妊娠養胎」的概念，並以白術散為治，可說是古代優生法的實踐。

胎教的思想一確立起來，很快家長的位置就由被動地遵守各種禁忌，轉為主動地傳授了。晉代張華《博物志》卷十說：「席不正不坐，割不正不食，聽誦詩書諷詠之音，不聽淫聲，不視邪色。以此產子，必賢明端正壽考。所謂父母胎教之法。故古者婦人妊娠，必慎所感，感於善則善，感於惡則惡矣。」這句話裡頭，「聽誦詩書諷詠之音」就屬於主動的傳授了。

在養胎問題上，南北朝時期北齊的醫學家徐之才認為，「妊娠一月始胚；二月始膏；三月始胎；四月成血脈；五月四肢成，毛髮初生，胎動無常；六月成筋；七月骨、皮毛成；八月九竅成；九月六腑百節皆備；十月五臟俱備，六腑齊通，關節人身皆備，即產。」他關於胚胎形態發育過程的描述與現代的認識相近，並在這個基礎上提出了「逐月養胎法」的設想。

總之，我們的祖先們雖然一直在瞎蒙，但到底是秉承《易經》上的「慎始」觀念，所以尤其重視在胎教上下工夫。其後也有不少醫學家對胎教一說有所發展，但是基本上不超出以上所描述的範圍，這裡也就不多說。

精為何物——故生之來謂之精

《漢書．藝文志．方技略》上說：「序方技四種，一曰醫院，二曰經方，三曰房中，四曰神仙。」可見房中術在中國是屬於方技四門之一。它是一門很難分類的學問，如果按照現在的觀念，僅僅把它掛靠在醫學，顯然是有點委屈它了，因為它所涉及的範圍，明顯又比醫學的範圍還廣闊，一會兒是「天下至道」，一會又是「通於神明」。

好多人一談起中國人的性觀念，就會想起告子的說法，食色性也。這個說法當然不能說不對，吃飯和做愛是人的生物本能，這是把人當動物了。那麼人是不是動物呢？房中術專家們可不是像告子那樣認為的。

我們看《天下至道談》是怎麼說的，「人產而所不學者二，一曰息，二曰食。非此二者，無非學與服。」可見房中術專家們只承認吃飯、睡覺可以不學就會，並不認為做愛性交也在其中；相反，他們認為做愛性交是一門值得學習的嚴肅學問——「合男女必有則」。既然有「則」，就會出現一大堆的「術語」和「公式」，像陰道陽精這些詞語就創造出來，像十動八益七損這些公式也就有了。

學了這些，最淺顯的好處就像《天下至道談》上說的，「句（苟）能持久，女乃大喜，親之兄弟，愛之父母。」能使得家庭和睦，當然是一件美事了，然而人活著，僅僅是為了這個目的麼？到了東漢時期，就有很多房中術專家對此很不滿了。這些房中術專家，要麼是醫生要麼是道士，醫生當然還停留在治病救人的概念上，道士們比如說葛洪就直接把以前的先秦時代流行的房中術稱之為「粗事」，要一舉推翻了。

所謂不破不立，那麼道士們又是從何破起呢？葛洪在他的《抱朴子．內篇》就做了這方面的工作，「房中之法十餘家，或以補救損傷，或以攻治眾病，或以採陰益陽或以增年益壽，其大要在於還精補腦一事耳。」高人一出手，就先抓住了重點——還精補腦。

在說這個問題之前，要先向大家解釋一下「精」是什麼。是不是現代科學所說的精液，或者是不是明清小說的「白濁之物」？這是個不好回答的問題，我不能說是，也不能說不是。

雖然很多文明都認識到沒有精液就沒有新生命的誕生，但在睾丸製造精液的構造原理被近代醫學所證明之前，人們對於精液的認識可以說是完全基於想像力。西元前四世紀的亞里斯多德認為精液是人類靈魂的精髓，和經血混合後成為胎兒。他認為精液是在腦部形成的，這種精液的腦起源說在很長一段時間是很有說服力的。而亞里斯多德的弟子柏拉圖在《蒂邁歐篇》裡想像精液中有一種肉眼看不見的極其微小的生物，因此當精子在十七世紀被發現的時候，便被命名為「微型動物」。

人類對於精液的認識，有一個從具體到抽象的過程，並上升為一種精液信仰。如亞里斯多德在《動物的繁殖》中就認為性交使精液流失，一方面會削弱肉體的健康，導致人的死亡，另一方面則帶來新生命的誕生，開啟人類永久延續的生命之門。

中國人應該是很早就認識到是睾丸製造了精子的，不然就不會在宮刑手術中，把男性的睾丸也切除。那麼中國人又是如何看待「精」的呢？

我們先來看《靈樞》這本書，它又被稱為《針經》、《九卷》，是現存最早的中醫理論著作，約成書於戰國時期。這本書與《素問》一起合稱為《黃帝內經》，在針灸學上有絕對權威。它在〈本神〉一篇中說「故生之來謂之精；兩精相搏謂之神」，可見這裡的精既是實指也是泛指的，在某一個層面上甚至上升到生命的原理和本質。這個「精」既然是生命的根本，那麼它的喪失必然會帶來對身體健康的損害。因此，如何在還精——保存精液的同時保存自身生命的本質，就成為道教徒們思考的一項重要內容。

為什麼會這樣呢？這就要談到道家和儒家的分歧了，這兩者對不朽的定義是完全不同的。儒家提倡的是一種精神上的不朽，所以有立德、立功、立言之說；至於生命的延續，則提倡「不孝有三，無後為大」，只要保證生物學上的種族延綿就算是盡到了責任。而道家的不朽則建立在肉身的不朽之上。在終極關懷的設定上，道教從來只執著於現世。長生，即肉身的不朽是他們修行的最高境界，至於如何達到它，則不過是一種手段而已，哪怕是一種非常罪惡污穢的手段。這樣我們就能理解為什麼某些道派在某個時期，會流行吸食童男的腦髓、以童女的經血入藥的修行方式了。

採陰補陽——到底什麼是陰精

「精」在中國古代又被稱為元精、元陽或真元。不要小看了這個「元」，《易經》上乾卦的卦辭「元亨利貞」，元排在第一，所謂元始之德，即充沛宇間、開創萬物的陽氣。男人的「精」既然如此寶貴，那不做愛不就得以保全了嗎？為什麼道教從來沒有任何形式的禁欲（不是節欲）理論呢？先來看看《昕心齋客問說》上的說法：

客問元精與交感之精何以異？曰：非有二物。未交之時，身中五臟六腑之精，並無停泊處，卻在無炁中，未成形質，此為元精。及男女交媾，精自泥丸順脊而下，至膀胱外腎施泄，遂成渣滓，則為交感之精矣。

這裡的「交感之精」，就是男人做愛時射出的精液，一射出來了，就不再是元精了，是廢物了，不值錢了。像小說《國色天香》中在說到周公子與玉狐頻頻交媾時，就說：「周公子貪戀美色……豈知人之真元已失，未免精神倦怠，便就不似先前那等充實身體。況又旦旦而伐之，豈有不欲火上攻之理？所以人之元陽，乃繫一身之寶者，不喪失，不但寒暑之氣不侵，可以長生壽者。」

這種以元陽為一身之寶的觀念在筆者讀書的時代仍未過時，在十三四歲讀書的時候，我的老師就一再諄諄告誡自慰的壞處，但其說明的方式卻一點也不科學，一點也不生理衛生。閒話表過，轉入正題。

古人在研究男女做愛的過程時，就已經認識到房事之後，男方有不應期，而女方卻可以隨時再接受挑戰，這種生理上的男女不平等自然會激起男人的憤慨。憤慨來憤慨去，又總結出一條，是男人損傷了自己，滋補了女性。於是很自然就有了固精、積精、保精之說。

你想要，我偏不給，這明顯是楊朱精神——拔一毛而利天下，不為也。這樣未免有損女人心目中男人的完美形象。這裡就要談到採陰補陽的觀念了。最初的採陰補陽觀念其實就是「合氣」，如《混元八景真經》上所說的，「老陰奪少陽，陰命自然昌；老陽奪少陰，陽齡死不侵。人若悟此法者，可以救老得少，返老還童。」

採陰補陽這一發明的初期運用中，男方要握固不泄，要在不損害自己身體的前提下照顧到女方的情緒和健康，男女雙方靠性交增強彼此元氣，而不像後來，變成男方對女方的純粹榨取，還有一個更殘酷的名字，叫做採戰。在採陰補陽的過程中，男方為了交而不泄，除了加強自身素質之外，還要借助內服、外敷藥物，使得陽物舉而堅，堅而久。同時也注意通過大量的前戲技巧，讓女方儘快達到性高潮。

相對於男人的真陽，女性也有真陰。然而真陰是什麼東西，古人也說不準，是性交時女性的分泌物還是性高潮時的分泌物呢？歷來醫家和道家之書沒有說清。我們不妨來看看清代情色小說《杏花天》，此書主要描寫男主人公封悅生的風流豔遇與放浪行為。他在得到房中秘術之後，連名妓妙娘也對他依依不捨，以致死心塌地地嫁給了他，而最終妙娘本人也因貪圖房室之樂一命歸天，「自此以後終夜歡狎，時刻聚首。在悅生丹田永固，在妙娘癸枯血竭。過殘臘至次冬不及一周，妙娘淫欲奢縱，不惜身體，懨懨一病，名登鬼錄。」

做愛做到死，不知道是不是死了也要愛。從這個小說可以看出，真陰是經不起榨取的，而房中術提倡的是真陰吸得越多，對男子的健康就越是有利，並勸告最好是多多地吸取不同女子的真陰。關於這一點，唐代孫思邈在《房內補益》中說：「人常御一女，陰氣轉弱，為益亦少。陽道法火，陰家法水。水能制火，陰亦消陽。久用不止，陰氣逾陽，陽則轉損，所得不補所失。」《玉房秘訣》則說：「青牛道士曰：數數易女，則益多，一夕易十人以上，尤佳。常御一女，女精氣轉弱，不能大益人，亦使女瘦瘠也。」《玉房指要》中也說：「但接而勿施，能一日一夕數十交，而不失精者，諸病甚愈，年壽日益。」

看來過於頻繁地採陰是對女子最大的傷害，而對於男子也不會帶來什麼好處，所以最好盡可能與不同的女人交合，越多越好。這恰恰不是不尊重女性，而是愛護女性——這個邏輯有點那個，當然，這是古人的邏輯啊。

以上的說法都是理論，理論是不是真理就得看看到底是不是從實踐中來了。《金瓶梅》是小說，小說講的是世情人情，我們來看看裡頭的一段——

（潘金蓮）須臾一陣昏迷，舌尖冰冷，泄訖一度，西門慶覺牝中一股熱氣，直透丹田，心中翕翕然，美快不可言。

這種感受大多數正常人都可以領受。然而真正方士的吸陰之法又另有一功，他是真的用陽物去吸。根據筆記記載，古代皇帝為了驗證前來應聘的方士，會讓太監端上注滿酒的杯子，看著方士把自己的那話兒放進杯子裡頭，如果能把酒吸入陽物之中便算成功。這在現代人看來幾乎是不可想像的事情，不可能完成的任務，但是方士顯然可以輕而易舉地做到。難怪葛洪要說真正的房中術不是寫在書上的，而是通過耳口相傳的。

震驚了麼？清代趙翼的《檐曝雜記》上有一條「妖民吸精髓」更讓人震驚——

徽州歙縣顏子街有妖民張良璧，能吸童女精髓，年已七十餘，鬢眉皓白，而顏貌只如三四十歲人。其術誘拐四五歲女童，用藥吹，入鼻孔，即昏迷無所知，用銀管探其陰，恣吸精髓。女童猶未死，抱送還其家，或數日，或十數日始殞命。人皆不知其中傷也。忽一日門扃有罅縫，同被誘之女童瞥見之，歸語其父母，事遂敗露。此聲既揚，縣尉某先拘其接某氏訊供。諸被害家亦爭控於官，然無贓證。良璧到案，挺身長跪，抗論不撓，謂：「從古無此事，何得以莫須有之事誣陷人？」嚴訊三日，並呼其妻質對，始吐實。二十年來，被拐共十七人，其四人尚無恙，餘十三皆被戕。適有同鄉御史吳椿官於朝，合邑士民公札寄知，椿據以入奏。皇上飭地方有司，訊得實情。良璧照《采生炙割律》凌遲處死，妾及子皆遣戍，失察之官吏黜革有差。此嘉慶十六年八、九月間事。

從這個故事可以看出，陰精確實有極好的滋補作用，能讓七十歲的老頭像一個壯年人，但是這種陰精的吸取卻不是通過性交，而是用銀管探進童女陰部吸取，而且還是四五歲的女童，顯然這裡的陰精就不是女性性交或性高潮的分泌物了。

那到底什麼是陰精呢？請原諒作者吧，他已經查閱了所能查閱的資料，得出的結論是——不曉得。

採陽補陰——女人的憤怒

有「採陰補陽」，那有沒有「採陽補陰」呢？有的，這樣的例子我就不用舉了，翻翻《聊齋志異》，這樣的小故事到處都是。那麼最早是什麼時候開始的呢？東晉時代的葛洪所編撰的《神仙傳》中有這樣一個小故事，算得上後世「採陽補陰」故事的原型——

> 女丸者，辰市上沽酒婦人也，作酒常美。遇仙人過其家飲酒，以素書五卷為質。丸開視其書，乃養性交接之術。丸私寫其文要，更設房室，納諸年少，飲美酒，與止宿，行文書之法。如此三十年，顏色更如二十時。仙人數歲復來過，笑謂丸曰：「盜道無私，有翅不飛。」遂棄家追仙人去，莫知所之云。

看來還是女性的補陰效果比較直接啊，臉上青春長駐，可以省下好多買化妝品的錢，而據說現代科學研究是支持這種說法的。然而這種性交，會讓男性身體虛弱並且得病，《醫心方》卷二十八就說：「沖和子曰：非徒陽可養也，陰亦宜然。西王母是養陰得道之者也。一與男交而男立損病，女顏色光澤。」

總之，男女雙方一旦各自把這一技術發展到最高峰，都變成了一種危險的損人利己的遊戲，使得閨房的和合之美，變成了戰場的殺伐之聲，以至於後來的房中術著作都可以媲美軍事著作，每一次做愛都是一場戰爭，為了不受到損傷，雙方展開了拉鋸戰，這種戰爭的勝負指標很簡單，要麼男方先射精，要麼女方先達到性高潮。

明代清溪道人所著的《禪真後史》就記載了兩大性交高手對決的過程。一方是和尚嵇西化，他練有佛家的秘密房中功夫；而另一方則是某官宦之第三房老婆沈氏，她略通房中術，當得知官宦的第四房老婆田氏在與嵇西化交合時受盡凌辱，便意欲以自己掌握的房中術戰敗嵇西化，以示懲罰。結果，真的是要多慘有多慘，自己在交合時真陰泄盡而命喪黃泉。

此戰以女方沈氏全敗為告終，分析這段文本，我們可以知道在古人的性觀念裡頭，真陰與真陽一樣，都是保證身體健康的關鍵物質，當它伴隨性高潮而溢出的時候，也和男人的交感之精一樣，變成了廢物。如果嵇西化不是得了藥力之助，則此番大戰的結果，殞命的大概便是他了。

這位沈氏的房中術也是其來有自，得之於一位游方的全真女道姑，書中還有另一場大戰，描寫的便是沈氏的女師傅是如何挫敗另一位房中高手的。

書中的男女道士把性交當成是一場性命之搏，而眾人參與其中是那麼熱衷，並無人出來指責，可見在當時，這種觀念已經深入人心了。

男女俱仙之道——佛道的雙修概念

採陽補陰或者是採陰補陽都是以榨取對方來成就自己，哪怕理論再怎麼完美，在道德上也完全沒有說服力可言。那麼有沒有第三條路呢？

有的，叫做「男女俱仙之道」，通俗一點就是男女雙修。這其實也是道家中的一派，但是不知道為什麼，在後世影響不大，以至於很少有人知道，甚至常被認為是佛教密宗的專利。陶弘景在《養性延命錄》中就解釋道：「男女俱仙之道，深內勿動精，思臍中赤色大如雞子，乃徐徐出入，精動便退。一旦一夕可數十為之，令人益壽。男女各息意共存之，唯須猛念。」

而《雲笈七籤》則說：「於是男女可行長生之道。其法要秘，非賢勿傳。使男女並取

五代時期敦煌壁畫：歡喜佛

清代的歡喜佛

生氣，含養精血，此非外法專採陰益陽也。……先須忘形忘物，然後叩齒七通而咒曰……男子守腎固精……女子守心養神……若久久行之，自然成真，長生佳世，不死之道也。」

這種觀念的起源，應該是在房中術從權貴階層向平民階層轉移的過程中出現的。最初的道家是通過「過度儀」傳授房中術的。由於平民不可能像權貴那樣妻妾成群，這一儀式為了維持一男御多女的理論，只能提倡群交，結果造成聲名狼藉，不要說佛教徒要來抨擊，便是本教中人也引以為恥。而男女雙修帶來的是雙方平等，共同受益，同登長生不老之仙境。孫思邈在《房內補益》中便對此有詳細之說明：

> 凡入靜，先須忘形。忘形，然後叩齒七通而咒曰：「白元金精，五華敷生，中央黃老君，和魂攝精。皇上太真，凝液骨靈。無上太

真，六氣內纏。上精玄老，還神補腦。使我會合，煉胎守寶。」祝畢，男子守腎因精煉包炁，從夾脊黑上泥丸，號曰：「還元」。女子守心養神，煉火不動，以兩乳包黑下腎，夾腎上行，亦到泥丸，號曰「化真」。養之丹扃，百日通靈，若久久行之，自然成真，長生住世，不死之道也。

這是說，當男女入房後，須先忘掉自己身體性別及形體的存在，然後上下叩齒七遍，誦咒。唸完了才開始做愛，此時男子想像精氣上升泥丸（腦部），女子想像精氣由兩乳而下，經背部亦到泥丸。這樣行之既久，便能得道。

關於這裡頭的一系列術語，很深奧，將在下文「還精補腦」中再作說明。

總之呢，男女雙修雙成修煉術可以說是性愛觀念一個很大的進步。當然，任何本土文化之進步，往往是因為外來文化之逼迫。道教之所以發明「男女俱仙之道」，一大主因正是佛教於這個時期進入中國，在很短的時間風靡了整個社會。

論起來，佛教是不太看得起女人的，釋迦牟尼就說，如果女人加入佛教中來，佛教就會因此至少倒退五百年。在佛教早期經典的教義中，這種對於女性的鄙視是非常常見的。例如：

莫與女交通，亦莫共言語；有能遠離者，則離於八難。（《增壹阿含經．卷三十六》）

阿難白佛言：「佛滅度後，諸女人輩，來受誨者，當如之何？」佛告阿難：「莫與相見。」阿難又白：「設相見者，當如之何？」佛言：「莫與共語。」阿難又白：「設與語者，當如之何？」佛言：「當自檢心。」（《長阿含經．卷四游行經》）

連和女人說話都要問問自己的心，可見在佛教裡頭，對女人並不尊重，可是正是因為這種不尊重和不在乎，反而讓佛教在性方面比道教來得通達，因為既然認定對方是低等的，那麼做愛這件事，明顯是男方對女方的施捨，而不像道教徒念念不忘要從女性身上得到元陰的滋補。我們看《佛說秘密相經》中有這樣一段文字——

> 作是觀想時，即同一體性自身金剛杵，住於蓮華上而作敬愛事。作是敬愛時，得成無上佛菩提果，或成金剛手尊，或蓮華部大菩薩，或餘一切逾始多眾。當作和合相應法時，此菩薩悉離一切罪垢染著。如是，當知彼金剛部大菩薩入蓮華部中，要如來部而作敬愛。如是諸大菩薩等，作是法時得妙快樂無滅無盡。然於所作法中無所欲想。何以故？金剛手菩薩摩訶薩：以金剛杵破諸欲故。是故獲得一切逾始多無上秘密蓮花成就。

「金剛杵」是什麼呢？很簡單，就是男性生殖器；「蓮華」其實就是蓮花，與「金剛杵」對應，顯然指的就是女人陰部；「敬愛事」是什麼事？是男人和女人在一起做愛。這種敬愛事佛家以為是人世間最大的偉業，釋迦牟尼是這樣說的：

> 善哉，善哉！金剛手，汝今當知彼金剛杵在蓮華上者，為欲利樂廣大饒益，施作諸佛最勝事業。是故於彼清淨蓮華之中，而金剛杵住於其上，乃入彼中，發起金剛真實持誦，然後金剛及彼蓮華二事相擊，成就二種清淨乳相。一謂金剛乳相，二謂蓮華

乳相。於二相中出生一大菩薩妙善之相，次復出生一大菩薩猛惡之相。菩薩所現二種相者，但為調伏利益一切眾生，由此出生一切賢聖，成就一切殊勝事業。

清代的金剛杵，密宗的法器，其圓頂象徵龜頭，箭狀的尾端象徵男根「久刺不止，無堅不摧」

佛教的主要思想是要讓人從性欲、生存欲和愚昧中解脫出來，成為不再完全順從自然的自由人。其超脫人間痛苦的方法是，通過放棄各種欲望而達到「空無」和「超然」的全福境地，使人進入極樂天堂。在這樣思想的指導下，連人的肉身都不重要，又怎麼會在乎那麼一點點精液呢？

可是大家大概都不會忘記中國明清小說裡頭有很多花和尚，他們口中雖然唸的是佛經，可是在性事的禁忌方面，卻完全秉承的是道家的固精、保精的概念，為什麼會這樣呢？那就得談到佛教在中國傳布過程中的中國化了。

至少在西元六世紀之前，佛教還不是完全中國化的宗教。為了生存，在以後的歲月裡佛教將不斷地和儒道爭鋒，在逼使儒教和道教做出調整的同時，所謂殺敵一千，自損八百，自己也面目全非。這當然是以後的話題了。

還精補腦——中國房中術的最大特色

關於愛惜精液的觀念，在馬王堆的《十問》、《合陰陽》等中都已經提到，並有了專門控制射精的技術，稱為「玉閉」。所謂的握固不泄，多交不泄，說起來無非是熬不熬得住。當然，多數人是熬不住的，就連神仙呂洞賓也要壞在名妓白牡丹的手上。這些觀念到了秦漢都已經沒有什麼新鮮的了。

值得注意的倒是《十問》中第六問上的一句話「翕氣以充（月留）」。這個「月留」，按照中國學者李零的說法，是解作「腦」。不過日本學者石田秀實另有一說，認為應解作「睪丸」，似乎也言之成理。因此在沒有確實的依據之前，我們不好把還精補腦這一劃時代的發明時間提得太前。

《十問》的「還精」雖然沒有補腦，但是通觀全文，補的其實是「藏」（內臟）。那麼從補藏過渡到補腦，需要多少時間呢？本人找了很多資料，只找到兩條。

一個漢代學者邊讓所著的〈章華賦〉的注說：「黃帝軒轅氏得房中之術於玄女，握固吸氣，還精補腦，可以長生。」這個邊讓在《後漢書》上有傳，約卒於西元前二〇〇年。

再有一條資料，是二十世紀初於敦煌發現的六朝殘抄本《老子想爾注》。傳說此書為中國東漢張道陵或張魯所作，用於教化道民。這本書是現存五斗米教重要經典，以道教思想注解《老子道德經》，以道為最高信仰，宣稱道是有意志、有人格的最高神靈。道即是「一」，一散形為氣，聚形則為太上老君。注文教人信守道誡，按「道意」行事，「積善成功，積精成神，神成仙壽」。在這本書上，有句話很值得注意，「道教人結精成神，今世間偽技詐稱道，托黃帝、玄女、龔子、容成之文相教，從女不施，思還精補腦，心神不一，失其所守，為揣悅不可長寶。」由此可見，最遲在東漢時期，就有了「還精補腦」的具體應用。

那麼到底什麼是還精補腦呢？我們不妨先看看民間壽星的形象，他一手托著的鮮桃代表少女，另一手拐杖上掛著盛仙丹（也許是春藥）的仙壺，身旁還有一隻鹿。鹿茸有什麼功效？是中國人都知道，就是一種壯陽藥。還有很重要的一點，就是他的腦門啊，特別大，裡頭都是什麼呢？按照民間的說法，裡頭就是一腦門的精液，所以他才會那麼的長壽。

還精補腦是不是就是讓精液直接跑到腦袋去呢？如果是，那麼又是怎麼跑上去的呢？

我想大家還記得男女雙修中的那些玄之又玄的術語，在這裡，就要開始很複雜地說說了。

這裡要先談到《周易參同契》這本書，據說作者是魏伯陽，東漢會稽上虞（今浙江上虞）人。魏伯陽是高門望族之子，在那個時代，他要是想做官是很容易的，但是他就是喜歡做神仙，於是就拜了好多師父學煉丹，學到手了，又招了三個徒弟。不久丹煉成了，他就把丹先給狗吃，狗當場就死了。他自己也吃，也死了。三個弟子中只有一個弟子相信自己的師父，說：「我們的師父不是平凡人，服丹而死，是不是在考驗我們啊！」於是他也吃了，又死了。剩下兩個弟子一看不對，就逃走了。服下丹藥的魏伯陽和他弟子很快醒了過來，得長生了，不知所終，但是給世間留下了《周易參同契》。

當然，以上是神話傳說。有人根據《周易參同契》的行文方式，認為這是很多作者參與寫作的一本書，是那個時代煉丹術的一個總結。作為道教早期的經典，它被視為「萬古丹經王」、「丹經之祖」。連一代儒學大師朱熹都為之折服，甘願為之作注。

在這本書裡頭，有很多的插圖，像「水火醫廊圖」、「地承天氣圖」、「月受日光圖」、「一升一降圖」、「陰陽交映圖」等等。我這樣說可能大家要說，都什麼啊，聽都沒有聽說過，如果我要說這些圖是陰陽魚太極圖的雛形，大家大概會哦哦哦，興起高山仰止之情了。這個陰陽二魚是以「S」形曲線為隔，寓示在負陰抱陽中，陰陽的平衡不是一刀切成的兩半圓式的對稱，也非天平式的平衡，而是變化的、此消彼長的陰陽均衡。

現在大家應該明白這是一本什麼樣的書了吧，這本書啊，主要講的是宇宙天地之間的能量彼此流轉。道家總說煉丹，其實就是提煉能量。

丹分兩種，一種是外丹，一種是內丹。

什麼是外丹呢？指的是以丹砂等礦物經多次燒煉而成的丹藥，可使人祛病禳邪乃至於長生不老，秦皇漢武都在這上面花了很多力氣，招致許多方士也來插上一腳，結果當然是可想見的。因為煉丹術士是以朱砂、雄黃、雲母、硫黃、硝石、芒硝、鉛、汞、金、銀等作為煉製金丹的原料，這些東西中哪一樣都能隨隨便便吃死人，要靠這個長生，簡直是做夢。我們看《世說新語》裡面，有很多人說話牛頭不對馬嘴的，像個神經病，是什麼緣故呢？都是吃丹藥給吃的。可是偏偏這個夢一直做到了明朝，還有一個嘉靖皇帝相信。當然了，煉丹家們的功勞還是有的，火藥的發明便是他們對人類文明重要的貢獻。

太極圖陰陽符號，以白色表示陽，以黑色表示陰

《周易參同契》這本書不少近代化學家都認為它是外丹、爐火的經典著作，但是實際上作者對煉外丹是很不認同的，「竭殫家產，妻子飢貧，自古及今，好者億人，迄不諧遇，稀有能成，廣求名藥，與道乖殊」，「世間多學士，高妙負良材。邂逅不遭遇，耗火亡貨財」，「擣治羌石膽，雲母及礬磁。硫黃燒豫章，泥汞相煉冶。鼓鑄五石銅，以之為輔樞。雜性不同類，安肯合體居，千舉必萬敗，欲黠反成癡」。

確實書中有些語句類似外丹、黃白，但都是一些借物比喻詞，借外丹之法象來比喻外丹之作用，不是當真要做爐火燒煉那件事，其實這本書最大的成就是開創了一門新興的學科——內丹學。

別看這本書只有短短的六千字，裡頭可是「詞韻皆古，奧雅難通」。請注意，這是非常博學的朱熹說的，可不是我說的。所以我這裡就不大段大段地徵引上面的文字了，因為連古代人都看不懂，就更不用說現代人了。我抄一下現成的說法吧，這門內丹學最大的特徵就是以周易象數學的卦爻做符號，以日月運行的規律做理論框架，以外丹爐火的鉛汞反應做模型，來論述陰陽交感男女合炁的秘術。主要採取了漢代象數易學中的納甲說、卦氣說、十二消息說，用以說明內外丹之鼎器、藥物、火候、變化即成丹過程、陰陽變易原理。

還是很玄乎吧，那我再說得簡單一點，就是通過做愛來煉丹，煉出內丹來。它以乾坤為爐鼎，以坎離為藥物。按照天人合一的觀念，人身是個小天地，也是個小爐鼎，精氣變化、採藥煉丹也在其中。這個爐鼎在人身體的哪個地方呢？指的就是人體以肚臍眼為分界線，其中上頂泥丸宮為鼎，臍下腹部為爐。

爐鼎是人身，那麼藥物又從哪裡來呢？那就是人身上的一切能量流，被分為坎離、水火、鉛汞、龍虎、日月、兔烏、戊己、五、十、魂、魄等等，簡約概括起來就是指精（元精）和氣（元氣），或稱為元精（元氣）和元神。在元精和元神這一對藥物中，元神為主，元精為客；元神為陽，元精為陰。道教經典《悟真篇》就直截了當地說：「藥物者何也？靈父聖母之氣，乾男坤女之精，驅此二家之物歸，煉於神室中以成靈丹。」

對應到房事中，男人為鉛，女人為朱砂，胎兒為汞，而性交技術則是火候。這種以自己的身體為丹爐的性命雙修功夫，按照明清小說《二刻拍案驚奇》中一個房中術專家的說法就是：「內丹成，外丹亦成。卻用女子為鼎器。與他交合，採陰補陽，捉坎填離，練成嬰兒奼女，以為內丹。名為採戰功夫，乃黃帝、容成公、彭祖御女之術，又可取樂，又可長生。」

之所以在前面談了一大堆《周易參同契》的術語，是要解說「還精補腦」這個概念。

要知道，在道家的丹經裡，把「藥」字寫成「自家水」，也就說最好的藥物在人身上，倘能就此煉心合道，自得長生妙藥。如張伯端《悟真篇》上說：「陽裡陰精質不剛，獨修一物轉羸□。勞形按引皆非道，服氣餐霞總是狂。舉世漫求鉛汞伏，何時得見虎龍降。勸君窮取生身處，返本還源是藥王。」

「自家水」中最貴重的無非是元神和元精了。所謂的採補當然是從別人身上獲益，但是更

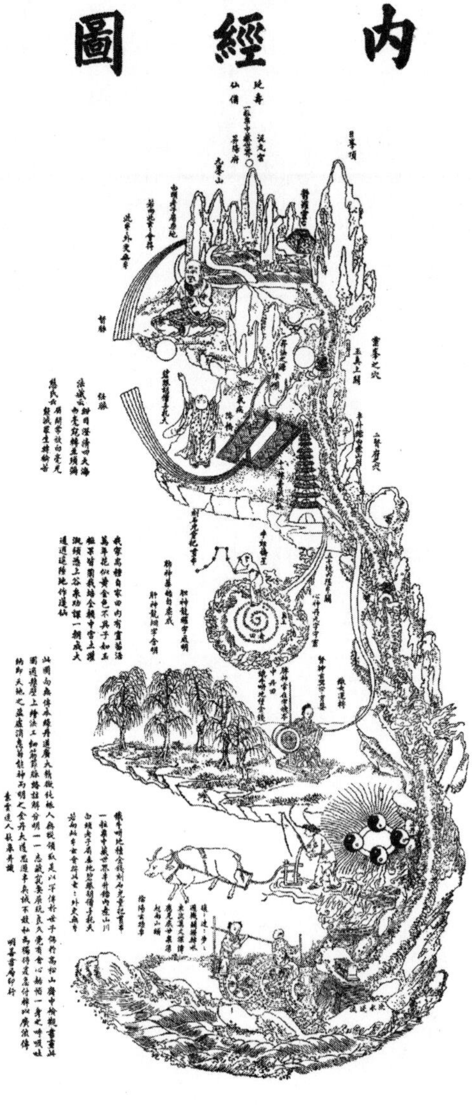

道教修煉內丹的「內經圖」

重要的自身不能損耗，然後在此基礎上，還要將採來的元精和自身的元精輸送到腦上。方法大致有四種：

一是《洞玄子》上所說的：「凡欲泄精之時……即閉門內想，舌柱上齶，踞脊引頭，張鼻歙肩，閉口吸氣，精便自上節限，多少莫不由人。十分之中只得泄二三分矣。」

二是孫思邈在《房內補益》所說的：「凡欲施泄者，當閉口張目，閉氣握固。兩手左右上下，縮鼻取氣，又縮下部，及吸腹，小偃脊膂，急以左手中兩指，抑屏翳穴，長吐氣，並琢齒千遍，則精上補腦，使人長生。若精妄出，則損神也。」

此法相比較第一種，多出了在快要射精的時候，必須儘快用左手的中間兩個指頭，抑壓會陰部的屏翳穴，這樣，真元便會上升補腦。

第三種是《醫心方》卷二十八引自《仙經》（已失傳）：「還精補腦之道，交接精大動欲出者，急以左手中央兩指卻抑陰囊後，大孔前，壯事抑之，長吐氣，並碌齒數十過，勿閉氣也；便施其精，精亦不得出，但從玉莖復還，上入腦中也。此法仙人口口相授，皆飲血為盟，不得妄傳，（妄傳者）身受其殃。」

這是什麼意思呢？就是男人在性交的時候，到了實在熬不住的那一刻，就用手指壓迫會陰部，同時「咬牙切齒」，就能使精液反走上行而直達人腦。其實按照上面的做法，精液只能是跑到了膀胱裡頭，膀胱有一條小路和腦袋相通嗎？顯然是沒有。那麼最後只能隨著小便一起排出，根本不可能上行「補腦」。不過這種技術和口交一樣，倒不失為一種有效的避孕手段。反正在「文革」時期，下鄉赤腳醫生身上所帶的衛生小冊子中，就有推薦用這種辦法避孕的。

這種方法是如此的簡單，以至於我們一看就懂，一學就會，可是為什麼要說「此法仙人口口相授，皆飲血為盟，不得妄傳，（妄傳者）身受其殃」，這不是很沒有道理嗎？如果有心的讀者有了這樣疑問，那麼在這裡，我要表揚一下。是的，還精補腦遠沒有紙面上那麼簡單，而是很複雜的，複雜到要口口相授。

第四種則是偽託呂洞賓所寫的《純陽演正孚佑帝君既濟真經》上所說的：「戰罷下馬，當仰身平息，懸腰動搖，上升泥丸，以還本元，則不生疾病，可得長生。」

這是說做愛結束之後，男子應當仰身平躺，懸腰，搖動身體，這樣真精便會上升泥丸（腦部）。然而這裡的「精」其實人人都有，並沒有什麼值得稀罕的，離煉成所謂真正的內丹還有十萬八千里呢。鍾離翁就說：「涕唾精津氣血液，七般靈物總皆陰。若將此物為丹質，怎得飛神貫玉京！」

乾坤交媾圖

要煉成所謂的內丹，第一步是「精化氣」，千萬別誤會以為是將體內的精液蒸發成氣，而是如木生火一樣有質的變化，能量由一種狀態轉為另外一種狀態了。關於這一點，《仙經》是這樣介紹的：

> 令人長生不老，先與女戲，飲玉漿。玉漿，口中津也。使男女感動，以左手握持，思在丹田中有赤氣，內黃外白，變為日月，徘徊丹田中，俱入泥垣，兩

半合成一。因閉氣深內，勿出入，但上下徐徐咽氣。情動欲出，急退之。此非上士有智者，不能行也。

照此說法，似乎女子口中之津液也是精的一種。

煉精化氣成功之後只是萬里長征的一小步，其後還有煉氣化神為第二階段，第三階段則是煉神還虛。這裡面每一階段，都要經過漫長的修煉，有所謂的「九年關」、「十年關」之稱，顧名思義便可知煉內丹之不易。然而宋人崔希範著有《入藥鏡》一書，倒是說到通過男女雙修而速成煉丹的方法：

言御女之戰客主恍惚，同識不同意，同邪不同積，同交不同體，同體不同交，是為對鏡不動者也。夫能內外神交而體不動，得性之道也。動，則神去性衰矣。不染不著，則留其元物，使氣定神住，和合成形，入於中宮，煅去其陰，而存其陽也。紅雪者，血海之真物。本所以成人者也，在於子宮，其為陽氣，出則為血。若龜入時，俟其運出而情動，則龜轉其頸，閉氣飲之，即用搐引也。氣定神合，則氣入於關，以轆轤河車挽之，升於昆侖，朝於金闕，入於丹田，即復成丹矣。

總之呢，還精補腦只是初步，真陰真陽上升到泥丸，再經由面部、咽喉胸，下降到丹田之中，使它們和合一團。如此循環往復，真陰真陽在丹田中不斷充盈，久而久之，就會凝結為丹。這個丹到底是有形有質，還是無形無質呢？查了好多書，答案不一，不敢妄言。但是顯然這個小東西煉成之後，就會沿著人體周身運行，消除一切疾病以及邪魅的侵襲，使人髮黑齒堅，返老還童，進而飛升成仙。

在魏晉南北朝，隨著還精補腦這一學說的深入人心，這種「性」的儀式轉化為個人修煉中的「陰」與「陽」或「鉛」與「汞」，使得宗教儀式與技術轉移到內在的個人身體之中，早期的房中術如「合氣」、「過度儀」也就慢慢地式微了。比如《上清黃庭內景經》就說：「若數行交接，漏泄施寫者，則氣穢神亡，精靈枯竭。」而應該選擇煉氣之道，「使腦宮填滿，玄精不泄」。

不過還精補腦這個發明在具體運用上，道教內部是有不同意見的。比如金元時期的全真教創始人之一、北派的丘處機說：「夫男陽也，屬火；女陰也，屬水。唯陰能消陽，水能克火，故學道人首戒乎色。」這一派認為戒色才能修得純陽之體，認為陰陽和合確實是內丹修煉的必要前提，但並不是要靠做愛，因為人自身便有陰氣，它表現為腎水，在交合時作為精液泄出。所以只要在修煉之時，讓心中的陽氣入於丹田，使它與腎水相混合，當腎水為陽氣所氣化時，也就完成了煉精化氣。

而另一派如天師道、太平道以及全真教南派等，則認為男人身上的陰陽之氣，實在是太少了，如果不行採補之術，即便能煉成內丹，也是效果不佳，更不用說修煉到長生成仙的境界。

兩派到底誰比較高明一些呢？我們還是來看一個道士們編出來的故事——

兩個道士相遇，各自誇耀自己的道術才是正宗，甲方是丹鼎派，乙方是學採戰的。兩人就打賭看看各自誰能在入定之中，將桃花林的桃花折一枝回來。當兩人睜開眼睛的時候，乙方道士手持一枝桃花，而甲方手中則空空如也。

哪一方是勝者呢？讀者們不妨猜猜看。

兩本書，一個時代——葛洪與陶弘景

秦漢魏晉南北朝時期的房中理念快講完了，還有什麼遺漏下來沒寫的呢？作者想來想去，發現有兩本書是說什麼也繞不過去的。第一呢，是葛洪的《抱朴子》，第二個則是陶弘景的《養性延年錄》。

先說這位葛洪，他可是大大的有名，相當於達文西之類的全能型人物。他是江蘇句容人，生於江南士臣豪族家庭。作為世家子弟，二十歲時就在吳興太守顧秘的部下做將兵都尉，很快因作戰有功，被封為伏波將軍。

葛洪年輕時以儒學名噪一時，然而他很快地沉迷於道學，專好神仙導養之法，深入研究道教經典。後來他輾轉江南各地，最後來到廣州，向南海太守鮑靚學習神仙方術。鮑靚因為欣賞他，不僅將生平之所學悉心傳授，還把自己的女兒嫁給了葛洪。出師之後，葛洪返回故里，潛心著述，由於瘟疫流行，他還學習了醫術。十餘年後，他終於寫成了《抱朴子．內篇》二十卷、《抱朴子．外篇》五十卷、醫書《玉函方》一百卷及《肘後備急方》三卷，還有《神仙傳》十卷，所以他還有他老婆鮑仙姑最後都成了中國神仙譜系上重要的神仙。他曾撰寫過《玉房秘術》一卷，《新店書．藝文志》也載錄《葛氏房中秘術》一卷，可惜都已經失傳了。

《抱朴子．內篇》專門談的是「神仙方藥，鬼怪變化，養生延年，禳邪卻禍之事」。這本書在中國煉丹術史上很有名，而且後來影響到阿拉伯人，他們搞出了個煉金術出來；而阿拉伯人的煉金術又影響了西方，最終弄來弄去的弄出現代科學中很獨立的一門——化學。當然，這些咱們都不說了，畢竟這本書主要談的是「性學與國學」。

魏晉這個時代上層社會的性關係是比較混亂的，婚前性行為、婚外戀、離婚再嫁都比較普遍。總之按照正人君子的說法，是和它的時代一樣的亂亂亂。

像葛洪的一個朋友干寶，也就是寫《搜神記》出名的那位就說：「元康中，貴遊子弟相與為散髮裸身之飲，對弄婢妾。逆之者傷好，非之者負譏。」

又如張華〈輕薄篇〉所述西晉貴族之放蕩——

……

盤案互交錯，坐席咸喧嘩。簪珥或墮落，冠冕皆傾斜。

酣飲終日夜，明燈繼朝霞。絕纓尚不尤，安能復顧它？

留連彌信宿，此歡難可過。……

而葛洪本人在《抱朴子．外篇》也描述過這類現象——

攜手連袂，以邀以集，入他堂室，觀人婦女，指玷修短，評論美醜。……其或妄膢藏避不及，至搜索隱僻，就而引曳，亦怪事也。……於是要呼憒雜，入室視妻，促膝之狹坐，交杯觴於咫尺，弦歌淫冶之音曲，以言兆文君之動心。載號載呶，謔戲醜褻，窮鄙極黷，爾乃笑亂男女之大節，蹈〈相鼠〉[9]之無儀。

葛洪本人作為貴族中的一員，又學道求仙，所以不可能不對房中術進行研究，但是他對房中術的整體看法卻是持保留意見的，他認為道教徒片面地誇大房中術的作用，以作為長壽甚至登仙的捷徑是不對的。

或曰：「聞房中之事，能盡其道者，可單行至神仙，並可以移災解罪，轉禍為福，居官變遷，商賈倍利，信乎？」

抱朴子（葛洪）曰：「此皆巫書妖妄過差之言，由於好事者增加潤色，至今失實。」

直接把這類書稱之為「巫書妖妄過差之言」，可謂是態度鮮明了。他在《抱朴子．養生論》中就說，善養生者，先除六害，然後可以延駐於百年。這「六害」就是名利、聲色、貨財、滋味、花言巧語和非分之想以及嫉妒。後世有很多房中術專家總是宣揚葛洪的主張，卻不知道葛洪本人對房中術並沒有什麼好感。

當然，反感並不等於不重視，在《抱朴子．內篇》中他對當時流傳過的各種房中著作，儘量加以搜羅和載錄，計有《玄女經》、《子都經》、《容成經》、《彭祖經》、《人內經》、《元陽子經》、《天門經》、《六陰玉女經》、《內室經》、《陳赦經》等多達十餘種房中專著。

對於這些資料的引用和整理，他的著眼點主要是放在養生和醫學兩個方面。

從養生的角度他認為，「人復不可都絕陰陽，陰陽不交，則坐致壅閼之病，故幽閉怨曠，多病而不壽也。」又說：「夫陰陽之術，高可以治小疾，低可以免虛耗而已。」他提倡節制房欲，《抱朴子》中肯定地指出，「善求其術者，則能卻走馬（阻止泄精）以補之道，如導引、吸氣、握固不射等等。」

而從醫學的角度，他第一個發明了性生活的周期表，當然了，不是現在的什麼前七後八之後的，而是根據不同年齡，分別列出「二十者，四日一泄；三十者，八日一泄；四十者，十六日一泄；五十者，二十日一泄；六十者，閉精勿泄」等。他抨擊當時房中術專家認為房事可以「移災解罪」、「居室高遷」等無所不能的說法，但是自己呢，也認為各種房中有各種禁忌。倒是在求子時間上，他的說法還算科學，指出「交合當避丙丁日，及弦望晦朔、大風、大雨、大霧、大寒、大暑、雷電霹靂，天地晦冥，日月薄蝕，虹霓地動」。

陶弘景是南朝齊梁之間的人物，和葛洪一樣，也做過將軍，後來隱居句容茅山，開創了道教茅山宗，茅山宗到了唐宋時期益盛，極得唐宗室的尊崇。唐代社會中最顯要的道士多來自茅山，當時有「茅山為天下道學所宗」之譽。在中國道教史上，茅山宗與龍虎宗、閣皂宗鼎立為符籙三宗之一，影響力一直到近代才衰微下去。陶弘景作為茅山宗的開派祖師爺，當然很有兩把刷子，概括來說，就是博學多藝，著作很多，有《真誥》、《效驗方》、《太清草木集要》、《太清玉石丹藥要集》、《藥總訣》、《肘後百一方》、《本草經集注》等。而且他還是氣功大師，現在修煉氣功的六字訣，就是他發明的。

他的《養性延命錄》涉及房中術是一點也不稀奇，應該說不涉及才是稀奇。其主旨思想和葛洪很相近，就是凡養生在於愛精，「凡精少則病，精盡則死，不可不忍，不可不慎」。

---

9 出自《詩經．鄘風》：是一首諷刺無恥的貴族的詩，反映了人民對他們的憎恨和鄙視。

他還有一個有趣的比喻，就是把人的生命看作一盞燈，生命的源泉是油。燈裡的油是有限的，如果把燈點得很亮，油很快用完了。那麼怎麼辦呢？他提出一個方案，就是「小炷留燈」，就是人啊，什麼事情都不要太積極了，慢慢來，包括房中術也是一樣的。他認為人體的強弱、壽命的長短主要不在於「天」，而在「人」，天道自然，人道自己。又引彭祖語說：「凡男不可無女，女不可無男，若孤獨而思交接者，損人壽，生百病，鬼魅因之共交，失精而一當百。」什麼是鬼魅交呢？其實也就是今天的夢遺。當然今天大家都知道這是沒有道理的說法了。

值得注意的是，他還具體指出陽痿者如何在女性的幫助下重振雄風——「陽道垂弱欲以御女者，先搖動令其強迫，但徐徐接之；令得陰氣，陰氣推之，須臾自強，強而用之，務令遲疏。」

至於其他方面，也就沒有啥新奇的思想，很多內容和《抱朴子》幾乎只是文字不同而已。當然了，畢竟中國古代的圖書有個特徵就是彼此互相抄來抄去的，誰也不在乎什麼原創之類，大家的目的主要在於知識的傳播，對於著作權反而不是很看重。

從兩本書中大同小異的內容可以看出，當時的上流貴族社會還是很喜歡這兩本書的，畢竟，沒有房中術的指導，一個家庭的男主人是很難應付那麼多女人的。所以南朝大詩人徐陵在給自己友人的書信中就公然說——

> 仰披華翰，甚慰翹結，承歸來天目得肆閒居，差有弄玉之俱仙，非無孟光之同隱，優游俯仰，極素女之經文，升降盈虛，盡軒皇之圖藝，雖復考盤在阿，不為獨宿。

這一段文字的大意是，閱讀你的大函，我讀後甚感安慰。你已回到天目山悠閒地生活了，現在你有如同弄玉這樣的女子和你過神仙般的歲月，又有像孟光這樣的妻子陪你過退休之年，你們可以按素女的文字指導、黃帝所示的性交圖示去翻騰上下、自由自在地以各種姿勢過性生活。雖然你住在草寮中，但不孤眠獨宿，這不是很好嗎？

從這段文字看，那時不僅房中術的圖書流行了，而且這種書往往還配上插圖。雖然現在沒發現魏晉時代春宮圖的實物，不過想來，當時有之不意外，沒有才是稀奇。

◉儀制

秦宮漢闕都作土——秦漢的宮廷制度

西元前二二一年，秦始皇嬴政掃平六國。他是中國第一位皇帝，也是皇帝尊號的創立者。塵埃既然已經落定，中國歷史上第一個強大的王朝出現了，在秦始皇強有力的指導推動下，一個奇異而龐大的帝國建立起來。他使中國進入了中央集權帝制時代，也使中國第一次完成了政治上的統一，形成了「車同軌，書同文」的局面。

然而這位帝王不僅僅滿足於此，他在統一六國期間，每滅一國，便要將該國的宮殿建築在

清代畫家袁耀筆下的阿房宮

咸陽附近仿造一遍，而在統一之後，又開始在渭河南岸修建後世皆知的阿房宮（亦名朝宮，阿房為其前殿名），每年動用民工七十多萬人。而根據統計，當時全國總人口不過兩千萬。於是，整個關中地區，自渭河以北，雍門以東，直到涇河一帶全部都是宮殿群。

秦王朝在滅六國時，從各國擄掠來的美女多達萬餘人，《三輔舊事》記載，「始皇……表中外殿觀百四十五，後宮列女萬餘人，氣上沖於天。」

如何管理如此龐大的美女群呢？史學家范曄在《後漢書．皇后紀第十》上就說：「秦並天下，多自驕大，宮備七國（始皇破六國以諸侯及秦所得美人充入後宮），爵列八品（正嫡稱皇后，妾皆稱夫人，又有美人、良人、八子、七子、長使、少使之號）。」

這些美麗的女子「一肌一容，盡態極妍，縵立遠視，而望幸焉。有不得見者三十六年」（杜牧〈阿房宮賦〉）。然而更可悲的是，在秦始皇死後，她們絕大部分都被迫殉葬了。

秦始皇死後，繼承帝國的秦二世胡亥繼續推行暴政，用盡民力，結果終於爆發了陳勝、吳廣領導的農民大起義。在推翻了秦王朝的統治之後，經過楚漢的紛爭，最後劉邦打敗了項羽，建立了漢朝。

漢王朝雖然延續了秦王朝的後宮制度，「漢興因秦之稱號，帝母稱皇太后，祖母稱太皇太后，嫡稱皇后，妾皆稱夫人，又有美人、良人、八子、七子、長使、少使之號焉」（班固《漢書．外篇傳》），然而因為有前車之鑒，所以開國初期的帝王都頗為儉省，奉行黃老政治，與民生息，經過文景之治，漢王朝的國力大為增強。根據《漢書．地理卷》的記載，西元二年西漢的戶數為一千二百三十五萬，人口數為五千七百六十七萬。

在漢武帝秉政時期，這位雄才大略又窮奢極欲的君主開始趕超秦王朝，嬪妃級別增至十四等。而相應地，人數也從秦始皇的上萬人增加到了漢武帝時期的一萬八千人。《四庫全書》中的《漢武故事》裡記載道：

元朔中，上起明光宮，發燕趙美人二千人充之，率皆十五以上，二十以下，年滿三十者出嫁之。掖庭總籍，凡諸宮美女萬有八千。建章、未央、長安三宮，皆輦道相屬。幸使宦者、婦人分屬，或以為僕射，大者領四五百，小者領一二百人。常被幸御者，輒住其籍，增其俸，秩比六百石。宮人既多，亟被幸者數年一再遇。挾婦人媚術者甚眾。選三百人常從幸郡、國，載之後車，車上同輦者十六人，充數恆使滿，皆自然美麗，不假粉白黛綠。侍尚衣軒者亦如之。嘗自言：「能三日不食，不能一日無婦人。」善行道養術，故體常壯悅。其應有子者，皆記其時日，賜金千斤。孕者拜爵為容華，充侍衣之屬。

為了容納如此眾多的美女，漢王朝首都長安城的未央宮宮殿群從漢開國就開始興建。這一浩大的工程由蕭何主持，沿著龍首山（今陝西省渭南市大荔縣）山勢建設了前殿。其後建成了位於北部的未央宮宮殿群。整個宮殿群繞一周大約二十二里又九十五步五尺，街道繞一周大約七十里。聳立在臺基之上的宮殿達四十三座，其中三十二座宮殿在前，而另外十一座宮殿在後。宮殿群之中總共開鑿和引入了十三條河水，還壘就了小山六座，其中有一條河流和一座小山則在後宮，設了九十五處大門。

以至於當劉邦從前線打仗回來，看見宮殿修得如此巍峨壯麗時，非常生氣，責問蕭何道：「天下匈匈，勞苦數歲，成敗未可知，是何治宮室過度也？」

蕭何振振有詞地回答：「天下方未定，固可因以就宮室。且夫天子以四海為家，非令壯麗亡（無）以重威，且亡（無）令後世有以加也！」

其後，對於未央宮歷代都有擴充，然而隨著漢王朝的日益腐朽和沒落，西元八年，外戚王莽代漢稱帝，西元二十三年，農民起義軍攻入長安，長安遭到破壞。西元二十五年，劉秀建立東漢，定都洛陽。東漢末年董卓挾獻帝遷都長安，其後董卓敗亡，其部將在長安城內廝殺，長安城幾成廢墟。

無情最是帝王家——立子殺母的惡法

漢武帝是個暴君，除了將中國的史學之父司馬遷處以宮刑之外，還是「立子殺母」這一惡法的始作俑者。

有一次，漢武帝巡狩經過河間的時候，望氣者說，雲氣顯示，此地有奇女子。漢武帝於是急令使者尋訪，找到了鉤弋夫人。因為過於緊張，這位美女面見皇帝時兩手握拳，漢武帝於是親自為她展開指掌，號曰「拳夫人」。太始三年（西元前九十四年），這位備受寵幸的美女生下了皇子劉弗陵，也就是以後的漢昭帝。據說是懷孕十四個月才臨產。漢武帝說，聽說古時帝堯十四個月才出生，今鉤弋子也是同樣，於是宣布將劉弗陵出生的宮殿宮門改名為「堯母門」。

此時的漢武帝已經垂垂老矣，他見劉弗陵長得健康聰明，因此常說「這孩子像我」，有意立他為繼承人。但是又擔心兒子年幼，必然會使得女主專恣，擾亂國家政治。因為漢武帝自身是十六歲繼位，上有威望頗重之太皇太后竇太后掣肘，處處志不得伸，自己形同傀儡，深受女主垂簾之害，因此深惡痛絕之，更不願己之子孫蹈己之覆轍。在經過一段時間的思索之後，他召畫工畫周公負成王圖，於是讓左右群臣知道了他有意立少子為繼承人的心跡。然後找個由頭，嚴厲斥責鉤弋夫人。夫人脫簪珥叩頭請罪，漢武帝仍然命令將其押送掖庭獄懲處。夫人回頭還顧，漢武帝則厲聲呵斥道，快走，妳別想再活著了！當日，鉤弋夫人即死於雲陽宮。

其後漢武帝閒居，問左右說，對這件事，人們有什麼議論嗎？左右答道，人們說，將立其子，為什麼要除去其母呢？漢武帝說，是啊，這確實是一般人不能明白的。往古國家之所以變亂，往往是由於主少母壯，女主獨居驕蹇，淫亂自恣，沒有什麼力量可以制約。你們沒有聽說過呂后事件嗎？

對此，《史記》就記載了一位學者褚少孫的評論，漢武帝的這種做法，可以稱為「賢聖」，「昭然遠見，為後世計慮，固非淺聞愚儒之所及也」。後人定其謚號為「武」，豈是沒有根據的！

而後世的人對漢武帝的這種做法顯然是看法不一——「違天理而拂人情」（金王若虛〈君事實辨〉）；「婦人陰類狠淫俱，故德元勳半坐誅。鉤弋後來非命死，茂陵剛斷古今無」（元張養浩〈呂后〉）；「武帝此舉，殘忍不經，殊非正家裕後之義」（明張寧《讀史錄·武帝》）。明人張燧在《千百年眼》則指出，「自古帝王遺命多矣，要未有如漢武之奇者。」總之，所謂「昭然遠見，為後世計慮」的帝王心態，足見政治人出於政治目的，可以使個人情感嚴重異化，變得如此的凶狠和殘忍。

這一做法在以後的歷朝歷代並沒有被仿效，包括漢武帝的子孫也沒有跟著做的。倒是到了南北朝時期，北魏的道武帝拓跋珪立兒子拓跋嗣為太子時，便將他的生母給殺了。和劉弗陵不同的是，拓跋嗣此時已經長大成人了。之後，拓跋珪還將兒子拓跋嗣叫過來訓話：「昔漢武帝將立其子而殺其母，不令婦人參與國政，使外家為亂。汝當繼統，故吾遠同漢武，為長久之計。」

然而，拓跋嗣痛哭不已，拓跋珪被激怒了，讓人將拓跋嗣架走，後來還差點殺掉他。不久，宮廷內亂，拓跋珪被自己的兒子清河王拓跋紹給殺了。

拓跋嗣殺了弒父篡位的拓跋紹，登基為帝之後，由於親歷了皇權的生死相爭，只好大加追封生母，卻將立子殺母的「祖宗家法」給保留了下來。因此在北魏的宮廷裡，美女們盼望的是自己生個女兒，或者生了兒子也不願意讓他被立為太子。

這一惡法一直被保留到了宣武帝元恪繼位之後，他寵信的一個小老婆胡充華居然天天求神拜佛希望能為皇帝老兒生個兒子，並希望自己的兒子能當上太子。後宮的姊妹們都笑她是發瘋。沒想到她真的懷孕了，生下了未來的皇帝元詡。

元恪動了仁心，廢除了立子殺母的家法。六年之後，元恪因酒色無度駕崩，元詡登基，胡充華母以子貴，垂簾聽政，把整個國事搞得一團糟。這還不算，她天天在皇宮裡頭肆無忌憚地偷人養漢，比如禁軍中有一位叫做楊白花的將領，此人長得容貌魁偉，又是名將之後，便在她的強迫下成了男寵。不過後來楊白花害怕遭受滅族之災，便帶著自己的手下跑到梁國去了。胡太后為之追思不已，親手作了一首〈楊白花歌辭〉：

陽春二三月，楊柳齊作花。春風一夜入閨闥，楊花飄蕩落南家。含情出戶腳無力，拾得楊花淚沾臆。秋去春來雙燕子，願含楊花入巢裡。

小皇帝元詡知道之後，整天對老娘沒好臉色，胡太后於是毒死了自己的親生兒子元詡，另立一位皇子繼位。

很快，胡太后激起了六鎮兵變，手擁重兵的將軍爾朱榮殺進皇宮，這位胡太后本人還有滿朝文武都被扔到黃河裡頭去餵魚了。

黨錮之禍——秦漢時期的宦官之禍

在秦漢時期，中國的宦官制度表現出無與倫比的延續性，並逐步得到加強。

始創秦帝國的秦始皇經過嫪毒的叛亂之後，從內心深處並不是很喜歡宦官。根據《史記》記載，有一次，秦始皇到梁山宮，從山上見丞相李斯車騎甚眾，心中很不高興。有宦官便把這事告訴了李斯，李斯一聽之下，馬上把自己的車騎數量減少。秦始皇知道後，認為是身邊的宦官洩露了他的處所，便把當時在身邊的宦官全都殺了。

西漢初鑒於秦朝宦官趙高的亂政禍國，對宦官十分警惕，雖然皇帝的後宮用宦官，但是辦公場所則由郎官們日夜守衛，皇宮中的中常侍則由有文化的士人擔任，他們除了為皇帝起草文件之外，還負責照顧皇帝的其他事宜，例如拿唾壺等。在舉行朝見等儀式時，則是由聲音洪亮的謁者而非宦官主持。「柔仁好儒」的漢元帝繼位之後，才重新開始任用宦官任中常侍。

漢元帝時期是西漢由盛而衰的分水嶺，所謂「元、成、哀、平，一代不如一代」。其時的朝廷之中，已經形成了外戚、儒臣、宦官三種勢力，然而漢元帝始終依賴宦官，他的邏輯是宦官沒有家室，形不成盤根錯節的龐大集團。這就使得善於順風承旨、阿諛奉承的宦官石顯得以與和外戚史丹、許嘉勾結在一起，還拉攏了一批見風使舵的儒臣匡衡、貢禹、五鹿充宗等人，結成朋黨。結果是漢元帝大權旁落，授柄於人，連自己的師傅蕭望之都保不住，蕭在石顯的壓迫下自殺了。以至於在《資治通鑒》很少發議論的司馬光都忍不住慨嘆，「甚矣，孝元之為君，易欺而難悟也。」

漢元帝執政期間，可以說是開了西漢末年宦官專政的惡例。不過西漢王朝的沒落主要還是因為外戚擅權。就西漢王朝的歷史而言，宦官的危險性其實是比較小的。雖然在此期間宦官人數急劇增加，機構的設置也漸趨系統化和正規化，但從制度上來說，宦官仍屬少府，要受到大臣的監督。

光武帝建立東漢後，「雖置三公，事歸臺閣」，於是「三公」成了空頭銜，反而是尚書權重職卑。為了更緊密地把權力掌握在自己的手中，內官職屬全部由宦官擔任，宦官可以和廷臣同樣享有俸祿、食邑、食租。

「宦官」一詞亦正式見於《後漢書》，「中興之初，宦官悉用閹人，不複雜調他士」，這就使得宦官可以操弄朝政。從此宦官正式有了自己的權力體系，成為一種特殊的、干預國家政治的勢力。

到了東漢末年，很多皇帝都是年幼即位，由年輕的太后臨朝。根據禮教，太后不便接觸大臣，自然而然地重用她娘家父兄。很快地，東漢的外戚的權勢比諸西漢的外戚更大，當他們作惡起來，也更為猛烈。他們不把皇帝放在眼中，正如仲長統指出的，「親其黨類，用其私人，內充京師，外布列郡，顛倒賢愚，貿易選舉」。皇帝一成年，自然力圖擺脫外戚的挾持。此時，他們所能信靠的往往只能是身邊的宦官。

比如漢和帝十歲即位，竇太后臨朝，立即提拔自己的兄長竇憲為大將軍，位加官侍中，一門親幸，厚加賞賜。當他們全盛之時，朝臣震懾，日常唯有望風承旨。這就讓竇氏一門忘乎所以，作惡多端，《後漢書》上說：「奴客緹騎，依倚形勢，侵陵小人，強奪財貨，篡取罪人，妻略婦女。商賈閉塞，如避寇仇。有司畏懦，莫敢舉奏。」

當漢和帝慢慢懂事後，發現自己完全被竇氏隔絕在深宮之中，於是他密結掌握部分禁軍的中常侍鄭眾，一舉扳倒了整個竇氏集團。鄭眾從此參與政事，並受封為鄛鄉侯。可以說，東漢的宦官用權是從鄭眾開始的。

不過漢和帝掌權沒多久，才二十七歲就病逝了，於是他的兒子劉隆（殤帝）登基，不過這個小孩子第二年就死掉了。這時候，掌握朝政的是鄧太后和她的兄長鄧騭，她們立和帝的侄子、十三歲的劉祜為皇帝，是為安帝。鄧太后是一位很有作為的母后，但是安帝在她的控制下對鄧氏一門極為反感，等到鄧太后死後，安帝一親政，鄧氏一門在進退失據中成了謀逆的大族。安帝在清除鄧氏勢力的時候，也重用了宦官。

然而這位安帝也只活了三十二歲。他的皇后閻氏貪戀權位，明明有個十一歲的太子劉保，卻和自己兄弟商議迎立了小皇帝劉懿，但是這位小皇帝卻不到一年就死了。在這個混亂的時局，宦官孫程等十八人聚謀，擁立廢太子劉保（順帝）即位。到了這時，宦官的聲勢如日中天，孫程等皆得封侯，宦官的權力大到可以隨時進奏，甚至假傳聖旨。

順帝不能離開宦官，但是也想朝中有制衡宦官的勢力，於是他延續傳統，大力扶持自己的皇后梁氏家門。梁商和他的兒子冀先後被拜為大將軍。當順帝死後，梁冀為了便於把持朝政，先後擁立的皇帝年歲都極小，沖帝劉炳（兩歲）、質帝劉纘（八歲）、桓帝劉志（十五歲）。其中質帝僅僅說了梁冀一句，「此跋扈將軍也！」便被他毒死。

當梁冀全盛之時，「威行內外，百僚側目，莫敢違命」，連天子都要看他的臉色行事，同時「機事大小，莫不諮決之」。在他專權的二十四年裡，梁氏一門計有七侯、三皇后、六貴人、兩大將軍、卿相尹校共五十七人。

梁冀的罪惡盈天，為了維持自己的威權，他在朝堂實行恐怖主義，以至於得罪他的人，為了不連累自己的家人都不敢到別的地方去死，而是在他的府門前服毒自殺。

桓帝小心翼翼地與宦官單超等人密謀，終於得以除掉梁冀。為了酬庸這些有功之臣，桓帝對參與謀誅梁冀有功的五位宦官單超、徐璜、具瑗、左悺、唐衡，同日封侯。「自是權歸宦官，朝廷日亂。」東漢的宦官們於是「手握王爵，口含天憲」。

而到靈帝登基的時候，他對宦官更為崇信，常說：「張常侍（張讓）是我公，趙常侍（趙忠）是我母。」他們為了清除異己勢力，無所不用其極，既誅殺外戚，也用殘暴的手段製造兩次黨錮之禍。由此，宦官的權勢更是一手遮天，以至於到了「漁食百姓，窮破天下」的地步，最後甚至激起了黃巾民變，埋葬了整個東漢帝國。

東漢時期的宦官作惡其實是因為中央集權模式在越來越發達之後，表面上看起來他們似乎無所不能，干預察舉、涉足司法、典領禁軍，然而這些其實是因為權力更高度地集中於皇帝之手造成的。

《何進傳》上說：當外戚何進謀誅宦官之時，宦官張讓、段珪等馬上作出因應，他們詐以太后的命令召喚何進，將何進擊斬於嘉德殿。這種自擬詔書、舉兵作亂的行為表明，在此時，宦官作為一個獨立的政治集團，已經完全成熟。

總之，考察中國歷史可以發現，皇權越不受到制約，則宦官為害越大。到最後連皇帝的權力也被架空，自身也成為皇權高度集中的犧牲品。

曹丕篡奪了東漢王朝之後，有鑒於漢末宦官的危害，規定宦官不得出任外朝官職，同時恢復西漢制度，內廷官衙的最高官職由士人出任。兩晉時期基本上繼承了曹魏制度。進入南朝，士族勢力大盛，宦官自然更是無所作為。倒是與南朝並舉的北魏帝國，宦官不僅擁有高官厚爵，有些甚至專擅政務。比較出名的有宗愛和劉騰等人，其權勢甚至到了「坐召公卿，內外憚之」的地步。此外干預軍務，出任地方長官，支援大型工程也是北魏宦官一大特色。

從某些方面看，北魏宦官把宦官制度往前大大推進了一步，開啟了唐代宦官制度、宦官擅政之先河。

從牛郎織女說開去——兩漢時期的婚姻

《詩經．小雅．大東》上說：「維天有漢，監亦有光。跂彼織女，終日七襄。雖則七襄，不成報章。睆彼牽牛，不以服箱。」這裡的織女和牽牛是純友誼，還沒有發生性關係。然而到了漢代，出現了古詩〈迢迢牽牛星〉：

迢迢牽牛星，皎皎河漢女。纖纖擢素手，札札弄機杼。
終日不成章，泣涕零如雨。河漢清且淺，相去復幾許？
盈盈一水間，脈脈不得語。

以牽牛、織女為主人公，描繪了二人兩情相悅、相戀到不能長相廝守的愛情。河漢既清又淺更不寬闊，為什麼會成為牛郎織女不可逾越的障礙？作者沒說，但是我們倒不妨結合一下兩漢婚姻的實際瞎掰一下。

《荊楚歲時記》是南朝梁代宗懔撰寫的一部記載荊楚歲時習俗的著作，也是保存到現在的我國最早的一部專門記載古代歲時節令的專著。書上記載，「嘗見道書云：牽牛娶織女，取天帝二萬錢下禮，久而不還，被驅在營室。」也就是說，牛郎織女悲劇的原因，在於牛郎要娶天帝之女，門戶並不相配，所以付出了沉重的代價。

有人說話了，牛郎織女不過是神話傳說，作者你就瞎掰吧。那麼我就再瞎掰一個不是神話的小故事，是讀過點書的人都知道的小故事——司馬相如與卓文君的故事。

司馬相如，蜀郡成都人，字長卿，少時好讀書、擊劍，是西漢大辭賦家。他雖然做過小官，但是個窮鬼，在全國各地遊蕩，到處打秋風，打著打著就打到了好朋友臨邛縣令王吉的頭上。

臨邛縣有一富豪卓王孫，那可不是一般的富啊，單單養的奴僕就有八百多個。司馬相如一聽說卓王孫有一位才貌雙全的女兒，叫做卓文君，但不幸未聘夫死，成了望門新寡，不禁哈哈大笑。為什麼大笑呢？因為這可是千載難逢的當小白臉的機會啊。

於是司馬相如就打扮得漂漂亮亮，去參加卓王孫家的宴會。席間，王吉介紹相如精通琴藝（現代的小白臉都換成是吉他了），請他彈奏，相如就當眾彈了兩首琴曲，挑動得文君春心大動，坐立不安，因此當司馬相如讓文君的婢女打通關節，得以私底下約會卓文君時，一對男女一拍即合，當即約定私奔。

但是小白臉要的是錢，又不是美人。所以在司馬相如一再哭窮的表演下，卓文君又和司馬相如回到老家，想要老爸分財產。這可把卓王孫氣壞了，放下狠話，「女不材，我不忍殺，一錢不分也！」

司馬相如一看老頭子不好對付，眉頭一皺，計上心頭，就快快樂樂地帶著卓文君回到臨邛，開起了一個小酒館，讓卓文君當坐檯小姐，有沒有「三陪」我們不知道，總之按照《史記》的說法是，文君當壚[10]。

卓王孫一下就暈了，養了這麼大的女兒，居然在他眼皮底下「當壚」！沒辦法，只好給她隨嫁物品是「僮百人，錢百萬，及嫁時衣被財物」。

關於司馬相如和卓文君的結局，《西京雜記》這樣記載：

> 文君面容姣好，眉色如望遠山，臉際常若芙蓉，肌膚柔滑如脂。十七而寡，為人放誕風流，故閱長卿之才而越禮也。長卿素有消渴疾，及還成都，悅文君之色，遂以發痼疾，卒以此疾之死。文君為誄，傳與世。

10 賣酒之意。亦作「當盧」或「當罏」。

總之，這對男女沒有什麼好下場。

卓王孫給自己女兒隨嫁物品那麼多，其實就是因為門第觀念開始興起了，門第越高則嫁娶成本越高。我們看漢制規定，「聘皇后黃金兩萬斤，為錢二萬萬。」「為錢二萬萬」是什麼概念呢？就是相對於中產之家兩萬戶的財產。所以《潛夫論．浮侈篇》上說：「一饗之所費，破終身之本業。」以至於即便是在國家機關上班的「公務員」有時候也承擔不起。

東漢有一個小官展允，他是個議曹史，收入有限，到了五十歲都沒有辦法結婚，後來在他的上司和同僚的幫助下，方才勉強湊足聘金。「國家公務員」都要熬到五十歲，平頭老百姓就更沒有指望了。聘金多了，婚禮的排場自然也變大了，所以《潛夫論》就抨擊道：「富貴嫁娶，車軿各十，騎奴侍僮夾轂節引，富者競欲相過，貧者恥不逮及。」

所以我們只要想到這一層，便會覺得牛郎要等上一年才和老婆相會一次，實際上也沒有什麼好大驚小怪的了。人間如此，何況天上？

不過老百姓總是很會安慰自己的，牛郎搞不定織女，那就創造出董永來搞定七仙女吧，《法苑珠林》卷六十二就引劉向的《孝子傳》說：

> 董永者，少偏怙，與父居，乃肆力田畝，鹿車載父自隨。父終，自賣與富公以供喪事。道逢一女，呼與語云：「願為君妻。」遂俱至富公。富公曰：「女為誰？」答曰：「永妻，欲助償債。」公曰：「汝織三百匹，遣汝。」一句乃畢。出門謂永曰：「我天女也，天令我助子償人債耳。」語畢，忽然不知所在。

讓天帝女兒免費上門服務，這當然是很阿Q的精神了。

昏如妻禮——兩漢的「小妻」制

《白虎通義》上說：「妻，齊也，與夫齊體。」那麼妻子地位是很高的。雖然漢朝時期三綱五常已經發明出來了，現代人都覺得是對女人的鄙視，其實恰恰是保證了妻子的地位。那麼「妾」呢，則是財產，「妾則接也」，「奔者為妾」，其實都是指出「妾」並不歸於家庭親屬之列，而是財產，是買來的，是男人的性欲工具。

總之，古代中國人的婚姻是有妻有妾的，這個大家都知道。今天我就說一個大家或許瞭解不多的，就是在兩漢和魏晉時期，除了妻妾之外，還有「小妻」（《漢書》上關於小妻還有很多別的稱呼，比如「下妻」、「旁妻」、「側妻」、「偏妻」等等）。

我們看看長沙出土的走馬樓簡，關於「小妻」的記載有幾十條，如「小妻姑年廿七在本縣」，「東男弟狗年二歲，鼠小妻，年卅五」。

相對於「小妻」，自然有「大妻」了，「橋大妻曲年卅八，橋小妻仕年卅」，「令大妻思年卅五在本縣，嘉禾三年二月五日物故」。

那麼這個「小妻」，到底是什麼東東？《說文．女部》說：「嫛，奢也，一曰小妻也。」段玉裁注：「『小妻』字史多有之，見《漢書．枚乘傳》、《外戚傳》、《佞幸傳》、《後漢書．陽球傳》。漢時名之不正者。」

有些研究者認為，小妻其實就是妾，唐代李賢注解《後漢書》就說：「小妻，妾也。」清人梁章鉅《稱謂錄》卷五也將「小妻」列入「妾」。其實這是不對的。

宋人車垓《內外服制通釋》卷三寫道：「戶令：妻犯七出內惡疾，而夫不忍離棄者，明聽娶妾，昏如妻禮。故今俗呼為『小妻』也。」要迎娶小妻，是要舉行婚禮的，而且排場和娶妻是一樣的。《禮記．內則》說：「聘則為妻，奔則為妾。」所以呢，這個小妻啊，是個小夫人，也是有獨立人格的。

不信我們看《漢書》卷五一《枚皋傳》說：「（枚）乘在梁時，取皋母為小妻。乘之東歸也，皋母不肯隨乘，乘怒，分皋數千錢，留與母居。」枚乘的小妻明確地拒絕隨他東歸，枚乘還要給她留下數千錢的安家費，可見小妻在生活中是有一定自主性的，而且丈夫也要負擔起自己的義務。

我們再來看看西元前八年西漢朝廷內部關於一場大逆案審判的爭論。定陵侯淳于長因大逆不道而被判連坐。這件事情的起因正是淳于長娶的一個小妻是被廢的許皇后的姊姊許孊，這個許皇后因為嫉妒趙飛燕姊妹得寵而想要借旁門左道詛咒她們，結果被發現而被廢。許皇后被廢之後，天天就想著復位，因為許孊能出入宮禁，因此許皇后前後給姊姊許孊很多錢，拜託她要淳于長向皇上進言。結果淳于長拿了錢還不辦事，還將許皇后要他轉交給漢成帝的書信拿出來戲侮。這件事情後來傳到皇太后、皇帝那裡，自然是一件天大的罪過，殺頭的罪過，按照現代古裝連續劇的說法，是要滿門抄斬。

淳于長在案發之前已經有不好的預感，而將自己的妻妾六人都休了，有的已重新嫁人了（其中至少有一個名叫迺始的是小妻），因此如何處分這些已經被休的女人就成了大臣們爭議的焦點。丞相翟方進、大司空武議等根據漢律「犯法者各以法時律令論之」，認為淳于長犯罪時，其妻尚未被休棄，「已有當坐之罪，與身犯法無異。後及棄去，於法無以解」。

孔子的後裔孔光是當時著名的法律專家，也出席了這次審判，他則認為治大逆不道罪，之所以父母妻子同產無少長皆棄市，是為了告誡後來的犯法者。「夫婦之道，有義則合，無義則離」，淳于長自知犯了大逆之罪，而事先將迺始等人休棄，有的還重新嫁了人，這說明他們的夫婦之義已絕，而再去連坐迺始等人，其名不正。

孔光的這個意見，正合漢成帝的意思。於是就被採納了。

在這個事件中，雖然幾個主審官意見不合，但是在「小妻」與妻的法律地位是等同的這一點上，卻是保持一致的。而且還告訴我們小妻被「棄去」之後，還有「更嫁」的自由。

總之兩漢時期，小妻是很多的，像《漢武故事》上說：「東方朔娶宛若為小妻，生三子。」有些貴族甚至有三十七個小妻，包括霍光那個毒死漢宣帝妻子的老婆霍顯也是個「小妻」，她的這個身分好像並沒有妨礙她以後作威作福，而成為一族之長。

不過這種情況到了三國以後，士族門第逐漸形成，嫡庶之分益嚴。特別是在北方，小妻是越來越少，《晉書》卷二一〈禮志下〉就說：「漢魏故事，王公群妾見於夫人，夫人不答拜。」一至於南方的孫吳政權則不同，像一代雄主孫權晚年嫡庶不分，顧悌、朱據等力諫，連修《三國志》的史官陳壽都看不下去，批評他「閨庭錯亂，貽笑古今」。

總之，在門第和宗法這兩把鉗子下，「小妻」的風流隨著雨打風吹去，再也不能復見了。

尊母不尊父——從漢公主的婚姻看女人的地位

漢高祖劉邦即皇帝位後，先封呂雉為皇后，封子為皇太子，又追封其母曰昭靈夫人，過了兩年左右，劉邦相繼封劉賈、劉喜、劉交、劉肥為王，連丞相蕭何以下的大小功臣都一個個封遍了，居然漏封了一個人，誰呢？劉邦的老爸。所以明代史學家張燧《千百年眼》卷四「漢高祖尊母不尊父」一條感嘆地說：「是帝為天子已七年，而太公尚為庶人也，大異矣！」又說：「而太公復未議封，即群臣亦無一言及之，何也？」

其實道理很簡單，「尊母不尊父」這一現象證明了漢代女人的權利其實是很大的，甚至整個兩漢王朝在皇家，都有從母而稱的傳統。像漢景帝長子劉榮因母為栗姬，於是被稱為「栗太子」。漢武帝的兒子劉據被立為太子，他的母親是衛子夫，所以又被稱為「衛太子」。又比如我們比較熟悉的漢獻帝劉協，因為是由董太后親自撫養，又稱「董侯」。我想今天如果不是研究三國史的專家也不見得知道了。

有人要說僅僅憑稱號從母這一點就說漢代的女人權利，難以服人，那麼下面我就說說漢代公主的一些情況，主要談一談她們的終身大事。

西漢時，皇帝的女兒稱公主，諸侯王的女兒稱王主，也稱翁主；東漢無此分別，一律稱為公主，但級別不同，皇帝的女兒皆封縣公主，其尊崇者加號長公主，諸侯王的女兒皆封鄉、亭公主。此外，尚有和親遠嫁的公主們，她們或是宗室之女，或是諸侯王女。

當然了，真正是皇帝親生的女兒並不多。根據統計，西漢一朝歷九代十一帝，有名號的公主共十七人；東漢一朝歷八代十二帝，有名號的公主共四十人。

這些公主的婚姻當然都是政治婚姻。兩漢的尚主者（娶公主謂之「尚」），必須是列侯，這是漢代法制規定的。因為漢代同姓不婚，而異姓最尊貴者莫過於列侯（漢代爵分二十級，徹侯位最高，又稱列侯），如果被皇帝看中的人還不是列侯，那就發達了，馬上就可以連升三級。

現代人都知道公主的老公是駙馬，這其實是個官位，是由漢武帝設立的，準確一點，全稱是駙馬都尉，負責皇帝出行時，掌副車之馬。但是要到魏晉時代，才定下凡尚公主者，都拜駙馬都尉的規矩。

漢代人的婚姻頗重本人之意，還不像後世專由父母主持，而且貞節觀念淡薄，離婚再嫁都很隨意，兩漢公主的婚姻她們本人是有一定的自主權利。如之前我們說過平陽公主再嫁衛青的故事，不要以為這樣的故事只是特例，像敬武公主初嫁張臨，再嫁薛宣。至於其他上層貴婦中這樣的事情也很多，比如王媼初嫁王更得，再嫁王乃始；許孋初嫁龍雒思侯，再嫁淳于長；漢元帝馮昭儀母初嫁馮昭儀父，再嫁鄭翁；臧兒初嫁王仲，再嫁長陵田氏；漢桓帝鄧后母初嫁鄧香，再嫁梁紀等等。

有些公主除了再嫁之外，連有夫之婦也不放過，像漢光武帝劉秀的姊姊湖陽公主新寡，劉秀與其共論群臣，有心微察她的意向。湖陽公主就表示對大司空宋弘德才與儀表的愛慕，於是劉秀安排和宋弘的私下會見，並讓公主坐在屏風後面，然後說道：「諺言貴易交，富易妻，人情乎？」宋弘馬上領會劉秀的暗示，委婉地拒絕道：「臣聞貧賤之知不可忘，糟糠之妻不下堂。」這件婚事雖然沒有成功，但是由湖陽公主熱衷於做第三者的情形看得出當時的社會風尚是什麼樣子的。

既然有樂意當第三者的，就會有喜歡養小白臉的。比如漢武帝的姑母館陶長公主（號竇太主）寡居時，都已經是個五十多歲的老阿嬤了，居然喜歡上一個十三歲的賣珠小孩子董偃，其後花了五年時間把這個董偃培養成貴族子弟。但是由於兩人年紀太過於懸殊，都不知道怎麼告訴漢武帝才好。有人替公主出主意，叫她稱病不朝，請求武帝駕幸府中看望。在這次會見中，館陶長公主忐忑不安地把董偃介紹給漢武帝認識，大概漢武帝早就知道這件事了，當場很給自己的姑母面子，尊稱董偃為「主人翁」，「於是董君貴寵，天下莫不聞」。

像館陶長公主這樣的公主兩漢不在少數，可謂家風有自，比如漢昭帝的姊姊鄂邑蓋公主就與丁外人有私。總之，漢家公主不諱私夫，天子安之若素，朝野亦司空見慣。最過分的應該算是陰城公主，她是漢順帝的姑媽，下嫁給班超的孫子班始。這位公主驕橫淫亂，竟至「與嬖人居帷中，而召（班）始入，使伏床下」。如此公開淫亂，讓班始忍無可忍，一怒之下殺了公主。結果班始被腰斬，他的同胞兄弟姊妹也都被殺棄市。

如果大家以為漢代女子尊貴僅僅局限於皇家，那就錯了。《漢書．地理志下》在對陳國（今河南淮陽附近）地方風習的描述中，就有「婦人尊貴」的記述。

總之，整個社會對寡婦一嫁再嫁、養小白臉都保持著莫大的寬容，以至於漢宣帝時，有個叫做王吉的大臣就上疏評論政治得失，談到「漢家列侯尚公主，諸侯國則國人承翁主」的情形，他認為「使男事女，夫詘於婦，逆陰陽之位，故多女亂。」認為皇家的公主在這方面應該做個表率。

這樣的表章上去，結果可想而知了，漢宣帝當場就認定這是個不通人情只知道死讀書的書呆子，因此就對他很冷淡。這個傢伙氣不過，當即就請求病退了。

漢代人的婚姻法——律法與現實的差距

本人是抄書專家，很多人看著我引經據典的很是佩服，卻不知道我是有苦說不出啊。要知道中國的經典都是男人寫的，而有些男人常常是把想像中的東西寫在紙面上，讓自己以為是事實。像董仲舒的三綱五常，其實在漢代時只是官方的宣傳，現實生活中搭理的人是很少的。

我主要的意思是說，中國的經典有些是靠不住的。我寫性文化這本書呢，引用的很多資料，好像看起來鐵板釘釘的，其實是因為年代久遠，留下的資料太少，都是孤證，沒有辦法。總之一句話，大家不要被貌似儼然的東西給騙了。看我的這本書啊，最好要從人情世故去推想，現代人是人，古代人也是人，大抵現代人覺得很變態的事情，古代人應該也會覺得很變態的。所以我們要是看到中國古典裡頭一些很變態的說法，都要打個疑問號。比如說「存天理，去人欲」，「餓死事小，失節事大」，這些在當時都只是口號，只是宣傳，誰要是輕易相信了，被洗腦了，吃苦的只能是自己。

閒話表過。

一九八三年發現於湖北江陵張家山的漢墓竹簡使亡佚已久的漢律得以重新面世。法律這種東西，就和理論不一樣了，因為它是要有執行力的，而執行的過程又是要讓人接受的。所以通過這些竹簡，我們去瞭解漢代的婚姻生活，就會覺得又新鮮又真實了，因為漢代的法律對於婚姻的立法是很詳細的。

《二年律令．亡律》上說：「娶人妻及亡人以為妻，及為亡人妻，娶及所娶，為媒者，知其情，皆黥以為城旦舂。其真罪重，以匿罪人律論。弗知者不□。」這一條法律說的是什麼呢？禁與逃亡者為婚。而且還對不同階層人的逃亡都制定了相當嚴密的處罰規定。

其次是嚴禁奴、主通婚。《二年律令．雜律》規定，「奴娶主、主之母及主妻、子以為妻，若與奸，棄市，而耐其女子以為隸妾。其強與奸，除所強。」

第三是禁止通姦。漢律所規定的通姦分為兩類：一是無血緣關係的普通男女間的通姦；二是有血緣關係的「同產」間的通姦（簡單講就是兄妹間的亂倫）。前者罪輕，後者罪重。漢律還有一個很特別的地方，就是如果女人與人通姦是在丈夫死後，屬「欺死夫」，犯罪性質應比在丈夫生時與人通姦的「欺生夫」為輕，實在是很「科學」啊。

更嚴重的亂倫罪行就是烝和報了。什麼是「烝」呢？就是與直系長輩的妻妾亂搞，像「父死妻其後母」之類的。「報」則是和旁系親屬的妻妾亂搞。對「烝」的懲治顯然比對「報」的懲治還要嚴厲，像漢武帝時期，燕王劉定國「與父康王姬奸，生子男一人。奪弟妻為姬。與子女三人奸」。事發後，朝廷判處為，「禽獸行，亂人倫，逆天，當誅。」結果劉定國自殺，國除為郡。

除此之外，還嚴禁異國通婚。這裡的異國可不是漢王朝和周邊國家，而是漢王朝的封國與封國之間，這是為了防止中央王朝直接管轄的人民被誘引到諸侯國去。這條法律施行了很久，直至西漢末年，左將軍彭宣還曾因與淮陽王聯姻而被漢哀帝免官。不過漢皇族則不在此限。

再有就是禁止搶掠婚。《二年律令．雜律》規定，「強略人以為妻及助者，斬左趾以為城旦。」可見到了漢代，搶掠婚的古風猶存。又因為搶掠婚都是團夥作案，所以強調幫助搶掠的人也要被追究罪行，除了斬下左腳的腳趾之外，還要發配去建築城牆。

漢律僅僅在婚姻上面就擬定了那麼多條細則，可以說對政治、階級、倫理觀念、社會治安等各方面因素無不加以考量，對後世的影響很大。談完這些，下面就要談更嚴肅的問題了。那就是即便是法律條文規定的事情，具體執行起來又是另外一回事。

我們知道漢承秦制，那麼從國家機構來說，主要承的是郡縣制。

夏商周三代都是分封制，是個金字塔的結構，最上面有天子，然後是諸侯，諸侯下面又有小諸侯，小諸侯下面又是一個又一個的貴族。這樣建立起來的國家，是不需要法律，至少法律不用寫在紙面上，因為每個貴族把自己地盤上的那點事管理好就成了。所以後來到了春秋，子產要把律法刻在鼎上，居然引起了軒然大波。

那麼秦王朝推行的是郡縣制，所有的法律都由最上面的立法機關頒布，然後由全國各地的司法機關執行。只要是殺人，一定會償命。但是秦王朝滅亡了。為什麼會滅亡呢？原因很多，有些專家說強力推行郡縣制就是其中一大原因，因為秦統一的六國，各個國家的制度是不一樣的。

再次統一全國的劉邦是個聰明人，一看不行，於是他搞了個「一國兩制」的方案（這個專利權是屬於他的，大家又長知識了吧）：一邊是分封制，大封自己的親戚子弟為王；一邊又是郡縣制。一個國家，有兩種制度，那麼即便推行的是一樣的法律，到了每個人的地頭上，具體怎麼執行又是另外一種情況了。至於其他之類有法不依的行為我們還要另說了。

我們下面就舉出一個例子。漢代人早婚，像漢桓帝是十六歲結的婚，漢靈帝是十五歲結的婚。但是還有更早的，又比如漢昭帝是八歲結的婚，他娶的老婆多大呢，六歲。而女人方面，像寫《女誡》的班昭是十四歲結的婚，〈孔雀東南飛〉的女主人是「十七嫁為婦」。總之，那個時代結婚年齡是沒有什麼限制的，愛多早就多早，越早結婚就越早生孩子，孩子越早生下來，國家就多了個交稅的，所以國家當然是鼓勵和支持的。但是有一條法律卻很重要了，就是男女結婚要相配。什麼是相配呢？就是男的年紀一定要比女的大。《後漢書·循吏·任延傳》記載了這樣一件事：

洛越之民無嫁娶禮法，延乃移書屬縣，各使男年二十至五十，女年十五至四十，皆以年齡相配，同時相娶者二千餘人。

這是說洛越的人民結婚啊，不按照國家規定的婚姻法辦事，於是當地的長官任延就通知自己管轄的各個縣，說要讓年齡在二十歲到五十歲之間的男子和十五歲到四十歲之間的女子相配。嚴格執行這條法律的結果是同時結婚的男女有兩千多人，也就是說有一千對。在這種嚴打「不相配」婚姻的形勢下，肯定會有很多對原來已經打算結婚的男女被棒打鴛鴦了。要是放到現代人來說，出現這種事情肯定非翻了天不可。但是在漢代，卻是能入循吏傳。

但是這裡有一個問題了，漢代人是怎麼確定人口年齡的呢？以六尺為年滿十五歲的標誌，未盈六尺即為不滿十五歲。哦，原來靠的是身高啊，要是永遠長不高的侏儒，大概就得打七、八歲小妹妹的主意了。所以說，我們從紙面上來看，好像是要求男女年歲要相配，但是古代人口脫籍、漏報、瞞報的現象特別嚴重，我們只要想一下，現在有很多人在身分證上打年齡的歪主意，就可以想像了。

因此我猜這個任延所實際完成的目標，應該不是男女結婚年歲相配，而是身高相配。

東漢壁畫：夫妻飲宴圖（局部），二人相敬如賓，可以看出夫妻之間的平等和諧

妻者齊也——漢代人的夫妻相處之道

夫妻相處之道，一種是《白虎通義》裡頭的說法，妻者齊也；一種是《說文解字》的說法，婦者伏也。這兩個說法都是東漢人說的，一個是出自官方文獻，一個是流傳後世的字典。那麼當時的夫妻相處的情形，到底哪種說法更準呢？

《漢書．張敞傳》說，漢宣帝時的京兆尹（相當於現在的臺北市長）張敞喜歡親自為妻子畫眉，而且眉樣媚好，很是流行（可見理髮美容就是男人的強項啊），一時傳聞京中。朝中有人一向看不慣張敞受到皇帝寵愛，就去舉報了。張敞面對皇帝的責問很得體，他說：「臣聞閨房之內，夫婦之私，有過於畫眉者。」可見他並不以為妻子服務為恥。

我們再看另外一個小故事，東漢名士樊英生了病，於是妻子派婢女去探問，樊英竟起身下床答拜。有人不免詫異，樊英就解釋說：「妻，齊也，共奉祭祀，禮無不答。」

從這兩個例子可以看出，漢代是男女平權的時代。雖然從禮儀上來講，有陰陽上下，但是日常相處並沒有尊卑之分，愛起來是那麼的坦坦蕩蕩。

相對於先秦，漢代人的婚姻自主權已經沒有了，基本上是父母之命。比如我們看《史記．項羽本紀》上就說：「張良出，要項伯。項伯即入見沛公，沛公奉卮酒為壽，約為婚姻。」而指腹為婚的事情在這個時代也已經有了，《後漢書．賈復傳》上說光武帝手下大將賈復在戰場上受了重傷，光武帝聽說之後，大驚失色，許諾道：「我所以不令賈復別將者，為其輕敵也。果然，失吾名將！聞其婦有孕，生女邪，我子娶之；生男邪，我女嫁之，不令其憂妻子也！」

可見在這個時代，父母之言對子女婚姻有著強烈的影響。不過也不是鐵板釘釘的，如果兒女表達出自己的意願，父母也會聽取，並不像後世一樣，立時受到激烈的反對。成語裡頭用來形容夫妻恩愛的詞有舉案齊眉，這個故事的女主人公孟光是個又肥又醜的大黑妞，還是個老處女，據說力氣大得可以舉起一塊石磨，都三十歲了也沒有嫁出去，因為眼光太高了。於是父母就問她，妳到底想嫁給誰？孟光就說，要嫁就嫁像梁鴻一樣的好人。梁鴻一聽，馬上請媒婆將她聘入家門。這種事情要是發生在宋明，孟光的頭上至少要戴上三頂帽子了——「放蕩」、「不規」、「有悖禮法」。但是在漢代，卻成為一段佳話。

那麼女家擇婿注重的是什麼呢？其實和現代人也沒有什麼區別，主要還是看男方本人的能力，在社會上吃不吃得開，有沒有前途。像劉邦最初只是泗水亭亭長，相當於今天的派出所所長。父人呂公為了避仇，就來投奔劉邦的上司沛縣縣令。眾人聽說縣令有貴客，當然都去祝賀了。劉邦來了之後，大大咧咧在禮單上寫「賀錢一萬」，其實一文錢也沒帶。沒想到呂公一看見劉邦，就請劉邦坐了上座，說：「我從年輕的時候起就給人相面，經我相過面的人很多，沒有誰能比得上你的。」然後當場要把自己的女兒嫁給劉邦。

又比如劉邦的大臣陳平，他年輕時可是個典型的窮酸，家裡既窮，又喜歡讀書，自然討不到老婆。同鄉的一個小老頭張負是個有錢人，注意到陳平這個容貌不凡的窮小子，經過一段時間的觀察，決定把自己的孫女許配給他。說起他這個孫女，命不好，之前已經嫁了五次，大概是那個地方的紀錄，反正是嫁一個死一個。但是張負的兒子不同意把自己的女兒嫁給陳平，說陳平窮，又不幹什麼正事，縣裡不少人看不起他，為什麼要把女兒嫁給他？張負自然有他的道理，他說，他發現陳平的門前留下了很多來拜訪他的車子的軌跡，這個小子以後肯定不是一般人。

那麼男方選擇女方的依據又是什麼呢？最主要的當然是幫夫運了。比如漢朝有個有名的循吏黃霸，他後來做到了丞相這個位置。在他年輕的時候，有一次和一個擅長相面之術的人外出，兩人在路上看到一個女人。那個算命的就告訴他，這個女人以後一定會富貴的，不然算命書就沒有用了。黃霸馬上打聽到這個女人是鄉下巫師的女兒，趕緊就去求婚，並和她終生廝守。

除此之外就是看女方品德和才華。比如《華陽國志》卷十中說了這麼一件事，有一個叫做陽姬的女人，武陽人，家境貧寒，更不幸的是她的父親因為觸犯了法律被關進監獄，當她打聽到尚書郎楊渙請假回鄉時，就在馬路上攔截住他，向他鳴冤，請求他施以援手，言辭慷慨，淚流滿面。楊渙於是出面去向郡縣求情，在他的幫助下，陽姬的父親終於得以出獄。而楊渙通過這件也瞭解到了陽姬的品德和才華，當即為他的兒子向陽姬求婚。

此外還有一個重要的原因是生育上的。像南齊的著名醫學家褚澄就在《褚氏遺書》中寫下這樣一個案例：

> 建平孝王妃姬皆麗，無子，擇民家笄女入御，又無子。問曰：求男有道乎？澄對曰：合男女必當其年，男雖十六而精通，必三十而娶，女雖十四而天癸至，必二十而嫁。皆欲陰陽完實，然後交而孕，孕而育，育而子堅壯強壽。今未笄之女天癸始至，已近男色，陰氣早泄，未完而傷，未實而動，是以交而不孕，育而子脆不壽，此王之所以無子也。

於是這位建平孝王后來就改娶健壯而年長女子，很快就生兒育女了。

總之，漢代人在聯姻中以追逐金錢為目的的遠不如今日，這可能是商品經濟還不發達的緣故。但是他們看重門當戶對，對方的門第幾乎是第一考量。這也證明漢代人的婚姻基礎已經完全地建立在家族的利益上，如果對方對提升自己的門第有助益，那麼再窮也是可以考慮的。

順帶說一句，這個時期好像已經有了鬧新房的風俗。據記載，漢代汝南有個叫杜士的人娶老婆時，大家都來鬧新房，因為酒喝多了的緣故，他有一個叫張妙的朋友竟把杜士捆起來捶了二十下，又把杜的手足高懸於梁上，杜竟然因此而一命嗚呼了。以至於仲長統在《昌言》上感慨，「今嫁娶之會，棰杖以督之戲謔，酒醴以趣之情欲，宜淫泆於廣眾之中，顯陰私於族親之間，汙風詭俗，生淫長奸，莫此之甚，不可不斷者也。」

只得徐妃半面妝——略論古代男女平等的情況

現在談論起古代男女地位不平等的問題，常常會陷入一個誤區，那就是把階級壓迫誤會成男女地位不平等。比如夏姬是楚莊王的戰利品（他將她賜給連尹襄老）、甄氏是曹操的戰利品（他將她分給兒子）、蔡文姬曾是匈奴左賢王的戰利品（他將她收納為夫人）。這裡面婦女之所以成為財產，是因為發生在戰爭時期，婦女成為劫掠的對象。所以以此立論男女地位的不平等顯然不合適。

第二種情況是常常被視為美談的以妾贈人，比如《隋唐佳話》有這樣一個故事——

李德林為內史令，與楊素共執隋政。素功臣，豪侈，後房婦女錦衣玉食千人。德林子百藥夜入其室，則其寵姬所召也。李俱執為庭，將斬之，百藥年未二十，儀神儁秀，素意惜之，曰文，可作詩自敘，稱吾意，當免汝死。後解縛授以紙筆，立就，素覽之欣然，以妾與之，並資從數十萬。

像這樣的故事太令文人們揚眉吐氣——僅憑幾句詩詞，片刻間就贏得美人，並成就風流佳話。顯然平等主義者又要發聲，說女人被當成財物轉移了。然而考諸實際，古代人並不把妾視為自己的家庭成員，而是當成自己的財物。事實上，我們從來找不到一條證據來支持古人把自己的妻子也當成是財物。相反，我們找到了更多的例子，是把女人當成賢內助，是把女人安排在對應於陽的陰的位置上。陰陽平不平等呢？自然是平等的，不然整本《易經》就是廢紙了。

第三種情況則是將彼此歸屬門第的不平等當成是男女不平等，這是最隱蔽的、也是最難察覺的。我們知道高門大家的出現，最早是發生在東漢末年，經魏晉南北朝而發展壯大。像東晉的「王馬」共天下一直被認為是中國門閥力量的巔峰。而在北方也有士族大家，以至於到了唐太宗時代，李世民只能靠發明科舉制度和修譜來打擊士族大家。因為即便是和他一起打天下的大臣們，也是以娶士族大家的女兒為榮而不是以娶皇帝的女兒為榮。

接下來，要說的這個故事，就是用來證明魏晉南北朝時期，男女地位尚處於某種均勢的狀態。什麼故事呢？徐娘半老的故事。

這位徐娘是誰呢？據《南史・徐妃傳》載，徐娘姓徐諱昭佩，天監十六年間（西元五一七年）嫁給當時尚未登基的梁元帝蕭繹為妃。蕭繹是南朝梁武帝蕭衍的第七個兒子，封為湘東王，皇帝兒子，了不得啊。蕭繹天生一目失明，這本是個極大的缺陷。不過據說在他出生之際，他老爹蕭衍夢見一個眇目的僧人來到皇宮，而他老爹篤信佛教是中國歷史上出了名的，自然對蕭繹另眼相看。

至於這位徐娘，來頭也不小，她出身名門，祖父是前齊國太尉徐嗣之，父親是梁朝侍中信武將軍徐緄。整個徐氏家族在南北朝非常吃得開，宋齊梁陳換了四個朝代，死了二十多個帝王，這個徐家卻一直穩如泰山。

可見他們的婚姻顯然是一種政治婚姻，是武帝蕭衍為了拉進皇族和士族關係而確定的婚姻。因為從史料上我們可以知道，這位徐娘長得一點也不好看，生就一張大嘴，膚色晦黑，姿容並不豔麗。她之所以被冊封為湘東王妃，完全是因為自己出身高門大家的緣故。所以婚後，她雖然為蕭繹生下世子蕭方等與益昌公主蕭含貞，但是夫妻感情並不好。

蕭繹後來喜歡上一位王夫人。這位王夫人生下兒子蕭方諸，產後突然病逝。蕭繹一直懷疑是徐妃害死她的，因此對徐妃更是惱怒。然而這位徐妃並不去討好丈夫，而是跟丈夫賭氣，每次見蕭繹，就故意在一側臉上精心化妝，另外半邊臉則素面朝天，意思是說：「你不是只有一隻眼睛嗎？我就化半面妝給你看。」此外，她還養成了嗜酒的毛病，往往喝個爛醉，一次酒後還嘔吐在蕭繹衣服上。

蕭繹一怒之下，見她的面就更少了。徐妃破罐子破摔，於是就整天出去亂搞男女關係，像荊州後堂瑤光寺智遠道人、蕭繹身邊的親信暨季江，還有當時的美男子賀徽都是她的入幕之賓。暨季江曾對人感嘆，「柏直狗雖老猶能獵，溧陽馬雖老猶駿，徐娘雖老猶尚多情。」說的是柏直的狗老了還能跟著主人狩獵，溧陽的馬老了還英姿颯爽的，至於徐妃呢，年紀雖然大了，但是依然風情萬種。

這種事情不可能不傳到蕭繹的耳朵裡去，他是一忍再忍地做他的大烏龜，這當然是念在他們的兒子蕭方等年輕有為的分上。沒想到後來蕭方等戰死，蕭繹傷心難過之下，很快就逼令徐妃自殺。她死於婚後三十二年，死時大概在四十五至五十歲，可見她大搞男女關係的時候，確實是半老了。

徐妃投井後，蕭繹還將她的屍體送回娘家，以示「出妻」，相當於跟死人宣布離婚，這顯然是對徐娘厭惡到了極點，後來甚至在自己的著作《金樓子》裡公開徐娘的淫行。

蕭繹貴為皇子，可是居然還要忍這個沒有什麼姿色的女人三十多年，讓這個女人在自己面前亂搞多年，這裡面如果完全說是因為兒子蕭方等的緣故，未免說不過去。其實歸根結柢，還在於徐娘的家門來頭大，得罪不起。所以大家咬著牙彼此裝啞巴，各搞各的，各有各精彩。

不過很奇怪的是，這個姿色一般、亂搞男女關係的中年婦女卻似乎甚得歷代詩人的歡心，題詠她的詩詞不少，而且還沒有一首是指責她的。像李商隱的〈南朝〉上說：「地險悠悠天險長，金陵王氣應瑤光。休誇此地分天下，只得徐妃半面妝。」簡直是把六朝風流一筆抹殺，全部歸美給徐娘了。而宋代陳與義〈書懷示友十首〉（其九）則說：「開窗逢一笑，未見徐娘老。」你看，讀書讀到無比悶騷時節，第一個想起來竟然不是窈窕淑女，而是中年熟女。

到了清代趙翼的《歐北詩鈔》上則說：「已是徐娘半老時（原注：年已五十餘），芳名猶重美人貽。不知年少當爐日，幾許遊人妒餅師。」公然加注年已五十餘，這是什麼樣的審美境界，簡直要讓小姑娘們鬱悶而死了。

門當戶對──從親上加親到門第之見

中國人一談起婚姻，首先想到的就是門當戶對。「門當」者，即放置在大門兩側的一對鼓形石雕，又稱「石鼓」；而「戶對」則是門楣上向外突出的圓形短柱，一般為兩個或四個，因成對出現，故稱為「戶對」。

在漢代，儒學的「仁」與「禮」是維繫和平衡個人與社會的有力紐帶。並進而在此基礎上，整合整個社會倫常人際關係，顯示了一種嚴格的組織秩序──封建等級制度，強調的是人與人之間在血緣基礎上建立相互依賴的社會性關係。

這種情況先秦時代也不是沒有，但是漢代之後，卻越來越興盛了，東漢末年的朝廷基本上就是門閥掌權、豪右強宗的天下了。然後，再演進到了魏晉南北朝時期，「士族」和「庶族」之間就有了嚴格的區分了。

先說說這個漢代的外戚制度。漢代的外戚是皇權之外最大的一股政治勢力。它通過與皇家的婚姻從而鞏固家族的利益，而為了壟斷獨占這一稀缺資源，就只能親上加親了。這種情況從西漢的立國之初就已經開始了，《漢書．外戚傳》記載：「孝惠張皇后。宣平侯敖尚帝姊魯元公主，有女。惠帝即位，呂太后欲為重親，以公主女配帝為皇后。」說白了就是親母舅娶外甥女當老婆。

這種情況到了後來就愈演愈烈，到了漢昭帝時期，上官桀的兒子上官安娶了同為輔政大臣的霍光的女兒為妻，生下來的女兒嫁到宮中，成了皇后。其後漢宣帝繼位，他在許皇后死了之後，就迎娶了霍光的另一個女兒。如果從宗法來講，上官后就是宣帝的叔祖母，而霍后是上官后的姨母，宣帝娶霍后，是娶了叔祖母的姨母。大家繞暈了沒有？

這樣的婚姻完全是政治聯姻，不顧世俗宗法而形成了所謂的「親上加親」，目的就是為了打造一個完美的網絡。按照《儀禮．士昏禮記》的說法，女氏稱婚，婿氏稱姻，外戚這樣亂搞，而且從西漢一直搞到東漢滅亡，那麼上層貴族之間呢，彼此就形成了姻家恆為姻家，婚家恆為婚家，此外又有姻家、婚家互為這三種情況。這就是我們說的裙帶關係，當然這是比較文雅的說話，如果按照李敖先生的論斷，則是生殖器串聯起來的國家政權。

上行下效，於是兩漢王朝就開始慢慢形成了門第觀念，這種門第觀念甚至把西周以來一直遵循的同姓不婚的禮儀徹底地沖垮了。如《漢書．王訢傳》上說：「訢薨，子譚嗣。譚薨，子咸嗣。王莽妻即咸女。」可見王莽和他的老婆就是同姓結婚，這對於這個以復古為使命的人簡直就是一個諷刺。

總之，在家族的利益之下，沒有什麼不可以犧牲，沒有什麼輩分值得放在心上，沒有什麼傳統是不可破除的，一切都是為了權力。

世家大族最隆盛的是什麼時代？是魏晉南北朝。為了世代壟斷這種地位，保持貴族血統的純潔性，世家大族甚至把這種壟斷寫進了婚姻規則裡頭去，完全的制度化：一是良民和賤民不能通婚；二是良民中的士族和庶族不能通婚。

劉宋王球就說：「士庶區別，國之章也。」士族把自己的婚姻關係嚴格限制在士族的範圍以內，並且極力排除庶族混入士流階層。時人所謂的「士庶之際，實自天隔」，說的正是這種情況。而且即使庶族資產豐殷或政治地位顯赫，士族也不與之通婚。這種高度凝結化的貴族制度造成的結果是，南北朝皇帝換得再勤，也損害不了士族一根毫毛，家族門第、本人出身成為通婚的唯一標準，正史上更公開地宣稱，「諸尚公主者，並用世冑，不必皆有才能。」（《宋書．列傳第十二》）

同時，這也是做官的唯一標準。特別是在魏文帝曹丕接受世家地主代表人物陳群的建議，實行了「九品官人法」即「九品中正」制之後。這種選官制度造成的結果是「上品無寒門，下品無勢族」。以至於東晉以降，更是「舉賢不出世族，用法不及權貴」。

世家大族集團的內部還分得很細，像南北朝時期，有膏粱、華腴、甲姓、乙姓、丙姓、丁姓的等級之分，又有僑姓、吳姓、郡姓、虜姓的地區之別。僑姓指隨東晉政權過江的中原大族，以王、謝、袁、蕭為大；吳姓指土著江南大族，以朱、張、顧、陸為大；郡姓指山東、關中一帶的世家大族，以崔、盧、李、鄭、韋、裴、柳、薛、楊、杜為首姓；虜姓指少數民族中的大姓，以元、長孫、宇文、于、源、竇為首。

我說了這麼多，可能大家還是不太明白這個事情的嚴重性，這裡就舉一個小小的例子。

南齊大姓王氏家族，有一個叫做王源的，要把自己的兒女嫁給富陽滿氏，就引起了滿朝的軒然大波。為什麼呢？沒別的，就是因為這個滿氏是庶族。當時的大文豪，就是發明漢語四聲的沈約立即上表彈劾，他是怎麼說的呢？《昭明文選》收有這篇文字，因為太長，我們就節選一段——

滿氏姓族，士庶莫辨……王、滿聯姻，實駭物聽……高門降衡，雖自己作；蔑祖辱親，於事為甚。此風弗剪，此源遂開；點世塵家，將被比屋。

那麼怎麼處理這個世家大族的敗類呢？沈約就殺氣騰騰地建議：

宜置以明科，黜之流伍。使已汙之族，永愧於昔辰，方媾之黨，革心於來日。……請以見事免源所居官，禁錮終身，輒下禁止視事如故。

我們再看一個完全相反的例子。到了南陳的時候，出身於太原王氏的王元規幼年喪父，家中貧困，和兄弟三人隨母寄居舅父家中。一個母親要帶三個孩子，而且寄人籬下，其苦可知。所以當當地一個土豪，願以巨萬資財作為陪嫁，要把女兒嫁給王元規，以攀名門時，王元規的母親便想答應下來，王元規卻哭著說：「姻不失親，古人所重。豈得苟安異壤，輒婚非類！」有錢人不能當老大，還是「非類」，難怪有人說，南北朝是中國歷史上最讓有錢人鬱悶的時期了。

南朝如此，北朝又如何呢？其實貴族世襲制本來就是封建制度發展到某個特定階段不可避免的，這裡就不引太多的資料，就用兩道北魏的詔書結束這個話題吧。

北魏和平四年（西元四六三年）詔曰：「皇族師傅百王公侯伯及士民之家，不得與百工伎巧卑姓為婚，犯者加罪。」

北魏太和二年（西元四七八年）詔曰：「皇族貴普及士民之家，不得與非類婚偶。」

女性入史——劉向的《列女傳》

西漢劉向編撰的《列女傳》，是我國最早的一部婦女專門史和通史。

當時這本書是非常暢銷的，根據《疏勒河流域出土漢簡》有「分《列女傳》書」的殘文，我們可以知道連西域這樣偏遠的地方都有人看這本書，更不用說內地郡國了。到了東漢時期，很多石刻畫像的題材也都是取材於《列女傳》，總之是海內外通吃。所以注釋、校勘、整理者層出不窮就不足為怪了。更有一大堆跟風作品問世，如明汪憲所輯《列女傳》、明解縉等所撰《古今列女傳》、明董希周所輯《新續列女傳》、清汪憲所撰《列女傳》、清劉開所輯《廣列女傳》等等。

劉向的寫作時代是經學昌明的時代，他本身又是經學大師，還被公認為中國目錄學之祖。史載劉向在漢成帝時受命在皇家圖書館天祿閣校刊《五經》和各種秘笈。某日夜暗獨坐，忽有一個黃衣老人，手持青藜手杖，叩門進來，吹燃藜杖，以藜光照明，傳授劉向〈五行洪範〉之文。劉向問老人姓名，老人說：「吾乃太乙之精，天帝憫卯金之子，特派我來傳道給你。」並把懷中竹牒和天文地圖之書贈給了劉向。正是因為有此神授，劉向才能成為一代經學大師。

列女傳（明萬曆間真誠堂刊本）

總之不管怎麼樣，這個傢伙寫了一大堆現在很多人聽都沒有聽說過的書，他之所以能寫那麼多書，是因為在西漢成帝年間，朝廷曾經命謁者陳農搜求天下遺書，於是散落於民間的大量的諸子百家及各行各類的典籍被匯集於漢政府藏書臺。為了對這一大堆雜亂無章的古書進行系統整理，漢成帝河平三年（西元前二十六年）秋，「詔光祿大夫劉向校中秘書」。劉向遂與其子劉歆受詔同領詔書，開始細心地校正古書。

那麼，他為什麼要寫這本《列女傳》呢？難道真的是太閒了，閒得要專門為婦女寫一本教育用書？要知道這個傢伙可是漢初楚元王（劉交）四世孫，治《春秋穀梁傳》的專家，本身是太子黨不說，還享受的是國家高級學者的津貼。年僅十二歲時便任專為皇帝引御車的輦郎，二十歲時官任諫大夫，後來還成為漢元帝時輔政的四位大臣之一，是個很有能力的人才啊。

其實，我們翻一翻《資治通鑑》就知道，這個傢伙可不是和事佬，整天上書稱引災異，彈劾宦官外戚專權，前後兩次入獄，被免官數年，是個很書呆子氣的一個人，整天想的就是幫皇帝修身齊家治國平天下。他寫這本書，完全是衝著皇帝老婆去的，因為漢成帝正被趙飛燕姊妹迷得五迷三道的，連自己親生的孩子都要親手殺掉。他之所以寫《列女傳》正如宋代曾鞏所評論的——「古列女善惡所以興亡者以誡天子」。

大家可能又要說我瞎掰了。請翻開《漢書．五行志》，那裡頭保存了劉向〈洪範五行傳論〉約一百五十二條，其中論災異跟后、妃、君夫人及外戚間的關係的約有三十一條。所以說劉向寫《列女傳》是大有其用心的，絕對不是吃飽了沒事幹，寫給大家看，那時候可還沒有版稅這麼一回事。

中國的史學傳統是很悠久的，但是到了劉向這個時代，卻一直是輕視和忽略對婦女人物的記載。因為以父系家族為細胞的私有制社會奉行的本來就是男女有別、男尊女卑的原則，「女正位乎內，男正位乎外」可是當時的人倫傳統。因此女人的事情沒有什麼好寫的，這是那個時代的共識。不像今天，很多的社會新聞都是圍繞女人來做文章。

那麼《列女傳》都寫了什麼呢？這本書分七卷，其實就是七大類，依次為〈母儀〉、〈賢明〉、〈仁智〉、〈貞順〉、〈節義〉、〈辯通〉、〈孽嬖〉。〈母儀〉寫的主要是母親，講的都是母親怎麼教育孩子的小故事，例如魏芒慈母的故事，說的是後娘要比親娘對孩子還親之類的。〈賢明〉講的是一個好女人怎麼變成賢內助，如何給自己的丈夫吹枕邊風的，想要增強這方面殺傷力的女性，一定要看啊。〈仁智〉說的是一些智商、EQ特別高的女人，沒有天賦的女人最好就別看了，免得自卑。〈貞順〉說的就是一大堆謹遵婦禮、忠貞不二的女性。〈節義〉、〈辯通〉顧名思義可知，這裡就不多說。〈孽嬖〉選取的則是淫妒熒惑、背節棄義、指是為非、終致禍敗的女性，像妲己之類的女人都是榜上有名的。

雖然論起劉向的本意，是想借這本書提醒漢成帝小心自己的枕邊人，不過皇帝整天在皇宮裡頭忙不過來，哪有時間看他的書？但是通過《列女傳》的編撰，劉向成了第一個有意識地為婦女立傳的人，所謂的母儀、賢明、仁智、貞順與節義，其實就是他對女子的行為要求與準則。當然，他並不指望女性把所有優點集中於一身，認為只要做到其中一點就很難得了，不像後世史書或個人所作的「列女傳」多只偏重貞節。清代學者章學誠就明確指出，「後世史家所謂列女，則節烈之謂；而劉向所敍，乃羅列之謂也。」

此外，這本書對很多婦女離異或再嫁並不是很在意，有時候甚至是鼓勵的。可見劉向的目的是在確立女性在政治社會中作為從屬、輔佐的角色的同時，激勵跟告誡男性要注意到女性所擁有的影響力。

由於這本書的影響非常的大，後來南北朝的范曄在劉向的啟發下增寫了《列女傳》，這在正史中可是第一次出現。也因為劉向的影響，所以范曄寫《列女傳》的宗旨是，「搜次才行尤高秀者，不必專在一操而已。」所選擇的傳主中有擇夫重品行而輕富貴的桓少君、博學的班昭、斷機勸夫求學的樂羊子妻、著名才女蔡琰等，並不拘於三綱五常。不像後來的《明史》，全是節婦烈女，紙面上樹立起一大堆貞節牌坊，看得讓現代人心裡倒抽涼氣。

女為悅己者容——班昭的《女誡》

「女為悅己者容。」這句話即便在今天也很受歡迎，這是誰說的呢？

一個女人——班昭，她字惠班，又名姬。說起她的家族在當時可是赫赫有名：他的父親班彪是史學和儒學大師；他的大哥更了不起，班固，是《漢書》的主要作者；而二哥班超呢，則是兩次出使西域，打通「絲綢之路」的赫赫功臣。班昭出身在這種家庭，從小就熟讀儒家經典和史書，學問是厲害的。《漢書》由他老爸班彪草創，班彪死後，班固為了完成父親遺願，又寫了整整三十年，其後因牽連到政爭而被殺。此時《漢書》尚有八〈表〉及〈天文志〉還沒有寫成，漢和帝聽說班昭博學高才，就下詔令她續成。班昭在東觀藏書閣這個漢代皇家圖書館裡耗盡心力，窮年累月才使得《漢書》成為完璧。

《漢書》對中國史學和文學的意義這裡就不需要多說了。說起班昭的生平，其實也是很不幸的，她十四歲就嫁給了同郡人曹壽，後來生了一個兒子，但不久丈夫就病故了，她便早早開始守寡。幸好漢和帝極為欣賞班昭，把她召入皇宮，讓皇后和妃子們奉她為師。因為她的丈夫姓曹，所以，人們便尊稱她為「曹大家」。這個家，讀作「姑」，是漢代關中地區對年長女子的尊稱。其後鄧太后臨朝稱制時，班昭還以宮廷師傅之尊，參議朝政。

在學問方面，班昭的水準沒得說，著名學者馬融也是她的弟子。有人會問，難道就不避嫌猜麼？這裡我就要簡單地說一下了，漢代雖然有叔孫通制定禮儀，但非婚親男女之間交往未必會刻意避嫌。《史記》裡說，漢景帝讓酷吏郅都去找他的妃子賈姬，當時賈姬正在如廁呢。到了東漢，蔡文姬為丈夫董祀求情的時候，更是孤身散髮赤足去見曹操和一干賓客。因此男女之防並不像紙面上說的那麼嚴重。所以讀書人讀書，不要把書太當成是那麼一回事。比如以為宋代有了理學，然後女人日子就不好過了，其實之所以有理學，恰恰是宋代的男人看不慣女人的日子太好過，又管不了，才寫到自己的書裡去，屬於典型的意淫，大概連他們自己都沒有想到會在未來的明朝變成現實。

總之，班昭是有學問的女人，說話很有影響力，可能是她的婚姻生活太短暫了，所以她想起來的都是男人的好，再加上當時男尊女卑的學術傳統，所以她在七十多歲高壽之年，寫出了《女誡》。這篇文章其實不長，才一千六百多字，本是班昭寫來教導班家女兒的私家教科書，不料書成之後，京城世家卻爭相傳抄，其後歷代風行，和《列女傳》一樣，在此後十幾個世紀中，跟風之作不斷湧現，像西晉張華的《女史箴》，便是專門用來對后妃說教的。到了清初，有一個叫王相的人又將《女誡》和宋若莘的《女論語》、明成祖仁孝文皇后的《內訓》連同王相之母所撰《女範捷錄》合為一書，稱為「女四書」。

所以圍繞班昭的褒褒貶貶基本上是因為《女誡》，她的其他的學問反而都散佚湮滅了。這本書可以說是影響了整個兩千年的中國女性觀。明神宗就稱讚班昭的《女誡》，「此書簡要明肅，是為萬世女則之規」。甚至有人稱班氏為「女中之民父」，簡直是把她抬到和孔子一樣高的地位了。然而到了近代，女權主義興起，班昭就倒了大楣了。

西元一八九八年時，晚清人吳芙尚在讚譽「曹大家是女人當中的孔夫子」，話音尚未絕響，一九〇七年，何震則貶斥班昭為「女子之大賊」。當時上海愛國女學校倫理教習葉瀚（浩吾）更是在課堂上向學生宣講，「……中國之《女誡》、《女四書》，即教成女子倚賴幼稚、卑屈之男子之法之教科書也。對幼稚之人而更自屈於幼稚，對卑屈之人而更自守其卑屈，則中國女子之人格甚可想見矣。」

其實看了那麼多評論，倒不如實實在在地看看這本書的內容，自己來分辨一下到底它是香花還是毒草。

此書共分〈卑弱〉、〈夫婦〉、〈敬慎〉、〈婦行〉、〈專心〉、〈曲從〉、〈和叔妹〉等七篇，提出了女子「三從」之道和「四德」之儀。〈卑弱〉認為女性生來就不能與男性相提並論，所以要對家務勤勤懇懇。〈夫婦〉雖認為丈夫比天還大，須敬謹服侍，但是前提是夫不賢則無以御婦，其次才說，婦不賢則無以事夫。〈敬慎〉認為陰陽殊性，男女異行；陽以剛為德，陰以柔為用；男以強為貴，女以弱為美。內容主要是如何通過放低身段，取得丈夫的歡心，維持家庭的和美。〈婦行〉訂定了婦女四種行為標準：婦德，婦言，婦容，婦工。婦女備此德、言、容、工四行，方不致失禮。〈專心〉強調「貞女不嫁二夫」，強調「夫者天也，天固不可逃，夫固不可違也……故事夫如事天，與孝子事父，忠臣事君同也」。〈曲從〉教導婦女要善事男方的長輩，逆來順受。〈和叔妹〉說明與丈夫的兄弟姊妹相處之道。

概而言之，此書就是希望女性以柔順來維繫家族中的和諧關係。

其實班昭寫這本書的目的，無非是為了教訓自家的孩子，如何在男權社會中找準自己的定位，這樣才不會吃大虧，完全是一片私心。她堅持女人一定要接受教育，雖然這是一種絕對服從丈夫的教育，然而這種教育在那個時代並沒有被付諸實踐，因為確實是太偏執了。我們只要想像一下現在社會流行職場教科書的那種熱潮，就可以知道班昭的用意是要自家的女兒通過對丈夫的絕對服從而最後取得對整個家族的影響力。說好聽一點是終南捷徑，說不好聽一點就是歪門邪道。

此禍水也——趙飛燕姊妹的故事

隨著漢武帝的逝世，西漢王朝終於結束了長達半個世紀的窮兵黷武，開始與民休息，天下慢慢繁榮起來。班固的〈西都賦〉描寫了這樣的情形，「於且既庶且富，娛樂無疆，都人士女，殊異乎五。游士擬於公侯，列肆侈於姬臣。」

在這裡，我要說的則是趙飛燕姊妹的故事。

漢成帝劉驁，是個比較軟弱而又多情的人。他的第一個皇后是大司馬車騎將軍平恩侯許嘉

趙飛燕

之女，此名門之女「聰慧，善史書」，因此寵冠後宮。然而不幸的是，她兩次懷孕都流產了，這可把所有大臣都急壞了。有兩位大儒劉向和谷永更是借口災異數見，向皇帝上書，要求皇帝不要在一棵樹上吊死。於是，漢成帝慢慢地疏遠了許后，愛上了班婕妤。班婕妤是漢書作者班固的祖姑，美貌、賢德、才華無一不缺。然而這一場恩愛也很快煙消雲散了。

一天，漢成帝微服出行到陽阿公主家，在席間看到舞女趙飛燕的翩翩舞姿，當即將她召入宮中，大加寵信。趙飛燕不僅漂亮，心思也非常縝密，為緊緊抓住成帝的心，她又把容貌更勝她一籌的妹妹趙合德推薦給成帝。成帝一刻見不到趙氏姊妹，便心神不安。兩姊妹設計陷害許皇后，成帝就廢掉許后，冊立趙飛燕為后，趙合德為昭儀。不過趙飛燕皇后是當上了，皇帝卻很快也對她失去了興趣，得寵的反而是她的妹妹趙合德。

然而不幸的是，兩姊妹居然都不能懷孕。而這位漢成帝一邊對兩姊妹信誓旦旦，一邊又在宮中到處偷食，搞大了不少宮女的肚子。為了害怕別的嬪妃懷孕生子，威脅后位，兩姊妹就瘋狂地摧殘宮人。「生下者輒殺，墮胎無數」。比如當趙合德知道許美人有娠之後，就開始施展一哭二鬧三上吊的把戲，逼著成帝親手殺死了自己的孩子。

為了使自己早日懷上孩子，姊妹兩人養起了面首，從侍郎馮無方到慶安世，姊妹兩人蓄養的面首多達數十人。一日趙飛燕正與人淫樂，被成帝撞破，成帝本想處置趙飛燕，但礙於趙合德而隱忍不發。

成帝在兩姊妹的蠱惑下，沉迷於溫柔鄉中不能自拔，終於有一天死於趙合德床上，震動朝野。群臣聲討趙氏禍水，趙合德自知難逃罪責，自殺身亡。

至於趙飛燕，因為幫助成帝的侄兒劉欣即位，新帝感恩，仍舊尊她為皇太后，得保六年的平安。隨著哀帝很快逝世，大司馬王莽以趙飛燕殺害皇子之罪，迫其自盡。

總之，這對美麗而有毒的姊妹花就像罌粟花一樣，在短暫的燦爛之後，先後淒慘地凋謝了。然而她們的故事卻激起後人無窮無盡的想像。可以這麼說，漢代之後古典詩詞中所提到的狐狸精，趙飛燕出現的頻率一定不會出於前三名。另一位自然是楊貴妃了。漢宮飛燕，唐宮玉環，是中華美人的代表，所以自然有了一句用來形容美女的成語——環肥燕瘦。

趙飛燕的影響是如此之大，以至於早在魏晉時期的《西京雜記》就開始瞎編花邊小報——「趙后體輕腰弱，善行步進退，女弟昭儀不能及也。但昭儀弱骨豐肌，尤工笑語。二人並色如紅玉。為當時第一。皆擅寵後宮。」「趙后有寶琴曰鳳凰，皆以金玉隱起為龍鳳螭鸞古賢列女之象，亦善為歸風送遠之操。」

當然，以上的瞎編還算是還有點像樣的瞎編。到了唐朝時期，就出現了一本偽託為「漢河東都尉伶玄子於撰」的《趙飛燕外傳》，又名《飛燕外傳》，寫得有聲有色，以至於連主持編撰《資治通鑒》、以嚴謹出名的司馬光都信以為真，更將《外傳》中「宣帝時披香博士」淖方成罵飛燕「此禍水也，滅火必矣」的話，載入《資治通鑒》。這也是「女人禍水」這一掌故的由來。

《飛燕外傳》寥寥數千字，卻奠定了後世色情小說的基本模式，全文以性行為為中心，提到了男主人公因服用過多的春藥而暴亡，又如將氣功用於房中術、通過觀看裸浴等手段刺激男性使之興奮、有性虐待傾向的性器具等等，這些橋段都為後世反覆仿效，直到今天，似乎也沒有多大改變。

而到了明末黃色小說氾濫之際，像這樣的大好題材自然不會有人錯過，於是就出現了署名「豔豔生編，情癡生批」的《昭陽趣史》。這本書根據《趙飛燕外傳》、《趙飛燕別傳》等敷衍成篇，開頭便說燕子、九尾野狐與二精因為交惡大戰，被玉帝罰下凡間，轉世投胎為馮萬金之兩個同胞女兒。馮萬金夫婦去世後，飛燕、合德被節度使趙臨夫婦認做女兒。趙飛燕、趙合德入宮之後，漢成帝縱欲過度而死，漢哀帝即位，封趙飛燕為皇太后，而趙合德則被逼嘔血而死。漢哀帝死後，趙飛燕即自縊於北宮。後二精在如意真人院中修煉，以圖正果。總之整部書文筆糟糕，實際上就是《飛燕外傳》的增訂改寫本，不同之處在於開頭和結尾加上了因果報應的話頭罷了。

與王同臥起——漢高祖之好男風

自西漢高祖至東漢寧帝，就有十個帝王有好男風的記載，在二十五個漢朝帝王中，占了百分之四十。如高祖的籍孺，惠帝的閎孺，文帝的鄧通、趙談、北宮伯子，景帝的周仁，昭帝的金賞，武帝的韓嫣、韓說、李延年，宣帝的張彭祖，元帝的弘慕、石顯，成帝的張放、淳于長，哀帝的董賢等，可以說漢朝幾乎每個皇帝都有一個或幾個美男作為性愛對象。

漢高祖以布衣提三尺劍得天下，他生平「好酒及色」，一登皇帝尊位之後，更是放懷無忌。作為雄才大略的開國君主，他除了奠定漢朝四百多年的基業之外，還帶動了後世子孫寵信男色的傳統。

男風春宮圖

有次劉邦生病，許多大臣都被門衛所阻。樊噲自恃是開國元老不顧一切，強行進入，發現劉邦正枕在太監的腿上。樊噲哭泣著勸諫劉邦，提醒他千萬不要重蹈秦二世時，趙高隔絕君臣從而禍國的舊事。高祖長笑而起，指著那位太監，說這不過是他的「枕戚夫人」，無須多慮。

據《漢書．佞幸傳》記載，「高祖時則有籍孺，孝惠時則有閎孺，此二人非有才能，但以婉佞貴幸，與王同臥起。」

籍孺是不是就是枕戚夫人，不得而知。以劉邦之英明，自然不會出現佞幸亂政之事。「孺」原是童子之意，後又用到妻孥身上，再後來用到能執「妻道」、「妾婦之道」的男子身上。劉邦之幸籍孺，《史記》、《漢書》只傳姓不傳名，以司馬遷、班固兩位的良史之才，均略而不言，可見這位籍孺實在默默無聞。

劉邦死後，其子劉盈即位，年方十六，是為漢惠帝。即位不久，他雖然竭力保護劉邦遺留下來的戚夫人母子，但是戚夫人之子趙王劉如意很快被惠帝的母親呂雉毒殺，而戚夫人也被呂雉派人砍去手腳，剜去眼睛，再用藥熏聾耳朵，被強迫喝下啞藥，然後不死不活地扔在廁所裡，稱之為人彘，可謂慘不忍睹。呂雉還特地安排劉盈去看，當劉盈得知「人彘」就是戚姬時，大驚失色，淚流滿面說道：「太殘忍啦！這哪裡是人做的事！太后如此，我還憑什麼治理天下？」從此大病經年，借酒澆愁，沉湎酒色，不理朝政。整天只和一個叫做閎孺的男寵在一起，對他是千依百順，寵愛備至。因為閎孺的影響，漢惠帝身邊的郎官和侍中都戴著用鳥毛裝飾的帽子，繫著飾有貝殼的衣帶，塗脂抹粉。

風度翩翩的辟陽侯審食其和劉邦是同鄉，以舍人從劉邦起兵反秦。在楚漢戰爭期間的彭城之戰中，審食其與呂后、劉太公一起被楚軍俘虜，在戰亂歲月裡產生了生死與共的感情。漢高祖六年（西元前二〇一年），因為呂后諫爭，沒有什麼戰功的審食其被封為辟陽侯。等到劉邦死後，審食其與呂后二人更無顧忌，互相往來。此事傳到劉盈耳朵裡，劉大怒，將審食其下獄，準備誅殺。劉盈對付不了自己的母親，因此拿審食其出氣。呂后自知理虧，又礙於顏面，不敢向兒子求情，束手無策。

幸虧審食其的好友平原君朱建想到了閎孺。於是朱建向閎孺求助，並且軟硬兼施說，皇帝之所以要殺審食其，乃是要向呂太后示威；而皇帝殺了太后的情人，太后自然會向皇帝的情人報復，到那時，閎孺恐怕也死到臨頭了。閎孺本來以為事不關己，現在聽了朱建的分析，嚇了一跳，忙跑去劉盈那裡為審食其說情。惠帝居然真的給了閎孺這個人情，放了審食其一條生路。

順便說一下，漢惠帝劉盈的皇后張嫣可謂是中國唯一的處女皇后。她是魯元公主之女，與劉盈分屬舅甥，在劉盈二十歲時，呂后做主將張嫣嫁給劉盈，當時只十歲多一點。劉盈死時，張嫣年僅十四歲。呂氏族滅，這個尚未成年的寡婦被廢，軟禁在只有吃喝而沒有自由的北宮，度過了二十多年，死時年僅三十六歲，謚號孝惠皇后。

佳人難再得——漢武帝之好男風

「文景之治」指的是漢朝在漢文帝與漢景帝父子二人的治理下得以實現的盛世。

漢文帝被評價為最勤儉的皇帝，據說連一件穿破了的衣服也捨不得丟掉，他的皇后要親事蠶桑，寵妃慎夫人的衣裙上連繡紋都沒有。其實考諸信史，大謬不然，他確實捨不得為自己、為妻妾花錢，錢花到哪裡去了呢？都花在他的男寵身上了。他有三位男寵：趙談、北宮伯子、鄧通，其中最寵愛的便是鄧通。

鄧通是蜀郡南安人。據《漢書·佞幸傳》記載，有一次漢文帝夢見一個在宮掖池中撐船、戴黃帽的小吏，從後面助他一臂之力，推他上了青天之上的仙境，文帝回頭一看，這個人的衣襟繫在後面，於是夢醒後就派人去找這個「小吏」，不久，文帝就在漸臺[11]遇到了鄧通。鄧通的模樣、衣著，居然與夢中少年一模一樣，特別是他的名字「鄧通」和「登通」的音相同，文帝十分高興，對他加以寵幸，賞賜他的財物以千萬計，官拜上大夫。

鄧通天天陪伴文帝，不事外出，甚至連要沐浴的日子也留在文帝身邊。他沒有什麼才幹，只是靠謹慎來博取文帝的寵幸。有一次文帝召來一位有名的相士，為鄧通看相。相士說鄧通會貧而餓死。文帝怒曰，能使鄧通富貴的只有我，他怎麼說你會餓死呢？於是賜蜀郡的嚴道銅山給鄧，使他享有鑄錢幣之權，相當於讓鄧通開了一家私人銀行，於是「鄧氏錢布天下」。

男風春宮圖

不久文帝得了癰疽病，鄧通便為文帝吮吸膿血。文帝問鄧通：「天下誰最愛我呢？」鄧通說：「應該沒有誰比得上太子更愛您的了。」沒想到這句得體而謹慎的回答以後卻為他招來殺身之禍。

當太子劉啟（即後來的漢景帝）來看望文帝病情時，文帝便讓太子給自己吮吸膿血，太子雖然吮吸了膿血，可是臉上卻顯露出為難的樣子。後來太子聽說鄧通常為文帝吮吸膿血，十分羞愧，轉而恨上了鄧通。文帝四十六歲時去世，太子劉啟即位後，立馬將鄧通廢為庶民，遣退回鄉，然後抄家、處罪，並且不許任何人接濟他。鄧通最終「竟不得名一錢，寄死人家」，真的餓死了。

劉啟自己也有男寵，即郎中令周仁，不過周仁沒有像鄧通那樣，造成太大的影響。

至於劉啟的兒子漢武帝則一生幸臣眾多，在少年時候便有一位叫做韓嫣的男寵和他形影不離。武帝登基後，韓嫣受封為上大夫，朝野都對韓嫣側目而視。韓嫣在長安市中拿金丸當彈球，一天遺失十餘個，以致當時諺云：「苦飢寒，逐金丸。」

有一次江都王（武帝的弟弟）入朝，與武帝一起到上林御苑打獵。武帝的車還未行，叫韓嫣率領百餘騎兵乘車先去，江都王以為是武帝來了，立刻在路旁跪下迎接，可是韓嫣卻縱車而過，置之不理。江都王感到受到莫大的侮辱，向母親（皇太后）哭訴。於是很快有人上告皇太后，說韓嫣公然出入宮闈，定有淫亂後宮女眷的行為。皇太后立馬傳出懿旨，賜韓嫣自盡。漢武帝聞訊，披頭散髮就跑去極力說情，仍不能免。韓嫣只得服毒自盡。

韓嫣之後，樂師李延年善為新聲，得到了武帝的寵信。他曾在武帝面前唱了一曲「佳人」之歌：

> 北方有佳人，絕世而獨立。一顧傾人城，再顧傾人國。
> 寧不知傾城與傾國，佳人難再得。

並推薦自己妹妹李夫人進宮。李夫人入宮後，迅即得寵，還生下了一個兒子。李夫人病逝後，武帝為她做詩寫賦，招魂追思，甚至還追封她為孝武皇后。因為妹妹的原因，李延年一家都極富極貴，李延年更佩兩千石印，弟弟李廣利成了上將軍，宰相劉屈氂也與他家結了親。當李家試圖扶立李夫人之子為太子時，李家的下場就是被滅族了。李延年也吃了官司，下獄處死。而李廣利此時正在外征戰，聞知消息後，不敢回國，只得向匈奴投降。

除了李延年和韓嫣之外，衛青、霍去病也得到武帝的嬖幸，武帝對衛青更是隨便到了「踞廁而視之」的地步。不過這衛、霍二人雖為男寵卻能雄豪自振，在抗擊匈奴的戰爭中立下了赫赫戰功，聲傳古今。

後世把男寵呼為「弄兒」，實有其人，乃是武帝的大臣金日磾之長子。一次，弄兒從後面摟住武帝的脖子親熱，恰巧金日磾來奏事，見到後用眼瞪弄兒，弄兒嚇得哭著跑開，武帝為此向金日磾大發雷霆。後來弄兒長大，在殿內與宮女調情，被金日磾撞見，金日磾害怕他為家族帶來慘禍，遂以家法殺了弄兒。武帝為此質問，金日磾伏地大哭，說了原因之後，武帝傷心得淚流不止，不過從此更加敬重金日磾，臨死時還封他為顧命大臣。

斷袖之戀——傾國傾城的第一號男色

成哀之世是西漢王朝由盛而衰的轉捩點。漢成帝劉驁之縱欲可謂不惜一死，甚至達到了視死如歸的程度。他的後宮佳麗成群，內寵眾多，然而除了趙飛燕和趙合德之外，他還迷戀男色，是一個典型的雙性戀者。

富平侯張放年少英俊，而且十分聰明，他的曾祖父也是官拜大司馬，他的母親還是公主之女，可謂滿門顯貴。他與漢成帝的關係，雖為君臣卻又像是兄弟。他經常陪從成帝微服出遊，正所謂「鬥雞走馬長安市，風流浪跡五陵中」。張放「與上臥起，寵愛殊絕」。成帝甚至將皇后的侄女嫁給張放，其婚禮極盡奢侈華麗之能事，賞賜更以千萬計。

因為受寵幸過多，張放引起許多貴族特別是幾個國舅的妒忌，他們因此聯手，在太后面前進譖。太后也認為皇帝正是年富力強之時，卻行為不檢，都是張放所致，所以就找了一個罪名，把張放放逐到外地去了。

漢成帝十分想念張放，多次召張放回京，又多次迫於太后的壓力而流著淚再叫張放離開，可謂屢徵屢遣。每次分離之後，存問消息，音信不斷。過不久，成帝駕崩，張放也日夜思念，以至於「思慕哭泣而死」。歷代的史家對張放都沒有什麼好感，認為他對君主不是不愛，但是「愛而不忠」，是「仁義之賊」。

如果我們還在感慨漢成帝與張放之間的真摯「愛情」的話，則漢哀帝與董賢之間的「愛情」更是驚天地而動鬼神了。這也是中國歷史上最有名的同性戀者的故事。

建平二年（西元前五年）的一天，漢哀帝下朝回宮，看到殿前站著一個人，正在傳漏報時，哀帝隨口問：「那不是舍人董賢嗎？」因此讓人引上前來說話，這一見之下，哀帝為之魂飛魄散，沒想到天底下居然有如此美麗的男子，當日即拜為黃門郎，並封董賢的父親為雲中侯，即日徵為霸陵令，遷光祿大夫。

從此漢哀帝對董賢日益寵愛，同輦而坐，同車而乘，同榻而眠。很快又加封他為駙馬都尉侍中，旬月間賞賜累巨萬，貴震朝廷。董賢不僅長得像個美女，言談舉止也十足像個女人，「性柔和」、「善為媚」。漢哀帝常常藉口賜洗沐，將他留在宮中，不肯放他出去。因為董賢老是不能著家，漢哀帝更特別下詔，讓董賢搬到皇宮裡頭，又封董賢的妹妹為昭儀，位次皇后。

有一天，兩人一起睡午覺，董賢把哀帝的衣袖壓在身底，哀帝睡醒了想起身，發現董賢枕著他的袖子睡得正香，不忍驚動董賢，隨手拔劍割斷了衣袖，這才起來。

漢哀帝斷袖而起

隨著寵愛的加深，漢哀帝不顧朝野上下逐漸強烈的反董賢的聲勢，一意孤行，下令在自己的陵墓旁為董賢建一墓，以便生則同床，死則同穴。這些引起了大臣們的反對，批評皇上對董賢的封賞太過分，但哀帝根本不聽。當三位大臣以退還官爵相威脅，逼漢哀帝遠離董賢時，漢哀帝仍不以為意，索性將爵位全部封給董賢。董賢此時才二十二歲，卻官拜大司馬、大司徒、大司空，集「三公」於一身，「權與人主侔」，以致從匈奴來的使臣看到這麼年輕的大臣，也十分驚訝。

哀帝覺得這樣還不夠，在臨死前，甚至還要像堯舜禪位那樣將帝位讓給董賢。其實董賢這位享盡寵愛的美男子性情極其溫和，老實本分，從來沒有利用自己和皇帝的關係弄權，反而總是處處忍讓。但是漢哀帝不懂得「愛之適足以害之」的道理，丞相王嘉因為說了董賢的不是，即被漢哀帝投入監獄而死。正是漢哀帝的所作所為，一步一步地將董賢逼上了黃泉路。

不久，哀帝病情越發嚴重，董賢即被禁入宮。元壽二年（西元前一年）六月，二十六歲的哀帝突然病死。太皇太后讓王莽出來支持朝政。王莽極力彈劾董賢，不許他進宮，剝奪了他所有的權力，繳回他的大司馬印，並令他在家中聽候罪罰。

董賢知道大禍已然臨頭，只好和妻子一起自殺，也算是為哀帝殉情。王莽疑心其假死，命人開棺驗屍，沒收其財產，居然有錢四十三萬萬之巨。他的親屬，抄家的抄家，流放的流放，下場悲慘。他死後也不得安身，據說被鞭屍之後，草席一裹便被扔在了城郊。

長門賦，怨無窮——中國第一位女同性戀者

陳阿嬌是漢景帝的姐姐館陶長公主劉嫖的女兒。她母親原想把她許給當時的太子劉榮，卻招到劉榮的母親栗姬的拒絕。館陶公主於是將目標轉向王美人的兒子劉徹。一次，她抱著劉徹說：「徹兒長大了要討媳婦，這些宮女你要哪一個？」劉徹當然明白這句話的含義，當即回

答：「如果能娶到阿嬌，願蓋金屋以貯之。」有了劉徹「金屋藏嬌」的許諾，長公主心花怒放，纏著景帝答應了這門親事。其後，長公主不遺餘力，使劉榮失去太子之位，由劉徹取而代之。

景帝病逝，劉徹登基即日踐約，讓陳阿嬌的夢想變為現實。除了住進金屋之外，阿嬌更被立為皇后，一時嬌貴無比。但劉徹為人風流，在有了衛子夫之後，更是三千寵愛集於一身。

陳阿嬌為人驕傲、善妒，最致命的是她雖然貴為皇后之尊，卻一直沒有兒子，史書記載，阿嬌為了治好自己無子之病，前後花了九千萬錢。

在看到衛子夫得寵之後，她意不能平，多次大吵大鬧，尋死覓活，令漢武帝非常惱怒。陳皇后妒火中燒之餘，幾次對衛子夫暗下毒手，卻沒將之弄死，反而被衛子夫察覺。衛子夫奏告武帝，武帝勃然大怒，但想起館陶長公主對自己的擁立之功，還是壓下怒火，沒有處置陳皇后，只是再也不去她那裡了。

當得知衛子夫懷孕之後，出於嫉妒、怨恨、焦慮、無奈，陳阿嬌居然求助於巫蠱之術。一位名叫楚服的女巫告訴她，自己有法術能讓皇帝回心，但需晝夜祭祀，合藥服之。同時又以巫蠱詛咒衛子夫等得寵的嬪妃。根據記載，「（陳阿嬌）使女巫著男子衣冠幃帶，與后寢居，相處若夫婦。」

元光五年（西元前一三〇年），巫蠱事情敗露，漢武帝派酷吏張湯嚴查此案，前後牽連三百多人。最後，楚服伏誅，皇后廢處長門宮。

陳阿嬌之所以受到處罰，主因自然是巫蠱，但「上聞窮治，謂女而男淫」，可見她以皇后之尊卻去大搞女同性戀實在大大丟了皇帝的臉。

巫蠱案後，館陶長公主劉嫖非常慚愧，向漢武帝道歉。漢武帝說：「皇后所為不軌於大

女同性戀春宮圖

宋代時兩個女同性戀者同時使用的雙頭玉陽具

義，不得不廢。」但他保證，「后雖廢，供奉如法，長門無異上宮也」。

陳阿嬌退居長門宮之後，為了挽回漢武帝，以千金求得司馬相如寫下〈長門賦〉：

> 夫何一佳人兮，步逍遙以自虞。魂逾佚而不反兮，形枯槁而獨居。言我朝往而暮來兮，飲食樂而忘人。心慊移而不省故兮，交得意而相親。……

可惜，這篇流傳千古的絕妙好文雖然讓漢武帝欣賞到了司馬相如的文采，卻沒能讓他回心轉意。幾年後，陳阿嬌在悲憤中，帶著〈長門賦〉中所描摹的苦悶抑鬱的情緒，離開了人世。

陳阿嬌與楚服是中國有案可稽的第一例女同性戀。其實不論在哪個朝代，宮禁之內女同性戀一直在暗暗地流行。宮女們當然不是天生的同性戀者，只是由於長期的幽閉，因得不到與異性接觸的機會而造成極度的性饑渴，從而性意識發生了轉變。據《漢書．外戚趙皇后傳》記載，到了漢成帝之時，中宮使曹宮與官婢道房「對食」。應邵注曰：「宮人自相與為夫婦名對食，甚相妒忌也。」

其後「對食」作為同性戀的隱語千百年來也一直在宮中流

傳。「對食」最初專指女同性戀，到後來，女子與閹者的不正常行為也稱「對食」了。不過「對食」偶爾也能遇見狀元郎。五代十國的南漢是中國歷史上唯一的太監王朝，南漢皇帝規定，做狀元者，必先受宮刑。這些受閹的狀元多成為宮女的「對食」伴侶。故羅履先〈南漢宮詞〉云：「莫怪宮人誇對食，尚衣多半狀元郎。」

依倚將軍勢，調笑酒家胡——兩漢權臣的男寵

上有所好，下必甚焉。漢代皇帝喜歡男色之風很快浸淫臣下，綜觀兩漢史，以大將軍之尊、丞相之位而好男色的有霍光、梁冀，即便是橫槊自雄的曹操也未能自外。

霍光是西漢權臣，他是名將霍去病異母之弟，由去病以「父兄任」保舉為郎官。漢武帝死時，昭帝年僅九歲，霍光和皇帝的另兩個近臣金日磾、上官桀，以及丞相田千秋和御史大夫桑弘羊，一起被指定為顧命大臣。其後金日磾病死，上官桀、桑弘羊族誅，田千秋被壓制。五人輔政集團唯霍光獨存，由此，「光威震海內」。

元平元年（西元前七十四年），二十一歲的昭帝死去，霍光迎立了昌邑王劉賀。但三個月後，又以不孝和親近小人的罪名把劉賀廢掉，改迎流落民間的武帝孫劉詢為帝，是為宣帝。可謂是「持國權柄，殺生在手中」，威福由心，刑戮在口。

他的監奴馮子都，根據史書記載「有殊色，光愛幸之，常與計事，頗浹，權傾都邑」。

霍光經常招馮子都商議國家大事，商議來商議去就商議到了床榻之上。兩人的同性戀關係

使得子都身分雖賤卻很得勢，百官以下都要仰承他的鼻息。漢樂府就有一首專表此事：

昔有霍家奴，姓馮名子都。依倚將軍勢，調笑酒家胡。

霍光去世之後，他的妻子顯馬上按捺不住寂寞，「廣治第室，作乘輿輦，加畫繡裀，馮黃金塗韋絮薦輪，侍婢以五彩絲挽」，並與馮子都私通，公然在府第之中喧鬧遊戲，二人儼然如夫婦。當霍氏家族謀反事敗之後，誅滅不下千家。馮子都也被連坐處死。

同樣的事也發生在東漢順帝時的權臣「跋扈將軍」梁冀身上。

梁冀作為權傾中外的外戚，自從在順帝時任大將軍以後，專斷朝政近二十年。他的兩個妹妹皆為皇后。他完全將朝廷視為私人開辦的機構，對臣下公開勒索，廣斂財富，全不把皇帝放在眼裡。漢順帝死去的時候，接替他的沖帝是個兩歲的娃娃，過了半年也死了。梁冀就在皇族中找了一個八歲的孩子接替，這就是漢質帝。只因這個孩子罵了他一聲「跋扈將軍」，便被毒殺。當他再度迎立桓帝後，桓帝在忍無可忍之下，發動政變，治其罪，迫其自殺。並將他的家產沒收變賣合三十餘萬萬，相當於東漢政府一年租稅收入之半。

極度的權力使人瘋狂，梁冀也曾養起男色，最受他寵愛的便是秦宮。史書上說秦宮「年少而兼有龍陽、文信之資」。關於他的美貌，即便在五百年之後，唐人李賀還為之寫詩讚歎，「越羅衫袂迎春風……桐英永巷騎新馬……秦宮一生花底活……醉睡氍毹滿堂月。」梁冀的妻子孫壽在如此美色面前也無法克制自己的情欲，也許是在梁冀的縱容之下，與秦宮有了姦情，以至於「冀與妻孫壽爭幸之」。

後世的人們常用馮子都、秦宮以及這兩人的事例來說明家主與奴僕發生同性戀，從而對家

男風春宮圖

庭倫理所造成的危害。

相比較而言，曹操雖然也好男色，卻沒有出太大的亂子。他寵愛的是一個名叫孔桂，字叔林的天水人。建安（漢獻帝年號）初，孔桂數次作為將軍楊秋的使節前往許都朝見曹操，因為他善於逢迎諂媚，曹操便封他為拜騎都尉。這個孔桂除了長得漂亮之外，還是一位圍棋高手，更踢得一腳好足球，因此「數得賞賜，又多饋遺，桂因此侯服玉食」。

孔桂因為常伴曹操左右，隨從出入，最後捲入了曹丕與曹植爭奪大位的權力鬥爭中。當他看到曹操有意立曹植為太子時，便緊密依附曹植，以至於怠慢了曹丕。曹丕繼位之後，找了個私下接受西域的財寶賄賂的理由，將他治了死罪。

傾國男色韓子高——魏晉南北朝時期的男色

不過，曹丕本人也喜歡男色，可謂是有其父必有其子了。曹丕寵愛一個叫曹肇的美少年，常常和他一起同出同宿。據馮夢龍《情史》載，這位曹肇「常與帝戲，賭衣物，有不獲，輒入御帳，服之徑出」。

曹操的「尚通脫」，嵇康、阮籍的「越名教而任自然」，可以說是在思想上造成了解放，然而這種縱情享樂的佯狂，對固有倫理的衝擊也是非常巨大的。「竹林七賢」之一的劉伶在酒後更是放言：「我以天地為房屋，以房屋為衣褲，你們幹嗎要鑽到我褲襠裡來呢？」總之，否定外界社會的過程，探求人生變幻無常的命運，執著愛戀短促的生命，尋求人生的歡樂，就成了魏晉時代的思想主流。

自命風流的魏晉更是個男風熾烈的年代。《晉書．五行志》裡就記載道：「太康之後，男寵大興，甚於女色，士大夫莫不尚之，天下相仿效，或至夫婦離絕，生多怨曠。」可見男風之盛，已經大大影響到了社會的和諧。比如南朝宋時的張暢，愛其弟子輯，臨終留下遺命，要與輯合墳而葬，時議非之。他們分屬師徒，情共生死，除了性別之外，完全是金庸寫的楊過和小龍女故事的翻版。這給整個社會帶來了極大的衝擊，挑戰著人們的倫理底線。

在這個時代，除了研究「容止」，宣導「雅量」的魏晉清談之外，稍有權勢的貴族家裡都有蓄養孌童的習慣。東晉權臣桓溫便與他的心腹謀士郤超有私。某晚二人同宿，早晨謝安等前來議事，桓溫出來迎接，讓郤超在帳中臥聽之。風動帳開，謝安發現郤氏猶在睡帳當中，笑謂：「郤生可謂入幕賓也。」「入幕之賓」的典故便是由此而來。

始創四聲的文學家沈約曾經作有一篇〈懺悔文〉，其中寫道，他「爰始成童，有心嗜欲。……分桃斷袖，亦足稱多。此實生死牢阱，未易洗撥」。

對於男色的歌詠更是不絕於書，當時有一位名叫周小史的美男子，居然勞動了兩位文壇大宗師先後為之援筆題詩，張翰的〈周小史〉曰：

翩翩周生，婉孌幼童。年十有五，如日在東。
香膚柔澤，素質參紅。團輔圓頤，菡萏芙蓉。
爾形既淑，爾服亦鮮。輕車隨風，飛霧流煙。
轉側綺靡，顧盼便妍。和顏善笑，美口善言。

而梁朝的劉遵則在〈繁華詩〉中寫道：

可憐周小童，微笑摘蘭叢。鮮膚勝粉白，慢臉若桃紅。
挾彈雕陵下，垂鉤蓮葉東。腕動飄香麝，衣輕任好風。
幸承拂枕選，侍奉華堂中。金屏障翠被，藍帕覆薰籠。
本知傷輕薄，含詞羞自通。剪袖恩雖重，殘桃愛未終。
蛾眉詎須嫉，新妝近如宮。

真可謂不吝筆墨，好詞用盡。

正如男女的愛情一樣，男「同志」之間的「愛情」既有感人的「愛別離」，也自然會有「怨憎會」。梁宗室蕭韶為幼童時，家境破落，其衣食所資，皆為著名文學家庾信所給，兩人在交往中產生了戀情。然而後來蕭韶做郢州刺史時，庾信路過郢州，蕭韶雖然接待了他，在宴席上卻沒有給庾信好的待遇。庾信勃然大怒，「乃徑上韶床，踐踏肴饌。直視韶面，謂曰：『官今日形容大異近日！』當時賓客滿座，蕭韶既羞且愧」。

而另一對怨偶也是大大有名。南朝宋文學家王僧達出身琅琊王氏，可謂高門華胄，他在討劉劭之役中有功，希圖獲得更高的官職，但未能如願，因此頗多怨艾，加上輕視皇太后路氏家族，被孝武帝藉故賜死。他的侄子王確年少美姿容，王僧達與之私款。但是後來情海生波，王確不想再保持這種關係，於是打算避往他地。王僧達聞之大怒，嫉恨攻心，竟然暗中在自己住所屋後挖了好大一個坑，想要把王確引誘過來活活坑殺。不想走漏了消息，王確才逃過一劫。

然而這些「愛情」中最離奇的當屬南朝陳文帝陳蒨與韓子高的故事。有別於別的男寵，韓子高與陳蒨相戀時，陳蒨並未顯貴，他們感人的故事被唐人李翊寫成了〈陳子高傳〉，其後明人王驥德的雜劇「男王后」更是演義得愈傳愈奇——

春宮圖：皇帝的同性戀

韓子高是會稽山陰人，家世微賤，以織履為生。當子高十六歲的時候，容貌豔麗，纖妍潔白，又喜歡打扮，有如美婦人，看到他的人都為之傾心。他曾經出入戰陣之中，敵人看到他的容顏的時候，都不忍心用刀砍他。

當時陳蒨以將軍出鎮吳興，韓子高正要退伍還鄉，陳蒨一見之下，魂飛魄散，說道：「如果想要富貴，最好是追隨我。」韓子高允諾了，當夜兩人同床，陳蒨的陽具粗大，幾乎讓韓子高暈死過去。但是韓子高卻說：「身子既然已經屬於大人了，死了也就死了，安敢自愛？」陳蒨聽了這話，更是對他加倍寵愛。

韓子高兩臂修長，善於騎射，形體俊美，肌膚誘人，實在是英武異常，令人癡迷而不能自拔。陳蒨曾經為他寫下詩篇，「昔聞周小史，今歌白下童。玉塵手不別，羊車市若空。誰愁兩雄並，金貂應讓儂。」又說，人人都說我有帝王之相，如果真的如此，以後我一定封你為王后。韓子高馬上叩頭，道：「古代有女主，今日也應該有男王后。」在長期的戰爭中，兩人更是同食共寢，日夜不離。

陳武帝陳霸先駕崩之後，陳蒨以猶子入嗣大統，子高為右衛將軍、散騎常侍，稱功封文招縣子。陳蒨病故之前，韓子高端水送藥，片刻不離，給彌留之際的陳蒨以極大的安慰。陳蒨死後，韓子高坐誣謀反，被冤獄賜死，年僅三十歲。

鳳皇，鳳皇，止阿房——登上帝位的男寵慕容沖

東晉南朝是道德規範弱化的時代，而在五胡亂華的北方，北朝的文化比諸南朝大為遜色，然而好男色之風，則可謂旗鼓相當。《北史．北齊．廢帝殷本紀》記載，「天保九年，太子監國，集諸儒講《孝經》。令楊諸傳旨，謂國子助教許散愁曰：『先生在世，何以自資？』對曰：『散愁自少以來，不登孌童之床，不入季女之室，服膺簡冊，不知老之將至。』」許散愁這番答對說明當時「登孌童之床」之風很盛。

根據史書記載，後趙的石虎在稱王前寵惑優僮鄭櫻桃而殺了自己的妻子郭氏，再納清河崔氏之女，結果又被櫻桃的讒言所動，使崔氏之女成了第二個犧牲品。而北魏宗室元悅「為性不倫，俶儻難測。又絕房中而更好男色，輕忿妃妾，至加捶撻」。其他諸如魏始興王浚與楊承先，魏齊王芳與郭懷、袁信，石宣與甲扁，更是史不絕書。

在這種風氣的浸淫下，連一代雄主苻堅也難以自外。苻堅在王猛的說明下，曾統一中國北方，國力一度超過東晉數倍，很有機會統一全國。他在攻滅鮮卑族建立的前燕帝國時，挾戰勝之威，將燕國清河公主和他的弟弟小字鳳凰的慕容沖同時納入後宮。據《晉書．載記第十四》記載：

> 沖姊為清河公主，年十四，有殊色，堅納之，寵後庭。沖年十二，亦有龍陽之姿，堅又幸之。曩弟專寵；宮人莫之。長安歌之曰：「一雌復一雄，雙飛入紫宮。」咸懼為亂。王猛切諫，堅乃出衝長安。

十幾年後，苻堅不顧大臣們和其弟苻融的反對及王猛的遺言，沒等條件成熟就傾全國之兵力，號稱八十七萬大軍，入侵東晉，但是在淝水之戰中慘敗。前秦由此元氣大傷，鮮卑、羌等部族相繼叛變。慕容沖結集鮮卑人，趁亂而起，馬踏關中，揮刀雪恥。孌童出身的慕容沖很快把苻堅圍在了長安城裡。苻堅氣得在城上大罵慕容沖，「爾輩群奴正可牧牛羊，何為送死！」慕容沖答道：「奴則奴矣，既厭奴苦，復欲取爾見代。」

苻堅派人送給慕容沖一件錦袍，並讓使者傳話給他，「卿遠來草創，得無勞乎？今送一袍，以明本懷。朕於卿恩分如何，而於一照忽為此變。」希望慕容沖能記住舊日一起相處的美好時光。

慕容沖的回答則是，「孤今心在天下，豈顧一袍小惠。苟能知命，便可君臣束手，早送皇帝，自當寬貸苻氏，以酬曩好，終不使既往之施獨美於前。」實際上，慕容沖記住的只是小小年紀便被占有身體的奇恥大辱。

面首之由來——劉宋王朝的荒淫記錄

苻堅聽到使者的回話，大怒道：「我不聽王猛的話，才使白虜如此猖獗。真是可恨！」鮮卑族人皮膚非常白皙，故被敵人稱為「白虜」，其部落也被稱為「白部鮮卑」。他們的女人是非常搶手的美人。在當時，貴族多有蓄養鮮卑族姬妾的風俗。

最後苻堅狼狽地棄城逃亡，慕容沖攻入長安城後，在阿房登上帝位，做了燕國皇帝。最初民間有歌謠流傳，「鳳皇，鳳皇，止阿房。」苻堅以為鳳凰非梧桐不棲，非竹實不食，於是植竹數十萬於阿房城以迎接鳳凰的到來，沒想到飛來的此「鳳凰」（小字「鳳凰」的慕容沖）非彼鳳凰。

攻陷長安後慕容沖唆使部下搶遍全城。鮮卑人在長安燒殺搶掠之後，泛起了鄉愁。然而燕國故地是慕容沖叔父慕容垂的勢力範圍。慕容沖心知一日東歸，則皇位必然受到威脅。最終，軍心思變，他跟手下將領產生了意見分歧，不久之後，這位年輕英俊、風華正茂的青年就死於一場軍事政變。慕容沖後來被諡為威皇帝。

慕容沖數載孌童生涯，一朝鐵血皇帝，雖然他的光輝歲月只維持了很短的一個時期，但也可謂是前無古人後無來者了。

至於苻堅的下場則是出逃到五將山，剩下十餘個侍衛，被姚萇追上，縊殺於新平佛寺。其子苻詵，兩女苻錦、苻寶以及夫人張氏等皆自殺。苻堅死後就地埋葬，當地人稱「長角塚」。

這本書寫的是性文化史，不是帝王的荒淫史。不過有些帝王實在是表現得太突出了，以至於不得不簡要地記錄一下。

大抵來講，亡國之君或者是被篡位的君王都是比較倒楣的，即便不荒淫，也要被寫成性無能；如果荒淫了，還要被整出種種花樣來。至於那些有為之君是不是沒有這樣的事情，我看也不見得。不過這種工作就交給歷史學家去做吧，我在這裡就只能介紹一些現成的。

諸葛亮在〈出師表〉上說東漢是亡於桓靈二帝。漢桓帝已經是很糟糕了，但是接著繼位的靈帝就更糟糕了。《後漢書》上說：「起裸遊館千間，采綠苔而被階，引渠水以繞砌，周流澄澈，乘船以遊漾，使宮人乘之，選玉色輕體，以執篙楫，搖漾於渠中。……宮人年二七以上，三六以下，皆靚妝，解其上衣，唯著內服，或共裸浴。」顯然是在開天體營了。在這樣的時候，靈帝感嘆了一句「使萬歲如此，真上仙也！」也不是不可以理解的。然而到了南朝劉宋的廢帝劉子業，他不但要看美女裸體，還要美女裸體跟他玩捉迷藏遊戲，以至於因此而被近臣殺死。

說起南北朝這個劉宋王朝，除了前兩任皇帝還像樣，其他的君王是一個比一個荒淫，一個比一個殘暴，簡直算是一個禽獸王朝了。有人甚至懷疑這一家族都有某種特殊的病史。

先說劉子業的父親南朝宋孝武帝劉駿。劉駿除了奢侈無度外，還熱衷亂倫。天下美女那麼多，他就偏偏喜歡欺負自家的堂姊堂妹。他看上了叔父劉義宣的幾個女兒，就把她們強留在宮中。劉義宣因此起兵造反，但被劉駿鎮壓了下去。為了掩人耳目，他讓這幾個堂姊堂妹中他最喜歡的一個改姓殷，封她為淑儀。

劉駿因病去世後，他的兒子劉子業登基。對於父親的去世，劉子業不但沒有號啕大哭，反而面目欣然，登基後想做的第一件事情，居然是挖自己老爸的陵墓，把大臣們幾乎都嚇傻了。

還好太史說掘陵對他不利，他才作罷。

劉子業對他的那些叔叔們十分猜忌。趁著這些叔父們入朝的時候，把他們統統扣留在宮中，還給他們都起了綽號：把湘東王劉彧叫做豬王，建安王劉休仁叫做殺王，山陽王劉休佑叫做賊王。他對體形肥壯的「豬王」劉彧最感興趣，經常捉弄他。

他老爸亂倫起來，找的還是堂姊堂妹，可是這位劉子業，找的卻是自己同父同母的親姊姊山陰公主，公然把她召進宮來，一起雙宿雙飛，並給她進爵位為會稽郡長公主，秩同郡王。

當山陰公主覺得自己的皇帝弟弟和老公都不能滿足她時，就對皇帝弟弟提出要求，「妾與陛下，雖男女有殊，俱托體先帝。陛下六宮萬數，而妾唯駙馬一人。事不均平，一何至此？」劉子業一聽，覺得有道理，就給她找來了三十個「面首」。什麼是面首呢？《辭源》解釋為，「面，貌之美；首，髮之美。」按照現代的說法，就是小白臉了。

劉子業還打起自己姑姑新蔡公主的主意，設計將她召進宮中，強行姦淫。新蔡公主拼命掙扎，大叫陛下不能做這樣逆倫的事情。劉子業卻說姊姊尚能侍寢，姑姑又有何妨？新蔡公主只好屈從。

劉子業還命令右衛將軍劉道隆逼淫建安王劉休仁的母親陳太妃，在他們交媾的時候，還叫劉休仁在一邊看。陳太妃為了兒子的性命，只得含恨受辱。劉休仁為了活命，居然面無表情地看完老母被姦的全部過程。

有一天，劉子業更下令召集諸王的妃嬪公主入宮，等她們都來了，就下令左右侍衛幸臣一起脫去衣服，進行群交。南平王劉鑠的王妃江氏，說什麼也不肯做這樣淫亂的事情。劉子業大怒，當即將她的三個兒子抓來，當著她的面全部殺死。

然而，這些還不足以展現劉子業在荒淫這方面的變態。他整天命令宮女和侍衛們一起裸體

漢代玉雕：獸交

宣淫，終於有一天覺得沒勁了，於是就命人牽來一大群動物，什麼狗、馬、羊、猴之類的，命令宮女們和這些動物當眾交媾。有個妃子不願意，子業當場就把她殺了。然而之後在其睡夢中，這位妃子的鬼魂不時來騷擾，他就把宮中幾十個長相與這妃子有些近似的嬪妃、宮女通通殺死。可是就在當晚，這幾十名女子的幽魂又都出現在他夢中，向他索命。於是，他就擺宴祭祀亡魂。

此時，一向被他囚禁的湘東王劉彧，聯絡皇帝身邊的侍衛，密謀暗殺小皇帝。在侍衛們持刀追逐下，這位十七歲的小皇帝就「駕崩」了。此時距他即位，不過短短的一年。

其後劉彧正式登基為帝，改元泰始，是為宋明帝。沒想到這位劉彧登基之後，先把劉子業的荒淫學了個夠。一次，他在宮中大擺宴席，所有的后妃公主以及命婦都列座歡宴，酒至半酣，劉彧就命令無論宮內的嬪妃還是宮外的婦女，都必須裸衣為戲，和他胡天胡地。在他死後，他十歲的兒子劉昱即位為帝。這個劉昱更是個混世小魔王，罪行罄竹難書。劉宋王朝到了這一步，不亡簡直是沒有天理了。

誠然，帝王的荒淫歷朝歷代都有，但是像劉宋王朝這位連續幾任地大搞亂倫，卻是絕無僅有。為什麼會這樣呢？那麼我們就得瞭解魏晉南北朝這個時代。這是個推崇以放浪形骸、自命風流、玩世不恭為最高貴的人生觀、世界觀的時代，士族大家們無視禮法，崇尚通脱，以至於像「貴遊子弟，相與為散髮裸身之飲，對弄婢妾」的情形屢見不鮮，這種風氣反過來也必然會影響到帝王之家。如一代英傑曹操一死，曹丕就把他老爹的寵妾們都收納到自己的宮裡去享用了。不久，曹丕病重了，他的母親卞太后去看望他，發現許多侍妾原來是侍奉「先帝」的，當即破口大罵道，豬狗不如的東西，死了活該！

所以現在文化史一提起魏晉，就說到竹林七賢，說到世說新語，卻不知道在這些魏晉風度的後面，整個社會的世俗倫理近乎崩潰的情形。而其中最大的受害者恰恰是兩漢以來一直被尊敬的婦女，雖然這種尊敬的目的是為了將她們束縛在閨房之內。

驗處女，用守宮，快快樂樂好輕鬆——古代最流行的婚前驗貞方法

古漢語裡頭，「處」是待在家裡的意思，如果古代有像作者這樣整天待在家裡的作家，就該叫做「處家」了。

曾經有人問我，古代有沒有處男這個詞？那是沒有的，但是有「處士」一詞，該詞意為不出來當官的男人。至於處女的意思，就是養在深閨的女人；養得太久了以至於嫁不出去的，就叫做老處女了。

這樣看來，處女本來是不值錢的，因為嫁不出去嘛，沒人要嘛（開個玩笑）。說起來，在上古時期，原民有「殺首子」之風。沒辦法，這是因為那時候是群交時代，大家都在亂搞，所以只能把生下來的第一個孩子殺掉，免得白養了一個「野種」。至於女人是不是婚前就發生了性關係，沒有人去管，也管不了。

不過，自從有了貞節觀念，處女就越來越吃香了。因此如何科學地婚前驗貞、鑒別處女就被提上研究課程了。我們的老祖宗發明了一種讓人耳目一新的技術，叫做「守宮」。金庸的小

説《神鵰俠侶》就寫到小龍女在沒有被尹志平玷污之前，手臂上點著殷紅奪目的「守宮砂」。一被破身之後，手臂上的守宮砂就自動消失了。神奇啊，實在是太神奇了。

那到底什麼是「守宮」呢？其實就是壁虎，屬於蜥蜴的一種。因為它經常守伏在屋壁宮牆，捕食蟲蛾，所以叫這個名字。壁虎在中藥裡頭是常見藥，直到現在還有不少老中醫會開出這樣的方子，據説能夠主治小兒臍風、久年驚癇、小兒撮口、心虛驚癇、癱瘓走痛、歷節風痛、破傷中風、癘風成癩、瘰癧初起、小兒疳疾、蠍傷、反胃膈氣、癰瘡大痛等疾病。

馬王堆漢墓出土帛書《養生方》上説：「取守宮置新甕中，而置丹（於）甕中，令守宮食之。須死，即治，□軋畫女子臂若身。即與男子戲，即不明。」馬王堆漢墓出土之帛、簡書的寫作年代在漢文帝之前，最晚也不會遲於戰國晚期至漢初。

而《淮南子．萬畢術》載，「守宮飾女臂，有文章。取守宮新舍陰陽者各一，藏之甕中，陰乾百日，以飾女臂，則生文章，與男子合陰陽，輒滅去。」這個藥方，只需守宮雄雌各一隻，無須別的藥物和入，但是還沒有用到朱砂。

先秦兩漢時期其實是不怎麼重視處女貞操的，雖然漢代的班昭《女誡》中強調「夫有再娶之義，婦無二適之文」，主張婦女從一而終，卻也沒有一語談及處女貞操。至於先秦的典籍中，在意處女貞操的文字更是一句話也沒有。所以我在這裡還要表揚一下我們老祖宗，他們之所以發明驗貞的方法，完全是出自求知探索的科學精神，而不是怕自己戴上綠帽子。當然，也可能驗貞的目的是因為厭惡、恐懼處女，所以要找到辦法鑒別。

到了西晉，這一技術又有了新的發展，張華在《博物志》卷四上説：「蜥蜴或名蝘蜓。以器養之，食以朱砂，體盡赤，所食滿七斤，治擣萬杵，點女人肢體，終年不滅，唯房室事則滅，故號守宮。《傳》云：東方朔語漢武帝，試之有驗。」

同書還有一節上說：「取七月七日守宮，陰乾之，治以井花水和，塗女人身，有文章，則以丹塗之，不去者不淫，去者有奸。」這個方子顯然和上個方子略有不同，壁虎是一定要用到的，配的藥材卻是「井花水」和「丹」，當然，也許「丹」是朱砂的別稱也說不定。此外，上個方子是用朱砂餵養壁虎，而這個方子則是用「丹」塗女身。

然而不管怎麼樣，這顯然是行之有效的方法，不然也不會流傳上千年。如南北朝時梁朝的名醫陶弘景就說：「守宮喜緣籬壁間，以朱飼之，滿三斤，殺『乾末』以塗女人身，有交接事，便脱；不爾，如赤志，故名守宮。」

但是可能這種方法對壁虎飼養還有一些特殊的要求，到了後世慢慢失傳了。因此到了唐朝開始，就有醫學家懷疑守宮是不是真的能驗貞了。

重訂《唐本草》的右監門長史蘇恭就說：「守宮又名蠍虎，以其常在屋壁，故名守宮，亦名壁宮。飼朱點婦人，謬說也。」而明代訪採四方的李時珍所編撰的《本草綱目》中，對「守宮」釋名下的籤注，也談到守宮試貞的效果並不理想，不過他沒有像蘇恭那樣一棍子打死，而是認為《淮南子．萬畢術》、張華《博物志》、彭乘《墨客揮犀》中說的大抵不夠真切詳細，恐怕別有術而未傳。

但是守宮砂失傳了，不靈了，就沒有別的辦法了麼？《四庫全書》子部小說家類中收有一本偽託為唐金城馮贄所撰《雲仙雜記》卷五上說：「唐玄宗時凡宮人進御者，皆在臂上印『風月常新』四字，再漬以桂紅膏，則水洗不褪。」這一說法在晚唐張泌所寫的〈妝樓記〉中也有記載。不過這種方法似乎影響不大，可能屬於宮廷秘方。

總之，守宮是古代中國影響最大的婚前驗貞方法，所以很多詩人都吟詠過，杜牧〈宮詞二首〉之一上說：「蟬翼輕綃傅體紅，玉膚如醉向春風。深宮鎖閉猶疑惑，更取丹砂試辟宮。」

而李賀〈宮娃歌〉有句，「蠟光高懸照紗空，花房夜搗紅守宮。」又李商隱〈河陽詩〉句云：「巴西夜市紅守宮，後房點臂斑斑紅。」

而將「守宮」用於小說情節的，也有不少。比如宣瘦梅《夜雨秋燈錄》卷四「雪裡紅」上寫道，女主人公「伸玉臂露守宮砂曰：六歲時遇吾師，以丹藥點作貞驗，至今身猶處子。……（新婚之夜）以臂紅示生曰：妾尚女兒身，唯夫君憐之！生以唾拭之，不去。……明晨，視紅褪如洗」。

總之，不管怎麼說，驗處女，用守宮，快快樂樂好輕鬆。

金谷千年更不春——綠珠墜樓

南北朝對峙時期，雖然不時有南北戰爭，然而總的來說，東晉後方是安逸的。雖然士大夫從中原帶來的男尊女卑等男權思想和三綱五常等封建禮教在吳越地區漸占統治地位，不過吳越地區的淫逸之風，自古已然。此外，士族大家的習氣是追逐聲色，崇尚風流，對女人，需要的不僅是單純的性發洩，於是慢慢就出現了紅牌妓女。邯鄲淳《笑林》就記載曹魏一段故事——

> 某甲為公府佐，尚不解音樂。妓女奏曲贊己，己亦不知。後作主人宴客，召妓具曲，誤以藥方為曲牌……

妓女的文化水準比主人還高，竟然成為笑談，可見魏晉時候的妓女，已經向更高層次發展了。擁有一個色藝雙絕的娼妓，以之招待賓客自然是無比有面子，比如《宋書．徐湛之傳》載，「貴戚豪家，產業甚厚，室宇園池，貴游莫及。妓樂之妙，冠絕一時。」平常遊山玩水時帶上一個，更是倍增目光。《世說新語》上就說謝安「每出遊，必以女妓從」。

就像今天高素質的「三陪」小姐很多都要經過專門培訓一樣，隨便從官奴婢中挑出來的美女明顯素質太低，不合適世家大族高門甲第的需求，因此「家妓」就出現了。所謂「家妓」自然是自己訓練培養的。這種風氣始於漢代，而極盛於魏晉南北朝，以至於如果有貴族不蓄妓都會被嘲笑落伍，比如《世說新語》中殷仲文就看不過眼宋武，勸他與大家保持一致，緊跟潮流蓄妓，可惜宋武給了他一個白眼，道：「我不解聲。」

一位名妓既然能增益主人的身分，則自然有很多人輾轉相求之，原來默默無聞的妓女們終於第一次得以在史書上留下了名字。綠珠便是這樣一位女子。

古時越地民俗以珠為上寶，生女稱為珠娘，生男稱作珠兒。綠珠的名字由此而來。當擔任交趾採訪使的官員石崇看中她之後，以真珠十斛的價格買下了她。

石崇，字季倫，初為修武令，後遷為侍中，永熙元年（西元二九〇年）出為荊州刺史。這位父母官的斂財手段竟然是向過往的行商下手，從而劫掠了如山似海的財富。石崇用這筆龐大的財富修建了一個無比奢華的園林——金谷園。酈道元《水經注》謂其「清泉茂樹，眾果竹柏，藥草蔽翳」。園內築百丈高的崇綺樓。

石崇和當時的名士左思、潘岳等二十四人曾結成詩社，號稱「金谷二十四友」。每次宴客，必命綠珠出來歌舞侑酒，因此綠珠之美名聞於天下。

綠珠善吹笛，又善舞「明君」，她曾自度新曲：

我本良家女，將適單于庭。辭別未及終，前驅已抗旌。
仆御涕流離，猿馬悲且鳴。哀鬱傷五內，涕位沾珠纓。
行行日已遠，遂造匈奴城。延我於穹廬，加我閼氏名。
殊類非所安，雖貴非所榮。父子見凌辱，對之慚且驚。
殺身良不易，默默以苟生。苟生亦何聊，積思常憤盈。
願假飛鴻翼，乘之以遐征。飛鴻不我顧，佇立以屏營。
昔為匣中玉，今為糞土塵。朝華不足歡，甘與秋草屏。
傳語後世人，遠嫁難為情。

詞意凄涼婉轉，其才情亦可見一斑。

石崇挾富自傲，藐視王侯，曾與貴戚晉武帝的舅父王愷鬥富。王愷飯後用糖水洗鍋，石崇便用蠟燭當柴燒；王愷做了四十里的紫絲布步障，石崇便做五十里的錦步障；王愷用赤石脂塗牆壁，石崇便用花椒。晉武帝暗中幫助王愷，賜了他一株珊瑚樹，不料石崇揮起鐵如意將珊瑚樹打得粉碎，然後命左右取來六、七株珊瑚樹，哪一株都比王愷的強。

石崇每次請客，常讓美人勸酒。如果客人不喝酒，他就將美人殺掉。一次丞相王導與大將軍王敦一道去石崇家赴宴。王導怕石崇殺人，雖無酒量也勉強飲下。酒量極大的王敦卻不買帳，結果石崇一連斬殺了三個美人，他仍是不喝。王導責備王敦，王敦卻說：「他殺他家裡的人，跟你有什麼關係？」

後來發生「八王之亂」。當趙王司馬倫專權之時，其謀士孫秀暗慕綠珠，明目張膽地派人

綠珠墜樓

向石崇索取綠珠。石崇勃然大怒，「綠珠是我所愛，那是做不到的。」趙王於是派兵剿殺石崇。石崇在高樓之上對綠珠嘆息說：「我現在因為妳而獲罪。」綠珠流淚說：「願效死於君前。」於是毅然從高樓縱身而下。後來石崇被亂兵殺於東市。臨死前他說：「這些人，還不是為了貪我的錢財！」押他的人說：「你既知道人為財死，為什麼不早些把家財散了，做點好事？」

金谷園至唐朝就漸漸荒廢了，當時人稱綠珠所墜之樓為「綠珠樓」。唐朝的詩人多有題詠，並在筆記小說中屢屢提到，冒充是牛僧孺所寫的筆記小說《周秦行紀》就寫到牛僧孺投宿古廟，遇見歷代的絕色美女，其中就有綠珠，甚至還借綠珠之口，寫了一首很傷感的詩歌——

此日人非昔日人，笛聲空怨趙王倫。紅残鈿碎花樓下，金谷千年更不春。

石崇因綠珠而致大不幸，並非南北朝之孤例，比如《南史．何恢傳》記載，「恢為廣州刺史，有妓曰張耀華，美而有寵。將之任，要權貴阮佃夫飲。佃夫見耀華悅之，頻求於恢。恢曰：『恢可得，此人不可得也。』佃夫怒，遂諷有司以公事彈恢坐免。」

為了女人把烏紗帽丟了，值不值得？為了一個妓女把烏紗帽丟了，值得不值得？

這時候，妓女還是地位低下，還是玩物，但是如果有人願意用自己的前途乃至於生命保護她，那麼她也就再不僅僅是玩物了。而妓女在主人呵護和包容下，雖然還是那麼的不平等，到底還是一點點吐露自己的心意，以她們的容光和才情來留名青史。

貴族帝國時代的性文化

——隋唐五代時期

◉思潮

若寧不妒而生，寧妒而死——唐代前期的婦女地位

男女不平等到現在還是一個有趣的問題。然而大多人不願意去深思其背景，有時候會把社會分工的不平等，當成是男女的不平等。比如在唐王朝，到底婦女地位是提高了呢，還是下降了，就是專家學者之間，也是人說人殊。

在這裡呢，我倒是以我的見識，說說個人的看法。把唐朝以開元、天寶為界限，分成前後兩期。

在唐王朝的前期，婦女的地位是穩步提高的。像李淵的平陽公主為反隋建唐作出過貢獻；太宗皇后長孫氏作為太宗的賢內助，對於朝政也多有匡正；又如安樂公主曾私自奏請中宗立她為皇太女。更為典型的是太平公主，她先後誅「二張」、誅滅韋氏勢力，這可是關係到李唐王朝安危存亡的兩大事件。而至於像武則天與高宗同掌國政，並成「二聖」，最終開創武周來說，可以說簡直是封建女性參政的頂點。

根據史書上的資料顯示，有唐一代公主再嫁、三嫁者有二十七人，其中高祖女四人，太宗女六人，高宗女一人，中宗女三人，睿宗女二人，玄宗女九人，共二十五人，約占九成以上。

而唐前期公主共九十一人，再嫁公主占了近三成。唐前期公主再嫁人數之多，足以表明女性並不被貞操觀念所禁錮，能夠自由地離婚改嫁。

《新唐書》中記載了這樣一件事情——

丹陽公主，下嫁薛萬徹。萬徹蠢甚，公主羞，不與同席者數月。太宗聞，笑焉，為置酒，悉召他婿與萬徹從容語，握架賭所佩刀，陽不勝，遂解賜之。主喜，命同載以歸。

看看，居然要皇帝老兒親自出面，才能為自己的女婿長臉，挽回公主的婚姻危機。當然，有人要說，那是因為對方是公主，是皇家的女兒的緣故。其實不然，便是大臣之家，這種情況也是比比皆是，而且正是因為妻子在家庭中地位很高，所以「妻管嚴」的例子很多。據唐韓琬《御史臺記》記載：

唐管國公任瓌酷怕妻，太宗以功賜而侍子，瓌拜謝，不敢以歸。太宗召其妻賜酒，謂之曰：「婦人妒忌，合當七出。若能改行無妒，則無飲此酒。不爾，可飲之。」曰：「妾不能改妒，請飲酒。」遂飲之。

另在《隋唐嘉話》中記載：

梁公（房玄齡）夫人極妒，太宗欲賜美人於梁公，屢辭不受。帝乃令皇后召夫人，告以司空年暮，帝欲有所優詔之意。夫人執心不回。帝乃令謂之曰：「若寧不妒而生，寧妒而死？」梁夫人答曰：「妾寧妒而死。」乃遣酌卮酒與之，一舉便盡。帝謂人曰：「我尚畏之，何況於玄齡！」

這兩個故事內容近似，傳主不一，可見是實有其事了。按照唐律，女子嫉妒是會被丈夫出掉的，可是在這兩個故事裡，丈夫不唯不敢出妻，即便是在皇帝的威壓之下，妻子也並沒有屈服，以至於太宗皇帝貴為萬乘之尊，也碰了一鼻子的灰。這可不是特例啊，像高宗時官至司列少常伯的楊弘武、中宗時御史大夫裴談等都以懼內而出名。

不單單是大臣如此，皇帝比如高宗李治也被武則天管教得服服貼貼的。當武則天被冊為皇后之後，專作威福，李治每次想做些什麼，動不動就被武則天所鉗制，以至於氣憤不過，密詔上官儀謀廢后。武則天得知後，大興問罪之師，高宗恐懼之下，居然把所有的責任推給上官儀，「我初無此心，皆上官儀教我。」上官儀由此被送上了斷頭臺，實在是太冤了。

男女地位的平等與否，其實有個標準很簡單，就是觀察男女交往接觸是否自由公開。在唐代，宮廷中后妃、宮女都不回避外臣，不拘禮節。例如史書記載，韋皇后與武三思同坐御床玩雙陸遊戲，唐中宗就在旁邊觀看指點。又如唐玄宗的寵臣姜皎常與后妃連榻宴飲，安祿山在後宮與楊貴妃同食、戲鬧，甚至通宵不出。這在後世都是很難想像的。

又比如中興大唐的重臣郭子儀在晚年，退休家居，享於聲色。有一天，盧杞來拜訪他，他正被一班家裡所養的歌伎們包圍，在得意地欣賞玩樂。一聽到盧杞來了，馬上命令所有女眷，包括歌伎，一律退到大會客室的屏風後面去，一個也不准出來見客。他單獨和盧杞談了很久，等到客人走了，家眷們問他，「你平日接見客人，都不避諱我們在場，談談笑笑，為什麼今天接見一個書生卻要這樣的慎重？」郭子儀說：「你們不知道，盧杞這個人，很有才幹，但他心胸狹窄，有仇必報。長相又不好看，半邊臉是青的，好像廟裡的鬼怪。你們女人們最愛笑，沒有事也笑一笑。如果看見盧杞的半邊藍臉，一定要笑，他就會記恨在心，一旦得志，你們和我的兒孫，就沒有一個活得成了！」不久盧杞果然做了宰相，凡是過去有看不起他、得罪過他的人，一律不能免掉殺身抄家的冤報。只有郭子儀的全家，即使稍稍有些不合法的事情，他還是曲予保全，認為郭令公非常重視他，大有知遇感恩之意。

從這件事情上，恰恰反映出唐朝前期人們在男女接觸上胸襟是多麼的開闊和爽朗。那麼，這種風氣是不是僅僅停留在上層社會呢？我們再看下面這個例子——

晚唐花間派的詩人溫庭筠在少年時喜歡尋花問柳，因此被主管上司姚勖鞭打、驅逐，從此壞了名聲，屢試不第。有一天姚勖有事到溫家中，溫庭筠的姊姊一看到他，就死死地抓住姚的袖子不放，大哭不已，狠狠地責罵姚。姚沒想到溫庭筠的姊姊情緒如此的激烈，以至於受了驚嚇，回家之後，竟得病死了。

看看，連什麼男女授受不親的話，都完全不放在心上了。

至於底層人家的男女交往，則更是從容散淡，正如崔顥〈長干曲〉所描述的那樣——「君家何處住？妾住在橫塘。停船暫借問，或恐是同鄉。」

宋人洪邁在《容齋三筆》中對此現象總結議論：「瓜田李下之疑，唐人不譏也。」所以，《唐傳奇》中寫陌生男女在外自由地攀談、結識，甚至同席共飲之事不勝枚舉，也就不是什麼值得驚怪的事情了。

正是因為唐代婦女的自由度空前提高，所以，她們的交際圈不被男人所限制，也有自己的社會地位和空間，這一點，以敦煌文書中「女人社」社約文書體現得最為明白，其中一件為顯德六年（西元九五九年）所寫——

> 顯德六年己未歲正月三日，女人社因茲新歲初來，各發好意，再立條件。蓋聞至誠立社，有條有格，夫邑儀者，父母生氣身，朋友長期值，遇危則相扶，難則相救，與朋友交，言如信，結交朋友，世語相續，大者若姊，小者若妹，讓語先登，立條件與後，山河為誓，中不相違。一、社內榮凶逐吉，親痛之名，便於社格，人各油一合、白麵一斤、粟一斗，便須驅驅，濟造食飯及酒者。若本身死亡者，仰眾社蓋白耽拽便送，贈例同前一般，其主人看待，不諫厚薄輕重，亦無罰責。二、社內正月建福一日，人各稅粟一斗、燈油一盞，脫塔印砂，一則報君王恩泰，二乃以父母作福，或有社內不諫大小，無格在席上喧拳，不聽上人言教者，便仰眾社，就門罰醴膩一筵，眾社破用。若要出社之者，各人決杖三棒，後罰醴局席一筵，的無免者。

從文書上可以看出署名，共十五人，有社官、長社、錄事、社老以及諸社人，可謂職司分明。更重要的一點是這些婦女在結社的過程中，不但自願，還有支配自己家庭經濟支出的權力。

有人要說了，顯德六年，那不是都已經五代了麼，這怎麼能說是唐前期呢？我想說的是，即便到五代，婦女還有這樣的自由度。那麼，初唐、中唐時期婦女的地位便可從容地推想、暢想了。

人生莫作婦人身，百年苦樂由他人——唐代後期的婦女地位

大體而言，一個國家最強盛的時期，往往也是女子地位最高的時期，比如現在，就是五千年來中國歷史上最好的時期了。一個國家衰微了，種種亂象就顯示出來了，最常見的，往往就是男權對女性的禁錮更深了。前面說過，唐前期公主共九十一人，再嫁公主占了近三成。但是到了晚唐，公主再嫁者只有肅宗時期的兩位公主，宣宗時更是宣布：「夫婦教化之端，其公主、縣主有子而寡，不得復嫁。」這是為什麼呢？

在天寶之後，「安史之亂」所帶來的空前浩劫並沒有因為戰亂被平定而止息，隨之而來的是北方各鎮成了軍閥的囊中之物，藩鎮割據成為晚唐的關鍵字之一。而周邊諸國如吐蕃、回紇、南詔等，借著唐王朝的衰微，一個個趁機崛起，跳出來搗亂，相繼寇邊。反觀唐王朝，則是日薄西山，內有宦官之禍不說，所能直接管轄徵稅的地區，也只剩下「東南八道」。在這種情況下，唐朝最後的幾任皇帝都沒能拿出什麼好招數來，他們只能竭力強調儒學的正統地位，來維護尊卑森嚴的封建等級制度。

比如在初唐，魏徵說自己要做良臣而不做忠臣，唐太宗就沒有砍他的頭，這就是一種自信心強的表現。

而到了後期，黃巢兵變攻入長安的時候，唐僖宗李儇狼狽出逃。等到好不容易打回長安，他俘獲了黃巢的一個不知名的姬妾。此女本出自高門甲第，是在亂世被唐朝節度使時溥獻給黃巢的，唐僖宗質問她：「汝曹皆勳貴子女，世受國恩，何為從賊？」她回答說：「狂賊凶逆，國家以百萬之眾，失守宗祧，播遷巴、蜀。今陛下以不能拒賊，責一女子，置公卿將帥於何地

乎？」唐僖宗被問得啞口無言，惱羞成怒之下，竟把她戮之於市。

如果說這是戰亂之時，唐僖宗處置失宜，那麼另一個事例則顯示出晚唐時期君王的無力感，以致要用一介弱女子的性命，來彰顯自己的德行了。

唐宣宗李忱有「小太宗」的美譽。一次江南的地方官獻一名絕色佳人，宣宗為了表示自己的勵精圖治、不迷戀女色，堅辭不受。江南的地方官問：「此美女如何處置？」唐宣宗竟狠心說：「殺掉！」於是這一絕色佳人就無辜地結束了自己年輕而寶貴的生命。

因為社會動盪，人心思亂，為了穩固民心，帝王本身就得做出一定的表率。以宮廷而論，晚唐之後，像武則天、太平公主、上官昭儀等在政治舞臺上長袖善舞的女子就不再有了，多的是「動循禮法」的后妃公主。像憲宗女岐陽公主，下嫁杜悰之後，「事舅姑以禮聞」，「姑寢疾，主不解衣，藥糜不嘗不進」。而宣宗女廣德公主，治家有禮法，「凡內外冠、婚、喪，主皆身答勞，疏戚咸得其心，為世聞婦」。

宮廷如此，民間風氣則不問可知了。雖然說做一個好的家庭婦女，會受到社會的高度評價，但是反過來，恰恰也證明了晚唐女子的活動空間大大地減弱了。

既然日常生活中要「動循禮法」，那麼像漢代《女誡》之類的圖書是少不了的，這個時代比較出名的女教之書有唐太宗的長孫皇后所寫的《女訓》（已失傳），還有侯莫陳邈妻鄭氏所作《女孝經》十八章。這本書押韻，易讀，模仿班昭和諸女問答的口氣，很是流行。《紅樓夢》第九十二回就寫到寶玉來到賈母房中，看到九歲的巧姐，已經「跟著李媽認了幾年字……認了三千多字，念了一本《女孝經》，半個月頭裡又上了《列女傳》」。

而成就最高、影響最大的則是後來列入「女四書」的《女論語》。這本書由唐代女儒學才女宋若莘撰著，體例仿效《論語》，以前秦設學授業的女經學家宣文君宋氏代替孔子，以班昭

《女孝經圖》之〈開宗明義章〉、〈庶人章〉。《女孝經》全書共為十八章，內容多宣揚男尊女卑的封建禮教。《女孝經圖》前九章內容依次為：開宗明義章、后妃章、三才章、賢明章、事舅姑章、邦君章、夫人章、孝治章、庶人章。各張圖後有楷書《女孝經》原文

等代顏淵、閔損，彼此問答，闡述封建的「九烈」、「三貞」婦道。其妹若昭對此書進行了申釋。後來盧龍節度使李抱貞表其才，德宗召入禁內，稱為女學士，拜內職尚宮，使教諸皇子公主，號曰宮師。

那麼《女論語》到底寫了些什麼，以至於能夠驚動皇帝而被召見呢？我們不妨來看看下面幾段文字。如開篇的〈立身章〉上說：

> 凡為女子，先學立身；立身之法，唯務清貞；清則身潔，貞則身榮。行莫回頭，語莫掀唇；坐莫動膝，立莫搖裙；喜莫大笑，怒莫高聲。內外各處，男女異群；莫窺外壁，莫出外庭；出必掩面，窺必藏形。男非眷屬，莫與通名；女非善淑，莫與相親。立

身端正，方可為人。

這是對女子舉止風範的要求，遠比漢代的《女誡》更為具體了。而在〈事夫篇〉中，對女子應如何侍候丈夫，更是把男人的五臟六腑都體貼到了——

女子出嫁，夫主為親；前生緣分，今世婚姻。將夫比天，起義匪輕；夫剛妻柔，恩愛相因。居家相待，敬重如賓；夫有言語，側耳詳聽；夫有惡事，勸諫諄諄；莫學愚婦，惹禍臨身。夫若出外，須記途程；黃昏未返，瞻望思尋；停燈溫飯，等候敲門；莫學懶婦，先自安身。夫如有病，終日勞心；多方問藥，遍處求神；百般治療，願得長生；莫學蠢婦，全不憂心。夫若發怒，不可生嗔；退身相讓，忍氣吞聲；莫學潑婦，鬧鬧頻頻。粗絲細葛，熨貼縫紉；莫教寒冷，凍損夫身。家常茶飯，供侍殷勤；莫教飢渴，瘦瘠苦辛。同甘同苦，同富同貧；死同棺槨，生共衣衾。能依此語，和樂瑟琴；如此之女，賢德聲聞。

而最厲害的則是最後一節〈守貞篇〉：

古來賢婦，九烈三貞；名標青史，傳到如今；後生宜學，勿曰難行。第一貞節，神鬼皆欽；有女在室，莫出閒庭；有客在戶，莫露聲音；不談私語，不聽淫音。黃昏來往，秉燭掌燈；暗中出入，非女之經；一行有失，百行無成。夫妻結髮，義重千金；若有不幸，中路先傾；三年重服，守志堅心；保持家業，整頓墳塋；殷勤訓子，存歿光榮。

《女論語》的開創性是不消說的，她用通俗韻文形式，首開教化下層婦女的禮教著述之端，形式上的討巧讓這本書成為了暢銷書。

值得注意的是，雖然本書通篇的語氣全是男人的口吻，強調了女性的從屬、主內、卑弱等禮教基本規則；但是另一面，又力圖讓女性振作起來，以自身的「端正」、「清貞」而獨立於男性社會並受到尊重，反映的正是到了晚唐女性地位下降過程中，女教在儒教復興的強大勢力面前不得不屈服的情形。

恨不相逢未嫁時——唐代的貞操觀念

梳回鶻髻、戴金鳳冠、穿回鶻裝的晚唐貴婦（甘肅安西榆林窟壁畫，張大千臨摹）

唐代婦女的貞操觀念是比較淡薄的，不過這個淡薄，並不意味著沒有，至少在官方的正史裡頭，還是非常強調的，因為關乎社會風氣好壞的問題，典型總是要樹的，像李世民登基後即在〈即位大赦詔〉中明確表示，「節義之夫，貞順之婦，州府列上，旌表門閭。」可見唐朝立國之初，就要求地方官員每年都要將貞女烈婦的先進事蹟上報。當然，和後世不同的是，這種彰表不僅僅局限於女性，對於節義的男子也一視同仁。

再來看《新唐書．列女傳》，文章一開頭就寫道：「唐興，風化陶淬且數百年，而閨家令姓窈窕淑女，至臨大難，守禮節，白刃不能移，與哲人烈士爭不朽名，寒如霜雪，亦可貴矣。今采獲尤顯行者著之篇，以緒正父父、子子、夫夫、婦婦之懿云。」

在談完了大道理之後，所數的第一個典型是一個叫做裴淑英的女子——

> 李德武妻裴，字淑英，安邑公矩之女，以孝聞鄉黨。德武在隋，坐事徙嶺南，時嫁方逾歲，矩表離婚。德武謂裴曰：「我方貶，無還理，君必儷他族，於此長決矣。」答曰：「夫，天也，可背乎？願死無他。」欲割耳誓，保姆持不許。夫姻媾，歲時朔望裴致禮唯謹。居不御薰澤。讀《列女傳》，見述不更嫁者，謂人曰：「不踐二廷，婦人之常，何異而載之書？」後十年，德武未還，矩決嫁之，斷髮不食，矩知不能奪，聽之。德武更娶爾朱氏，遇赦還，中道聞其完節，乃遣後妻，為夫婦如初。

這個故事應該是唐代比較極端的例子了。為了守節，裴淑英選擇了用割耳自殘的方式來表明心志，不過卻在保姆的阻攔下沒有成功。要是換到明代，十個保姆阻攔也沒用，因為明代的烈女是真心想割的。當然了，也有割成的，比如《太平廣記》就記載，唐朝衛敬瑜的妻子年紀十六歲時丈夫就死了，她割掉耳朵立誓，決不改嫁。

其實撰寫《新唐書》的作者也有耳目未到的地方，比如《全唐詩》就收錄了一個真正「白刃不能移」的女詩人程長文的詩篇。因為寫得頗好，就全文摘錄了。

妾家本住鄱陽曲，一片貞心比孤竹。當年二八盛容儀，紅箋草隸恰如飛。
盡日閑窗刺繡坐，有時極浦採蓮歸。誰道居貧守都邑，幽閨寂寞無人識。
海燕朝歸衾枕寒，山花夜落階墀濕。強暴之男何所為，手持白刃向簾幃。
一命任從刀下死，千金豈受暗中欺。我心匪石情難轉，志奪秋霜意不移。
血濺羅衣終不恨，瘡黏錦袖亦何辭。縣僚曾未知情緒，即便教人縶囹圄。
朱唇滴瀝獨銜冤，玉箸闌干嘆非所。十月寒更堪思人，一聞擊柝一傷神。
高髻不梳雲已散，蛾眉罷掃月仍新。三尺嚴章難可越，百年心事向誰說。
但看洗雪出圜扉，始信白圭無玷缺。（〈獄中書情上使君〉）

此女的生平事蹟其實不詳，不過從詩篇的內容可知，年少二八之時是個容顏極美的女子，出嫁之後，可能是夫君外出不歸，一直獨守空閨，有一個好色的登徒子居然手持白刃闖入其家，程長文寧死不從，以至於血濺羅衣，但在她的拼死反抗下，這個登徒子沒有得逞。可能在掙扎的時候，防衛過當使得登徒子受傷的緣故，她居然被抓進了官府。在監獄之中，悲憤難抑的程長文寫了這樣一首長詩托獄卒轉交給長官。

當然了，這種激烈的反抗的精神即便是現代，我們也還是提倡的，畢竟還是關乎婦女本人的個人意志。僅僅把著眼點放在守貞守節上，那是男人的自我臭美，不足為訓。

其實，唐代的烈女對貞節注重起來當是在中唐之後，這種注重和儒家大師韓愈等人提倡的復古潮流不無關係。由於藩鎮割據，中央政府如何與藩鎮爭奪人民的向心力呢？首先是付諸武力解決，如憲宗的元和中興，可惜曇花一現，之後只能依賴意識形態領域的高調宣傳了，宣傳那些忠臣孝子，比如韓愈對玄宗時期堅守睢陽的張巡的推崇。對男子要求盡忠盡孝，那麼相應地，對女子的要求則是守貞守節了。

我們這裡不妨來看看韓孟詩派（韓孟詩派是中唐時期與新樂府運動同時崛起的一個影響較大的詩派，其代表人物是韓愈、孟郊）的領軍人物孟郊的代表作，就很有道學家的氣息了。

貞婦貴徇夫，舍生亦如此。波瀾誓不起，妾心井中水。（〈烈女操〉）
一女事一夫，安可再移天。君聽去鶴言，哀哀七絲弦。（〈去婦〉）

不過，唐代人要求的節婦的節，和後世還是不太一樣的，只是對肉體的貞操看得比較重，至於精神上的出軌，好像還是一件風雅事。像唐詩裡頭，就有不少詩人和有夫之婦的酬唱文字，這樣的例子我就不多舉了。這裡只和大家分享唐詩三百首裡頭比較出名的一首：

君知妾有夫，贈妾雙明珠。感君纏綿意，繫在紅羅襦。
妾家高樓連苑起，良人執戟明光裡。
知君用心如日月，事夫誓擬同生死。
還君明珠雙淚垂，恨不相逢未嫁時。（〈節婦吟寄東平李司空師道〉）

寫下這首詩的是中唐詩人張籍，他是貞元十五年（西元七九九年）進士，後經韓愈推薦，得為國子博士等官職。許多當時的名士，都樂於與他同遊。當他就任水部員外郎的時候，為當時割據淄青十二州的藩鎮李師道所看重，欲籠絡他進入自己的幕府，以擴充藩鎮的實力。張籍對於朝廷一片忠心，對於藩鎮割據無比的厭惡，在不願去又不能明顯表示拒絕的情況下，寫出了這樣一篇實為政治聲明的詩作。

然而這位唐代被虛擬出來的「節婦」，到了明清時代，就一點也不「節」了，因為一個真正的節婦，是連精神也不能出軌的。有位叫做瞿佑的詩人甚至很不著調將該詩改寫成，「還君明珠恨君意，閉門自咎涕漣漣。」（〈續還珠吟〉）

這種讓人崩潰的觀念並不是瞿佑的故作高明之舉，我們不妨來看看明清兩代詩歌選本對此詩的評價：

> 彼婦之節，不幾岌岌乎？（唐汝詢〈唐詩解〉）
> 節婦之節危矣哉！（賀貽孫〈水田居詩筏〉）
> 然玩辭意，恐失節婦之旨，故不錄。（沈德潛〈唐詩別裁集〉）

只是，我們不能想當然地說，唐汝詢、賀貽孫、沈德潛三個人都是老頑固、保守派、反動文人。如果拿我們今天的觀點去看明清人的時代觀念，正如他們拿他們那個時代的觀念去看唐代，又有什麼兩樣呢？

畢竟世易時移，替古人擔憂發愁反省諸如此類的事，我們大可不必摻和，不然讀書讀成一個道學出來，就太無趣了。

葉德輝和他的《雙梅影闇叢書》——唐以來性學的衰微

大體來講，有唐一代，在性方面是比較開通的，比如在夫妻、情侶之間，往往有奉乳之戲。如《雲詩集．風歸雲》載，「素胸未消殘雪，透輕羅。」什麼是素胸呢？就是裸露出乳房來。裸露出來了，做什麼？「胸上雪，從君咬。」（《雲謠集．漁歌子》）

然而，相對於性風氣的開通，房中術的發展卻停滯了。《隋書．經籍志》共收有醫書兩百五十六部，合四千一百五十卷，其中有房中術著作十一部，扣除重複的書名，實際可得八種：《彭祖養性經》一卷；《玉房秘訣》十卷；《素女秘道經》一卷，並《玄女經》；《素女方》一卷；《郯子說陰陽經》一卷；《徐太山房內秘要》一卷；《新撰玉房秘訣》九卷；《序房內秘術》一卷。

考慮到隋朝國祚之短，不到四十年，這也算不少了，可以說是對魏晉以來的房中術有所繼承和發展。特別是有一本《雜嫁娶房內圖術》，雖只有四卷，卻是第一部成形的圖文書，在說明陰陽交接之術的手段上更為具體生動了。

然而到了唐代，接近三百年的時間裡頭，宋人所編著的《新舊唐書》所增錄的房中術圖書，僅僅多出了《玉房秘術》一卷，《玉房秘錄》八卷，《葛氏房中秘術》一卷，《沖和子玉房秘訣》十卷。這是什麼緣故呢？

正如中國文化在各個領域往往受制於自身的古老性、早熟性和連續性之害，在性文化方面

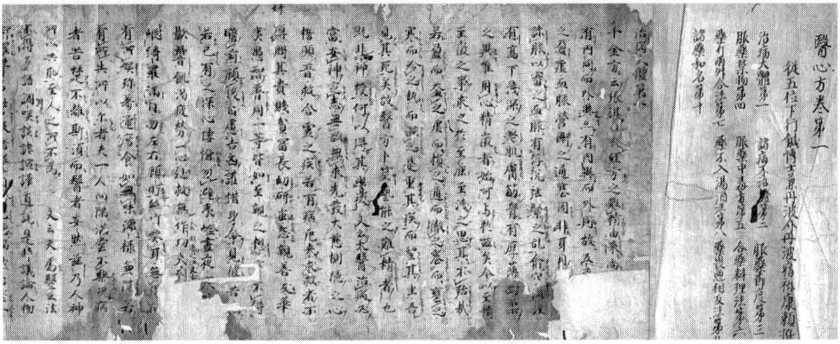

《醫心方》原文

也是如此。可以說，到了兩漢魏晉南北朝時代，中國房中術的大廈已經巍巍聳立，各種概念已經得到較為完善的鋪陳，使得後來者難以開拓創新。再有一點，就是任何文明抵達了它自身的成熟期之後，往往在學術上停滯了。即便有所發展，也要托古，而沒辦法發展的時候，就去復古。學術上的托古和復古的習氣，其實也不獨中國文化使然，老外所謂的希臘文明、羅馬文明、文藝復興，都差不多是這樣的。所以在下面以後的章節，一直到明清時代，當我談到房中術發展出一些新概念時，讀者可能會驚詫，咦？這不就是對兩漢魏晉時期的房中術換個概念、換個說法嗎？希望讀者這時可以從容一點，舊瓶裝新酒，滋味雖然大同，細微處卻有小異。

再有呢，就是中國古代的文化典籍往往有最流離最讓人心酸的遭遇。特別是唐朝，雖然在天寶之前的歲月，興盛遠超前代，但是安史之亂之後，繼之而來的是藩鎮割據，再接著又是五代十國的大黑暗時代，天災加上人禍，亂世之中，人命不如豬狗，書籍的命運也就可想而知了。比如我們方才列出的書目，其實都已經散佚，只偶有零星的字句出現在學者徵引的文章中，但也是百不得一。

所幸的是，大唐的興盛使得其聲名遠播，周邊國家紛紛前來長安學習。學習最力、用功最勤的好學生莫過於和我們一衣帶水的日本。他們所派遣的遣唐使前仆後繼，使得中國的典籍得以在異鄉安身立命，比如前面我們提到的唐人小說《遊仙窟》。而在房中術上，則是日本人丹波康賴（西元九一二—九九五年）所編撰的《醫心方》。此人據說是東漢靈帝之後入籍日本的阿留王的八世孫，他醫術精湛，被賜姓丹波，累遷針博士、左衛門佐。他於日本永觀二年撰成《醫心方》三十卷，這是日本現存最早的醫書，成為後來宮廷醫學的秘典，奠定了醫家丹波氏不可動搖的歷史地位。該書薈集中國醫學典籍達兩百零四種，其中大半在中國忘佚。該書集當時日本漢醫之大成，內容廣及醫學的各個領域，乃至於養生保健，旁及房中陰陽之道。《醫心方》可以說是日本的國寶，也是中日醫學交流史上的一座豐碑。

而這部中華醫藥集大成之作的失而復得則有賴於清末民初的湖南學者葉德輝（西元一八六四—一九二七年），他是光緒十八年（西元一八九二年）進士，授吏部主事，兩年後，嫌京官薪水少，請假回家享清福。因為他有個有錢的老爸，給他在當時長沙的黃金地段——坡子街，留下一間叫做「葉公和」的醬園旺鋪，生意可以說是異常的興隆。

葉氏對小學用力甚勤，不過成就不大。因為有清一代，在小學方面上出大成果的能人實在太多了，以致他即便插班加塞也排不上號，如果是換成今天，他當個社科院院士肯定就沒啥問題了。除了從事經學、小學研究，他還兼及藏書、校書、刻書諸事，可以說是晚清最出名的藏書家、刻書家和版本目錄學家。他的觀古堂藏書逾二十萬卷，魯迅早年鉤稽古籍時就不止一次提到葉氏刻藏。他關於藏書的心得《書林清話》一書至今仍然受到很多讀書人的喜愛。

他是個驕傲自許的人，六十歲的時候曾經自己給自己寫了個小自傳，上面說：「數十年轟轟烈烈，天子不得臣、國人皆欲殺、海內誦其著述、遐荒識其姓名之葉德輝，至是而年始六十。」

「天子不得臣」前面説過了。「國人皆欲殺」呢，則是因為他的思想亦新亦舊，比諸辜鴻銘不遑多讓，一邊接受傳布新思想，一邊當他的遺民。辛亥之後，他還經常痛罵同是湖南老鄉的開國元勳黃興。以這樣的脾氣，終於在六十三歲的老邁之年，挨了槍子，被公審處決。雖然定了他的罪名是「土豪劣紳」，但主要還是因為他怪話説得太多的緣故。葉德輝的死，在當時文化界引起很大震動，周作人在其〈飯後隨筆〉中談到葉德輝，説葉為皇帝選秀女，皮包不住膽，捷足先登，所辱秀女後來當了農會幹部，葉自然不免一死。而丘良任編《竹枝紀事詩》中長沙竹枝詩云「施施兩個丘中有」，典出《詩經．王風．丘中有麻》，譏笑葉德輝和王先謙是麻子，反映了當年在長沙搶米風潮中葉、王兩人囤積居奇，為富不仁的事實。後來毛澤東在中共第八屆十二中全會閉幕會上，專就葉德輝之死説了這麼一句話，「這個保孔夫子、反對康有為的，此人叫葉德輝。……對於這種大知識分子不宜於殺。那個時候把葉德輝殺掉，我看是不那麼妥當。」

而「海內誦其著述」也不算虛言，他關於藏書的書話，寫得清通有趣，當時的讀書人少有不喜歡的。

至於「遐荒識其姓名」説的則是他與日本學者的往來交流。清末，日本人來華訪學之風甚盛，到了湖南，非見不可的人有三位——王闓運、王先謙及葉德輝。三人中，葉德輝年最少，風頭最勁，試看他與諸橋轍次的筆談，可見一斑。諸橋氏恭維他，説：「湖南是清末學者之淵叢，若曾文正公、王闓運、王先謙諸先生，概觀之於歷代儒林傳中，不易多得。而今皆凋謝（按，時為一九二〇年，曾與二王皆已死）。此間獨有先生之學深識高，固是湖南學界之幸，抑亦中國學界之幸也。」對此，葉德輝是欣然領受。

而正是因為有了中日學術界的交流，葉德輝才得以看到《醫心方》一書。《醫心方》書經過多年的轉寫傳抄，在當時的面貌是以苦澀難懂的古語為表達的中日文混雜的行草文字，一般讀者望而生嘆，甚至有人認為《醫心方》純粹是一部天書。

周劭《黃昏小品．雪夜閉門讀禁書》就提到葉德輝編有一本小書，每逢家宴，贈賓客人手一冊，內容驚世駭俗，周劭語焉不詳；但是同時又說其書對荷蘭漢學家高羅佩（V. Gulik）寫作《中國古代房內考》大有補益。那麼指的自然是葉德輝從《醫心方》一書中輯錄的中國古代房中經典五種：《素女經》、《素女方》、《玉房秘訣》、《玉房指要》和《洞玄子》。這些書後來成為《雙梅影闇叢書》的一部分。

他在《雙梅影闇叢書》的序言中說：「……今遠西言衛生學者，皆於飲食男女之故，推究其隱微，譯出新書……無知之夫，詫為鴻寶。殊不知中國聖帝神君之胄，此學以講究四千年前。……性學之妙，豈後世理學迂儒所能窺其要也！」有了這樣對於現代西方在性學方面最新成果表示藐視的心來編一本書，再加上他的學力，居然能把在《醫心方》中東鱗西爪的零星文字整理得像是一個完整的足本，以至於後續研究中國房中術的荷蘭學者高羅佩不得不讚歎，「葉德輝的書證明，他是一個博學嚴謹的學者。這亦可從他對這五種書的處理方式得到證實。」

唐代的半裸女陶罐，和今天的比基尼相比，有過之而無不及，足見當時風氣之開放

其實，《雙梅影闇叢書》作為叢書，所收入的內容不全是房中書，比如《青樓集》、《板橋雜記》、《吳門畫舫錄》、《燕蘭小譜》、《海漚小譜》、《秦雲擷英錄》等六種記載梨園青樓之事，留下了各地優伶歌妓等正史所不收錄的小人物的傳記，可以說對文化史的貢獻甚大。而「觀劇絕句」、「木皮散人鼓詞」、「萬古

愁曲」等則為詩、鼓詞、曲。又有「東林點將錄」和「乾嘉詩壇點將錄」，兩書都是以《水滸傳》一百零八頭領相配，羅列明末和清初兩個時代重量級文人，大類今天的明星排名榜，實為詩界文壇之宗派圖系譜表。

然而當時所有人的抨擊都集中在葉德輝對性學方面的努力，認為他道德敗壞。好在很快就「五四」了，自有人給他說公道話，周作人就說：「這些書自然都是道士造出來的，裡邊有許多荒謬的話，但也未必沒有好的部分，總不失為性學的好資料，葉氏肯大膽地公表出來，也是很可佩服的。」

房中術停滯的時代——巢元方和孫思邈的影響

在兩漢魏晉時代，包辦房中術的是道家。整體而言，道家在房中術的發展過程中，建立了一個哲學的高度。雖然床笫之事，本是普通尋常的「人道」，道士們卻能將其和宇宙運行的「天道」聯繫起來，好處呢，自然是使得房中術作為一門學問，有極開闊的視野；壞處呢，也不是沒有，就是為了理論的完美，難免出現瞎聯繫的情況。一瞎聯繫，自然就有很多不可靠的管道。

那麼到了隋唐兩朝，房中術雖然停滯了，倒是出現了一種新的氣象，那就是醫學家們，開始全面接管房中術。雖然接管的時候，還是沒有辦法抹去道家的痕跡，當然，也沒辦法完全地抹去。因為很多時候，道士往往就是醫生，醫生也學習道家的法術並深信之。比如唐代的名醫孫思邈同時也是道士，最終還被尊為神仙。

這裡呢，先說說隋朝一位著名的醫學家巢元方。隋煬帝雖然荒淫，但是在文化科學領域方面的用人還是沒得說的，巢元方就是在大業年間（西元六〇五—六一六年）任太醫博士，後來升為太醫令，相當於宮廷醫院的院長，享受的是國家級院士的待遇。

隋大業五年（西元六〇九年）主持開鑿運河工程的開河都護麻叔謀患了風逆病，諸醫診治無效。隋煬帝著急工程的進度，特別命令巢元方前往診治。巢元方診後認為是風入腠理，病在胸臆，須用嫩肥羊，摻入中藥蒸熟。於是麻叔謀依方配藥，藥未盡而病癒，可見巢元方的醫術是很精湛的。不過其生平事蹟甚少，他對後世的影響力有賴於隋煬帝令他主編的《諸病源候論》。此書是第一部由朝廷組織集體撰作的醫學理論著作，共五十卷，分六十七門，載列證候一千七百三十九論，分述了內、外、婦、兒、五官、口齒、骨傷等各科疾病的病因與證候，為我國第一部中醫病因證候學專著。當然，討論這本書的成就是醫學史專家的事情，作者只說說和性學有關的部分。

關於這方面的內容，主要集中在卷四虛勞病諸候、卷十溫病諸候及婦人孕病諸候、妊娠諸候卷中，內容包括性器官病諸候、交接得病候、不孕諸候、求嗣（包括轉女為男等）候、妊娠養胎諸候等。

這本書的特點就是分類細緻而明確，有利於臨床應用。比如卷四載錄陰腎虛勞之候一下子就開列出十三種，每一種都指出詳細的症狀，而再沒有那些玄而又玄的理論。哪怕是非得作出解釋的時候，也是非常克制的，儘量符合那個時代的「科學邏輯」——也就是陰陽五行。如果讀者還嫌我說得含糊，那我就列舉一下巢元方是怎麼對付不孕症的。首先，從病因中，他開列出如下幾個方面：風冷入於子臟，月水不止而合陰陽，帶下無子，積聚無子，月水不通無子，子陰挺出無子。

這些病詳細解釋起來，不是專家搞不定，只是讓大家知道從隋代以後，中國的醫學就已經脫離了一個方子包治百病的時代，即便是一個方子包治一科一門也不行。西洋人有這個觀念還要等到近代英國臨床醫學之父席登漢（Thomas Sydenham，一六二四—一六八九年）的登場。

現代人總是輕易抨擊中醫不科學，其實所謂的科學也是有時代性的。說白了，它就是理論和實際之間的紐帶，西洋人也曾經在他們的「四元素說」中打轉了上千年。

有人又會說，也許持上述這種態度的醫生也就巢元方一個人，難道那個時代的每個醫生都這樣像他一樣？我得說，醫學風氣的轉變確實不是少數一兩個天才能夠扭轉的，下這樣的定論，要找到旁證才行，剛才提到的孫思邈就是。

孫思邈的主要醫學著作有《備急千金要方》和《千金翼方》各三十卷。他和巢元方不同，屬於單打獨鬥型，之所以能寫下那麼多著作，完全是因為他實在活得太長了。如果歷史資料可靠的話，他生於西元五八一年，死於六八二年，共活了一百零二歲，這樣的人來談養生、談醫學顯然是最合適不過的。他的《備急千金要方》裡有一篇〈房中補益〉，我們可以看看他的描述態度和前代有什麼不一樣的地方：

> 凡欲施泄者，當閉口、張目、閉氣、握固兩手，左右上下縮鼻取氣，又縮小部及腹，小偃脊膂，急以左手中兩指抑屏翳穴，長吐氣，並琢齒千遍，則精上補腦，使人長生。若精妄出，則損神也。
>
> 其丹田在臍下三寸，泥丸者，在頭中對兩目直入內。思作日月，想合徑三寸許，兩半放形而一，謂日月相翕者也。雖出入仍思念所作者勿廢，佳也。

我們會發覺，孫思邈的房中術並沒有提出什麼新的東西，但是在說明上，卻是使用精確的資料。大歷史學家黃仁宇寫了幾十本歷史圖書，強調中國人沒有數字觀念，那麼我得說，至少在隋唐以後的醫家並不如此，他們的數字感更強。數字精確了，則經驗複製起來也就簡單了。現代科學據說驗證方法不外有二，一是標準化，二是可重複實現，就此而言，中國人很早就開始這方面的努力了。

至於孫思邈對房中術其他方面的貢獻，前面好多引文都引過他的見解，在此就不再重複提出。值得一提的倒是我們可以發現他在房中術的成就，特別是在修行上，一些新奇的概念除了從本土的道家提煉出來之外，還有一些則是明顯受到印度密學的影響。這自然是因為唐朝是個興盛而開放的王朝，從而使得中國與印度在性學方面進行跨國際的交流成為可能。

關於這一點，回頭會特別開個專題說明。

◉ 儀制

婚姻不問閥閱——士族的覆滅

鄭樵《通志》卷二十五〈氏族略第一〉開篇就說：「自隋唐而上，官有簿狀，家有譜系。

官之選舉必由於簿狀，家之婚姻必由於譜系。……此近古之制，以繩天下，使貴有常尊，賤有等威者也。所以人尚譜牒之學，家藏譜系之書。自五季以來，取士不問家世，婚姻不問閥閱，故其書散佚而其學不傳。」

魏晉南北朝時，譜籍是選官的根據，門第的劃分是依據歷代做官的情況而定的，被列為門閥的，都是累世冠冕之家，幾百年經營下來，根深柢固。可是在南北朝時期那麼隆盛的門第制度為什麼會在唐代一朝瓦解，永不復現呢？

隋朝統一全國之後，世家大族的勢力並沒有受到太大的打擊。其實，李唐是在太原建立政權的，從血統上來說，李唐血統其初本是華夏，其與胡夷混雜，乃後來之事。李淵母親獨孤氏、妻竇氏，李世民皇后長孫氏是鮮卑族，可以說，到了李淵父子始為混血。因此陳寅恪先生在〈唐代政治史述論稿〉中，開宗明義地寫下了這麼一段話，「朱子語類壹壹陸歷代三云：唐源流出於夷狄，故閨門失禮之事，不以為異。」

所謂唐皇室的「閨門失禮」，指的是唐皇室的婚姻關係，如唐公主再嫁、唐玄宗奪媳、唐高宗烝母之事，至於「胡」族婚姻形態如叔嫂婚、報母婚、翁媳婚等，也是不一而足。因此，李唐皇室對門第是最不感冒的。所謂的世家大族，是由一個理由支撐起來的，即在於能保持「禮教」。「禮」即漢族相傳之習俗，其之所以能夠保持，就在於少混血。少混血的緣故自然是同一個級別的幾個大族之間互相通婚。

起初這個問題並不太受李唐皇室的重視，到了李世民時代，才變成一個很大的問題。因為李世民發現自己想把女兒嫁給自己的大臣，卻沒有一位大臣稀罕。像當朝的大臣如魏徵、房玄齡、李勣都是幫李世民打天下治天下出過大力氣的，可是一聽說要和皇帝做親家，就大搖其頭，因為這些大臣們希望親家是出自五大姓裡頭的。哪五大姓？崔（清河、博陵）、盧（范陽）、李（趙郡、隴西）、鄭（滎陽）、王（太原）。這「五大姓」當時被稱為「海內第一高門」，好多人寧願倒貼，白送金銀、死皮賴臉也要跟他們結親。《唐語林》載，官至中書的薛元超嘗對人說：「（吾）平生有三恨：始不以進士擢第，不娶五姓女，不得修國史。」

這當然把李世民給氣暈了，我的女兒也沒人要，這大唐的天還是李家的嗎？於是他就先假模假樣地命高士廉等刊正姓氏，修撰《氏族志》。這些人書寫完了，送上去了，自然仍是列山東士族崔民干為第一等。

李世民惱了，這些人吃我的穿我的，居然寫出這樣的狗屁書出來？當即發表最高指示：山東士族世代衰微，現在都沒有幾個當官的，都是靠婚姻得財維持，這種所謂世家還排在第一，你們是怎麼寫的書？並說：「不需論數世以前，止取今日官爵高下作等級。」

高士廉看李世民發那麼大火，腦袋要緊，趕緊重新修訂，最後「凡二百九十三姓，千六百五十一家」，以皇族為首，外戚次之，崔民干被降為第三等。

李唐皇家在頒行了《氏族志》之後，除規定了七大姓、十大家不得通婚之外，又規定了天下嫁女受財之數，不得受陪門財（陪門財者，嫁門望未高，而議姻之家非豐禺，令其納財以陪門望）。但是，有些高門望族之女寧可不嫁，也不願和異姓為婚。有些破落世族，利用這種風氣自稱禁婚家，益增厚價。總之這本書的收效其實不大。因為官府修官府的氏族志，私人自己修自己的族譜，徹底把李世民鬱悶壞了。

《朝野僉載》上就有這樣一個小故事——

唐冀州長史吉懋，欲為男頊娶南宮縣丞崔敬女，敬不許。因有故脅以求親，敬懼而許之。擇日下函，並花車卒至門首。敬妻鄭氏初不知，抱女大哭，曰：「我家門戶低，不曾有吉郎。」女堅臥不起。其小女白其母曰：「父有急難，殺身救解。設令為婢，尚不合辭；姓望之門，何足為恥。姊若不可，兒自當之。」遂登車而去。

崔敬大女死活不從，而崔之小女為免禍，自請嫁到吉家。可見門第制度畢竟實施了幾百年，就連士族女子也十分看重，以下嫁庶族為恥。這一狀況不是一本《氏族志》就可以輕易改變的。

我們要說，李世民是一代明君，他可不是吃素的，為了當皇帝，他容易嗎？連自己的哥哥弟弟都殺，不容易。所以說，他要麼不出招，一出就出倆。

他還有什麼高招呢？那就是隋文帝發明的科舉制。隋文帝發明的這個制度啊，影響的不僅僅是中國，而是全世界，是整個人類的文明進程。我個人覺得比什麼三權分立啊、人權民主啊之類的發明重要多了。

科舉制度發明之後，在隋煬帝大業三年（西元六〇七年），又開設了進士科，用考試的方法來選取進士。什麼是進士呢？《禮記．王制曰》：「大樂正論造士之秀者，以告於王而升諸司馬，曰進士。」指的是可以進授爵祿之人。想要做官，簡單啊，先去讀書，然後再來考試，我才不管你是什麼出身呢！

《唐摭言》上說，李世民「嘗私幸端門，見新進士綴進而出，喜曰：『天下英雄盡入吾彀中矣。』」為什麼大喜呢？那可不僅僅是為國家招攬了人才，還為自己的女兒找到了一個好老公啊。

李世民扶植庶族地主，壓抑門閥士族，從而達到加強皇權、鞏固統治的目的，所運用的手段不可以說不高明，但是執行得並不是很徹底。徹底將士族打翻在地，送它們入土為安的是一個女人，無比強悍的女人——武則天。

武則天出身寒微庶族，她的老爸武士彠雖為唐朝開國的功臣，但武氏卻不在《氏族志》之內，可是說是連門檻都摸不著。老話說得好，什麼都能得罪，就是不能得罪女人。武則天一當政，就開始大力抑制士族，公開提倡並提拔重用庶族，這才算徹底挑斷了士族的筋脈，讓它癱瘓而死。

士族被打趴了，而國家又奉行的是科舉取士制度，所以士庶不通婚的原則，就成為廢紙一張了。於是傳統的「郎才女貌」又在唐朝得以復興了。

要嫁就嫁狀元郎，就成了全體大唐人民的共識了。

一別兩寬，各生歡喜——唐代的放妻書

> 凡為夫婦之因，前世三生結緣，始配今生之夫婦。若結緣不合，比是怨家，故來相對……既以二心不同，難歸一意，快會及諸親，各還本道。願妻娘子相離之後，重梳嬋鬢，美掃娥眉，巧呈窈窕之姿，選聘高官之主。解怨釋結，更莫相憎。一別兩寬，各生歡喜。於時年月日謹立除書。

這是一份敦煌出土的文書。做什麼用的呢？不消說，肯定是離婚協議了。就字面上意思，什麼「一別兩寬、各生歡喜」之類的話，還挺好聚好散的，完全不像現代人的離婚協議，不是

子女撫養權的問題，就是財產分割，一點情味也沒有。

那麼，這是特例嗎？再來看看下面這一份。

（夫妻相別書一道）蓋聞人生一世，夫妻語讓為先，世代修因，見存眷屬。夫取妻意，妻取夫言。□夜□事奉郎姑叔伯，新婦便得孝名，日日即見快歡。今則夫婦無良，便作互逆之意。不敬翁嫁，不敬夫主，不事六親，眷屬侮辱，梟門連累。兄弟父母，前世修因不全，弟互（？）各不和目。今議相便分離。不別，日日濺見貧窮，便見賣男牽女。今對兩家六親眷屬，團坐亭騰商量，當便相別分離。

可見這回不是什麼一團和氣了，看著文書的情形，這對夫妻算是把夫族和妻族鬧騰了遍，以至於要兩家六親齊齊出面。

首先，這裡要說說離婚書的名稱，唐代和以前的朝代不一樣，也和以後的朝代不一樣。在唐之前，多用「離異」、「離絕」等字樣；而在宋元以後多稱「休」、「休離」等。那麼唐代叫什麼呢？按照目前的資料來看，雖然也有叫「夫妻相別書」的，但是大多統一叫做「放妻書」，放，不是放掉的意思，而是放歸本宗的意思。

關於古代人離婚的理由在前面「『七去』與『三不去』」一節我已經說過了，這是古代中國社會夫妻離婚的大原則，一直到清朝也沒改變多少，但是具體到法律條文上，又有很多的不同。

應該說，唐代還是離婚比較自由的社會，多數離婚都是「和離」。什麼是「和離」呢？就相當於今天的夫妻感情不和、性生活不協調、妯娌關係不好啊。這樣的離婚呢，對社會風俗沒有什麼影響，對彼此家庭的傷害也不大，所以唐律對「和離」的規定是，「若夫妻不相安諧而和離者，不坐。」也就是大家一拍兩散，各走各路，啥責任也沒有。

既然離婚，男人再找老婆，女人肯定要再找老公。當然，政府也規定了，離婚不能自個兒關起門來離了就算，還是要到官府領取證明的，按照今天的說法，那就是「走法律流程」。如果不去，男人再找老婆的話，那就屬於重婚，按照唐律《戶婚》規定：「諸有妻更娶妻者，徒一年，女家減一等；若欺妄而娶者，徒一年半，女家不坐。各離之。」而作為妻子的，如果重婚則更為嚴重，「諸和娶人妻，及嫁之者，各徒二年，妾減二等，各離之」；「妻妾擅去者，徒二年，因而改嫁者，加二等」。

有人說加二等就加二等，這有什麼啊？確實沒啥，也不過就「徒三年」啦。

所以呢，在唐代，離婚的女子都是要拿著前夫給的放妻書去官府辦手續，不過有時候即使規規矩矩地辦手續，也是要被官府打屁股的。唐人的筆記《雲溪友議》就記載了一件顏真卿當父母官時候處理的離婚案——

> 顏魯公為臨川內史，澆風莫競，文教大行，康樂已來，用為嘉譽也。邑有楊志堅者，嗜學而居貧，鄉人未之知也。山妻厭其不足，索書求離，志堅以詩送之曰：「平生志業在琴詩，頭上如今有二絲。漁父尚知溪谷暗，山妻不信出身遲。荊釵任意撩新鬢，明鏡從他別畫眉。今日便同行路客，相逢即是下山時。」其妻持詩詣州，請公牒，以求別醮。顏公案其妻曰：「楊志堅素為儒學，遍覽九經，篇詠之間，風騷可摭。愚妻睹其未遇，遂有離心。王歡之廩既虛，豈遵黃卷；朱叟之妻必去，寧見錦衣？惡辱鄉閭，敗傷風俗。若無褒貶，僥倖者多。阿王決二十後，任改嫁。楊志堅秀

才，贈布絹各二十匹、祿米二十石，便署隨軍，仍令遠近知委。」江左十數年來，莫有敢棄其夫者。

可以看出，離婚是由女方主動提出來，這證明在法律上女方是有主動權的。而楊志堅用詩歌寫的離婚書實在是有點風雅得過頭了，大概也是一個社會化程度很低的書呆子，他老婆和他離婚未必僅僅是因為經濟問題。不過不管怎麼説，楊志堅的老婆總算擺脱了窮鬼老公，雖然還是要被打上二十大板。不過這二十大板，卻不是因為法律，而是因為「人情」，這也反映了古代的法律是基於人治的，具體怎麼處理，還看官長的意思。如果不是遇到顏真卿這位大儒，也許這二十個大板就可以省下來了。

離婚之後呢，除妻子戶口從夫家註銷之外，唐律還規定了，「其被放出，或改適他人，即與前夫服義並絕。」

也就以後夫家出了什麼事情，就不用受牽連了。這條在現代人看起來不重要，但在古代有時候可會要人命，因為株連三族九族的事情，可是經常發生的。

和今天一樣，離婚最重要的兩個問題，一是財產分割，二是子女歸屬。關於第一點呢，唐代的女人在離婚之後，是可以帶走從娘家帶來的陪嫁的。其他的就全部歸屬夫家了。至於子女方面，即便離婚，子女和母親在法律上的關係也沒有變化，父母去世，子女也是需要服喪的。

前面説過了，唐代婦女的地位在中國古代相對是比較高的，所以改嫁的女子很多。雖然政府一方面鼓勵寡婦守節，並在賦稅等方面給予照顧，如《唐令拾遺・賦役令第二十三》規定：「諸孝子順孫、義夫節婦、志行聞於鄉閭者，州縣申尚書省奏聞，表其門閭，同籍悉免課役。」但是同時又對婦女改嫁大開方便之門，「諸夫喪服除而欲守志，非女之祖父母、父母而強嫁之者，徒一年；期親嫁者，減二等。各離之」（《唐律疏議》「夫喪守志而強嫁」條）。

大概有人要說了，這不是保護寡婦守寡的意願麼？確實是沒錯，但是仔細品味一下，我們就發現這一條裡還有限制條件呢，等於是在暗示祖父母、父母是可以強迫自己守寡的孫女、女兒再嫁而不被追究法律責任的。

要知道，唐律是中古時代同期最嚴密的法律，它的理論基礎是建立在禮教上的，禮教當然不可能鼓勵婦女改嫁。但是中國人不是愛說法律不外乎人情嗎？由此條可見中國人的法律條文文字拿捏之妙了，可謂是兼顧了禮治和現實。

清代孫溫所繪的《全本紅樓夢》中元春省親的盛大規模

星霜伏臘，軒騎歸寧——回娘家不是個小問題

《紅樓夢》第十七回的回目叫做「大觀園試才題對額　榮國府歸省慶元宵」，講的是賈元春回娘家的事情。

回娘家這種事情，可以說是無代無之，當然，寫到書面語就沒有那麼土了，叫做「歸寧」。在唐代之前呢，文字留下來的資料少，就不大好說什麼。有人提醒啦，《春秋》、《左傳》裡頭不是常常有「來歸」、「大歸」嗎？不過，此歸非彼歸，春秋時代的「歸」，其實就是鬧離婚，一去就不再回頭了，偶有回頭那也是很特別的情況。

唐代婦女回娘家幾乎是人情之常，既然是人情之常，自然就形成一種固定的風氣，比如我們現在可以看到一份訂於唐昭宗大順元年（西元八九〇年）的家族法規，其中有一條——「凡新婦歸寧，三年內春、秋兩度發遣，限十五日回；三年外則至歲節一例發遣，亦限十五日回，聽主事指揮。歸遣之禮，臨時酌當。」

這個條目看起來對初入門婦女的歸寧作了嚴格的限制，目的自然是希望女子儘早融入夫家，從而家庭穩固，在這個基礎上，也就是三年之後，那麼歲時歸省就成定例了。

在古代，好的家規往往比好的法律還重要，因為在農業社會中，教化是靠敦風俗而達成的，從這份家規可以看出，唐代對婦女權益的尊重可以說是深入每個家庭。

這裡舉唐代的中興名將之一李晟的事情說一說。李晟這個人是一介武夫，出身軍人世家，他帶領的是宦官直轄的神策軍，所以是很不受文臣看重的，為自己的子女找一個好親家其實是比較難的。前面說過了，唐代所謂的好親家，就是要出自「五姓」女。好在後來李晟率領神策軍平定李懷光、朱泚之亂，收復長安，立下赫赫大功，世家高第看著亂世將至，兵紛馬亂，就思量著找一個武將聯姻，從而得到強有力的支撐，於是出身寒微的新貴李家終於得以通婚高門崔氏，這在「安史之亂」之前可是不可想像的事情。

李晟的女兒嫁到崔家之後，自然就有了歸寧的情事。《舊唐書．李晟傳》上寫到，「嘗正歲，崔氏女歸省，未及階，晟卻之曰：『爾有家，況姑在堂，婦當奉酒醴供饋，以待賓客。』遂不視而遣還家，其達禮敦教如此。」

這是說啊，正月的時候，李晟嫁到崔家的女兒在新年期間回娘家，但是李晟卻很不高興，認為自己的女兒不守禮法，於是對女兒看也不看，就遣送回崔家。於是寫《舊唐書》的那些老夫子就歡呼道，其達禮敦教如此。

咦，大家要說了，這是什麼緣故呢？上面不是說婦女回娘家早有家規嗎？李晟這麼亂搞，怎麼還受到表揚？其實啊，崔家讓李晟的女兒正月回娘家本身就證明了此類定時歸寧家規的有效性。而李晟作為一介武夫，手掌兵權，卻不以新貴之尊，欺凌舊世家，自然贏得「君子們」滿口的讚譽了。

一代詩聖杜甫的姑姑杜氏就常常回娘家，很受娘家的歡迎，根據〈唐故萬年縣君京兆杜氏墓誌〉的記載，「（杜氏）星霜伏臘，軒騎歸甯，慈母每謂於飛來，幼童亦生乎感悅」。所謂伏，就是六月三伏日，臘是十二月臘日，都是古來很重要的節令。那麼杜甫的姑姑每次在這樣的時候回娘家，本家的人都是極其高興的，也是歡迎的。而墓誌作為對一個人的蓋棺論定，特別是對女人來說，提到女子如此眷戀娘家卻並不讓夫家反感，也反過來證明了當時的社會風氣。

又如顏真卿在〈博陵崔孝公宅陋室銘記〉這篇關於唐初文臣崔沔的描述裡，便提到崔沔在洛陽的宅院，大堂住的是母親，堂東的房間是嫂嫂盧夫人所居，而東北則是「鄭氏李氏姊歸寧所居」。也就是說，他還特地為兩位姊姊回娘家闢出專門的房子。可見唐代女子回娘家除了得到本家的支持之外，有時候停留的時間也很長。

再有呢，婦女的地位往往和經濟財產分配權相關，薛漁思的〈河東記〉上就寫到一個伊姓家庭的兄長，賣掉一座大莊園，得到的款項是一千貫，他把錢平分，送給五個妹妹。而湊巧的是，剛好小妹正要結婚，於是四位已經出嫁的妹妹又各自提出一萬錢（即十貫），贈予小妹。這當然是一個充滿溫情的小故事，不過從這個故事可以看出，唐人對將出嫁的女子並不是很絕對地視之為外人。當然了，文中也顯示，小妹所得的二百四十貫則計為她的夫婿李敏求的收入。

娘家的支持不僅僅在財務上，牛肅（活躍於武則天時期至玄宗朝）的《紀聞》上就有一個臨濟縣縣令李回，他對自己的老婆不好，以至於他的丈人廬州張長史在退休還鄉的路程上還特意繞了遠路，來找女婿的晦氣，到臨濟縣大大責罵了李回一通。在這點上，就不像後世那樣，把嫁出去的女兒認為是潑出去的水，即便在夫家受到如何的欺凌也不好插手。我們看《紅樓夢》就有賈迎春出嫁之後，受到夫婿虐待，夫家除了表示同情之外，卻無所作為。

應該說，從漢武帝時代開始，三綱五常的教條就開始在社會網絡中伸展它的空間，而三從四德也作為日常教訓進入家庭倫理層面，不過並不是說就沒有變通的縫隙，張薦《靈怪集》上的一個小故事便足以說明：

楊昭成開元末，洛陽賈氏為廣漢什邡令，將其家之任。欲至白土店東七里，其妻段氏，馬驚墮坑而死，即殯於山中。經兩載，弘農楊昭成為益州倉曹，之廣漢。曉發，其妻竇氏忽於馬上而睡，向後傾倒。昭成自下馭馬，頻呼問，猶不覺，將至白土方寤。云：「向夢有一婦人，衣綠單裙白布衫，年甫三十，容色豔麗，來控我馬，悲啼久之，自稱段姓，是什邡賈明府之妻。至此身死，見留山中，孤魂飄泊，不勝羈獨。夫人後若還京，我有兄名某，見任京兆功曹，可相為訪，令收己魂，歸於故鄉。深以相囑，言訖乃去。」昭成其夕宿白土，具以夢問店者。店人云：「賈明府妻墳，去此六七里。墜坑而死，殯在山中，已二年矣。」其言始末，與夢相類。昭成深異之，因記其事。後奉入京，尋其段族，具為說之。段氏舉家悲泣，遂令人往取神柩，葬之。

這個故事雖然靈異成分極濃，卻從一個側面反映了當時人們的某種訴求。文中的段氏是一位賈姓縣令的夫人，死後其遊魂所願，並不是回歸夫家與丈夫合葬，而是眷戀自己的本家，期望往葬本家，可以說完全無視「出嫁從夫」的教訓，而她的家人在得知訊息之後，也滿足了她的願望。

本是何方君子，何處英才——唐代詩歌化的婚俗儀式

詞文枕。唐人無地不詩，枕頭自然更是不能放過了

有唐一代，幾乎任何生活題材都可以入詩，而唐人的婚禮簡直可以稱得上是「賽詩會」。在普通民眾的婚禮上，就有催妝詩、開撒帳合詩、去行座障詩、去扇詩、詠同牢盤詩、去帽惑詩、去襆頭詩、去花詩、脫衣詩、合髮詩、梳頭詩、繫指頭詩、詠下簾詩、下女夫詞、障車詞等等。可以說是動必吟詠，無詩不婚。

唐人的婚姻法我在前面說過一些。但是我們也知道，就算是在今天，法律和現實之間也有不少脫節的地方，所以呢，這裡就專門從敦煌出土的文物〈下女夫詞〉著手，簡單地討論一下唐代人的民間婚俗。當然，敦煌屬於北方地區，和南方的婚俗又大不一樣，特別有一點要說明的，在唐朝，北方女子的地位遠較南方女子為高。

「女夫」即「女之夫」，通稱女婿。「下」有「戲耍」之意。所謂的

下女夫詞，其實就是當迎親的新郎一行抵達女家門口時，女方姑嫂故意閉門相攔，刁難、戲弄新女婿的習俗。從盤詰戲謔、刁難下馬、吟詩入門，一直到請婿下床，可以說是絕無冷場，一波接一波地給整個婚禮場面增添了喜悅熱鬧的氣氛。和後世不一樣的是，唐代女子在結婚的時候，哭的時候很少，從下女夫詞可以看出，這是一種「願嫁歌」。我們先來看看下面這兩段——

女答：本是何方君子，何處英才？精神磊朗，因何到來？
兒答：本是長安君子，進士出身。選得刺史，故至高門。
女答：既是高門君子，貴勝英流，不審來意，有何所求？
兒答：聞君高語，故來相投。窈窕淑女，君子好逑。
女答：金鞍駿馬，繡褥交橫。本是何方君子，至此門庭？
兒答：本是長安君子，赤縣名家。故來參謁，聊作榮華。
女答：使君貴客，遠涉沙磧。將郎通問，體內如何？
兒答：刺史無才，得至高門。皆蒙所問，不勝戰陳。

整個過程，一問一答，完全是女人在挑剔男人了。再看下面一段——

女答：何方所管？誰人伴換？次第申陳，不須潦亂。
兒答：敦煌縣攝，公子伴涉。三史明閑，九經為業。
女答：夜久更闌，星斗西流。馬上刺史，是何之州？

敦煌壁畫上的婚禮中有男拜女不拜的情景，說明當時女子的地位較高

兒答：金雪抗麗，聊此交遊。馬上刺史，本是沙州。
女答：英髦蕩蕩，游稱陽陽。通問刺史，是何之鄉？
兒答：三川蕩蕩，九郡才郎。馬上刺史，本是敦煌。
女答：何方貴客，浸宵來至。敢問相郎，不知何里？
兒答：天下蕩蕩，萬國之里。敢奉來言，具答如此。
女答：人須知宗，水須知源。馬上刺史，望在何川？
兒答：本是三州游奕，八小英賢。馬上刺史，望在秦川。

幾乎可以說是從家世門第背景等各方面一一盤查，毫不避諱婚姻的真正目的就是兩個家庭的聯姻，而不僅僅是兩個人之間的事情。但是在這些回答的過程中，男方顯然很注意表達自己的才華和性情，這正顯示了發問的女方是有很大的表決權的。所以男方所傳達的消息就不能僅僅是自己的家世門第背景了。

當男方過關之後，女方也當場直接作出了回覆，並不通過父母，「立客難發遣，展褥鋪錦床。請君下馬來，模模便相量。」直接要和男方商量永結百年之好，可見在婚姻問題之上，再次彰顯了唐代女子自身的選擇權。

既然說到下女夫詞，這裡也順帶說一說，根據敦煌出土的《婚事程式》可以看出，唐代敦煌民間婚俗的婚禮程式，除了親迎等六禮之外，還有更多繁複的小細節，在這裡，希望讀者不要覺得囉嗦，花點耐心讀完，再和今天的婚俗作個對比，也不失為很有趣味的一件事情。

一、哭別父母：根據《通婚書》上說，在結婚的當晚，男女雙方各自在堂前面辭父母，微哭三五聲，進行拜別，再由儐相送出。

二、請郎下馬：女方要唸〈請下馬詩〉。詩曰：「窈窕出蘭閨，步步發陽臺。刺史千斤重，終須下馬來。」

三、新郎既然下了馬來，因為是在晚上，時間寶貴，男方就需要唸誦〈催妝詩〉。

四、新郎終於進入女家大門，這時候作為女婿的，就要拍岳父母的馬屁了，唸〈論女家大門詞〉。詞曰：「柏是南山柏，將來作門額。門額長時在，女是暫來客。」

五、大門之後，便是中門，大門的馬屁比較輕些，這一回男方可就要下大本錢作無原則的吹捧了，唸起〈進中門詞〉。詞曰：「團金作門扉，磨玉作門環。掣卻金鉤鎖，拔卻紫檀關。」

六、進了院子，院子有個堆好的土堆，幹麼用的呢？讓女婿表現一下自己成家之後，立業的決心，這依舊是一首詩，叫做〈至堆詩〉，「彼處無瓦礫，何故生土堆？不假用鍬钁，且借玉琶推。」

七、到了院子可不能直接進入大廳，而是先在堂屋外看堂基，要唸〈至堂基詩〉，這是誇女方的家庭根基牢固，是後輩的榜樣了。「琉璃為四壁，磨玉作基階。何故相要勒，不是太山崖。」

八、好了，終於到了新娘子的門前了，咦，房門鎖上，這是何故？原來這是表明女方的家風謹慎。所以男方在這裡可不能唸叨芝麻開門，而是要念〈逢鎖詩〉，「鎖是銀鉤鎖，銅鐵相絞過。暫借鑰匙開，且放刺史過。」

九、進堂屋，看見新娘子了，則唸〈至堂門詠〉，「堂門築四方，裡有四合床。屏風十二扇，錦被畫文章。」

十、婚禮呢，要先在宅上西南角吉地安帳鋪設成禮帳，然後唸〈撒帳詞〉。什麼是〈撒帳詞〉？就是給小孩子撒果子和金錢，稱為「撒帳」。這個〈撒帳詞〉需要男女雙方合唸：「一雙青白鴿，繞帳三五匝。為言相郎道，繞帳三巡看。」

十一、之後是進行「奠鷹」儀式，即用扇和行帳將新娘遮入堂中，後由女儐相將她扶上馬鞍，讓她手拿一隻鷹，用紅綢裹著，又以五色錦縛口不讓牠叫，然後交給新郎去放生。不過未必用真正的鷹，而是用結彩代替，這個儀式自然是象徵新郎新娘以後的好日子「鵬程萬里」。然後，新娘子終於從堂中出來，新娘子的父母就要說上一番勉勵的話了，諸如「勉之敬之，夙夜無違」之類的。

十二、請陪伴新娘來的童男童女出房門，並除去座帳，要唸〈去童男童女去行座帳詩〉。詩曰：「夜久更闌月欲斜，繡幃玲瓏掩綺羅。為報侍娘渾掣卻，從他駙馬見青娥。」又曰：「綿幢重重撓，羅衣隊隊香。為言姑嫂道，去卻有何妨！」

十三、除去座帳之後，還要將遮擋床帳的扇幅取走，要唸〈去扇詩〉。詩曰：「青春今夜正方新，紅葉開時一朵花。分明寶樹從人看，何勞玉扇更來遮？千重羅扇不須遮，百美嬌多見不奢。侍娘不用相要勒，終歸不免屬他家。」

十四、男方女方既然要開始共同生活，不免要有所象徵，於是就有了「同牢」儀式。「牢」指的是祭祀用的畜牲——牛羊豬，所謂「同牢」，就是結婚儀式上新郎新娘必須同吃一盤牲牢，這是根據古老的《禮記．昏義》上所說的，「婦至，婿揖婦以入，共牢而食。」這時要唸〈同牢盤〉。詩曰：「一雙同牢盤，將來上二官。為言相郎道，繞帳三匝看。」

十五、去帽，要唸〈去帽惑詩〉。詩曰：「璞璞一頭花，蒙蒙兩鬢遮。少來鬢髮好，不用帽或遮。」

十六、除花，要唸〈去花詩〉。詩曰：「一花卻去一花新，前花是假後花真。假花上有銜花鳥，真花更有採花人。」

十七、脫衣，要唸〈脫衣詩〉。詩曰：「山頭寶徑甚昌楊，衫子背後雙鳳凰。蓋襠雙袖雙鴉鳥，羅衣接紲入衣箱。」

十八、夫妻雙方還要進行結髮儀式，後來的戲劇小說常常有「結髮夫妻」之說，就是從唐代開始的，這回要唸的是〈合髮詩〉了。詩曰：「本是楚王宮，今夜得相逢。頭上盤龍髻，面上帖花紅。」

十九、新郎還要給新娘梳頭，要唸〈梳頭詩〉：「月裡婆娑樹，枝高更難攀。暫借牙梳子，算髮卻歸還。」

二十、之後，夫妻之間進行繫紮手指頭的儀式，這是因為古人認為十指連心，繫住手指，就等於繫住對方的心（在這一點上，東西方倒是沒有太大的差異，西洋人在婚禮上則是交換戒指），所以要唸〈繫指頭詩〉。詩曰：「繫本從心繫，心真繫亦真。巧將心上繫，付以繫心人。」

二十一、夫妻同心之後，還要互相誓忠貞，要唸〈詠繫去離心人去情詩〉，「天交織女渡河津，來向人間只為人。四畔傍人總遠去，從他夫妻一團新。」

二十二、現在終於可以進洞房、睡覺了吧，慢著，還要唸〈詠下簾詩〉，「宮人玉女自纖纖，娘子恆娥眾裡潛。徵心欲擬觀容貌，暫請傍人與下簾。」

二十三、禮成拜父母。這個拜父母也有講究，先拜雙方父母，繼而新娘拜自己父母，唸〈賀慰女家父母語〉；新郎拜自己父母，唸〈賀慰兒家父母語〉。

至此終於全程結束。看到這裡，不由得讓人覺得在唐代做女婿實在是太難了。難，並不難在於吟一首好詩，正如今天論壇裡頭常見的回帖，「難的是吟一輩子的好詩」了。

◉掌故

陷吾君於麀——一代女主武則天

武則天（西元六二四—七〇五年），並州文水（今山西文水東）人。十四歲時被唐太宗挑入宮中選為才人。一次，唐太宗得到一匹名為「獅子驄」的烈馬，該馬性格暴躁，不好駕馭，唐太宗為此嘆息不已。當時武則天侍候在側，她說：「妾能馭之，然需三物，一鐵鞭，二鐵錘，三匕首。鐵鞭擊之不服，則以鐵錘錘其首；又不服，則以匕首斷其喉。馬供人騎，若不能馴服要牠何用？」由此可見她果斷剛猛的個性了。

唐太宗死後，武則天照著規矩，出家為尼。即位的唐高宗李治早在當太子的時候，就看中了武則天。李治將她帶回宮中，冊封為才人。永徽三年（西元六五二年），武則天生了長子李

武周皇帝武則天像

弘，而被冊封為昭儀。在激烈的宮廷鬥爭中，她最終擊敗了最主要的對手王皇后與蕭淑妃，並剷除了最主要的政敵長孫無忌，登上皇后的寶座。她利用唐高宗的軟弱和身體不好，干預政事，最終得以被尊稱為天后，統稱雙聖，共坐朝堂。高宗病逝，之後即位的中宗李顯和睿宗李旦，都被武則天廢黜。隨著武則天的權力越來越鞏固，文武官員、王公貴族、遠近百姓乃至於和尚道士，上勸進表的有六萬多人。武則天終於稱帝登基，改大唐為大周，自稱神聖皇帝。她也是中國歷史上唯一的女皇帝。

體弱多病的唐高宗在世時，武則天礙於皇后身分，長期處於性壓抑狀態。現在，一切朝政大權都落在她的手中，她便開始「穢亂春宮」了。

武則天寵信的第一個面首是薛懷義。據《舊唐書．外戚傳》的說法，他的本名叫馮小寶，是洛陽城裡一個販賣脂粉等臺貨的人物，因生意交往便結識了貴族公主的侍女或侍從，再由侍女或侍從的說明而結識了武則天的女兒太平公主。太平公主見薛懷義身體魁梧強壯，又經過親自測試，發現他性能力極強，於是引他進宮正式向武則天加以推薦，武則天便任命他為侍從。武則天為了讓他出入宮禁方便，便叫他削髮為僧，又因他不是士族出身，乃賜姓薛，改名叫薛懷義。隨即讓他與太平公主的丈夫即貴為駙馬的薛紹聯宗，讓薛紹稱他為叔父，這就大大抬高了薛懷義的地位。

這個薛懷義應該說非常有魅力，不然武則天也不會和自己的女兒共用一個面首。她先後封薛懷義為左威衛大將軍、梁國公、右衛大將軍、鄂國公等，讓他督建明堂和天堂，耗資巨萬。薛懷義又和僧法明等人編寫了《大雲經》四卷，獻給武則天，稱武則天是彌勒佛下凡，應當取代唐朝成為天子。然而，武則天後來又喜歡上御醫沈南繆，薛懷義為此怒火中燒，竟然放火焚燒了由自己督造的明堂。武則天厭惡之餘，便放手由太平公主與其乳母合謀，設法將薛懷義誅殺之。

隨後成為武則天面首的極多，鑒於歷代男皇帝有三宮六院，武則天也不甘落後。據《舊唐書》記載，「天后（即武則天）令選美少年為左右供奉」。這時左補闕（諫官）朱敬則進諫道：

> 臣聞志不可滿，樂不可極，嗜欲之情，愚智皆同，賢者能節之，不使過度，則前聖格言也。陛下內寵已有薛懷義、張易之、張昌宗，固應足矣。近聞上舍奉御柳模，自言子良賓潔白美鬚眉；左監門衛長史侯祥，雲陽道壯偉，過於薛懷義，專欲自進，堪奉宸內供奉。無禮無儀，溢於朝聽。臣愚職在諫諍，不敢不奏。

這段話實在是少有的千古奇文，所以在這裡忍不住大致翻譯一下——

臣以為內心追求嗜欲的願望不可太滿足，房室之樂不可放縱，性生活必須有所節制，情欲不節必然損傷身體，這些都是聖賢留下的、眾所周知的古老遺訓。宮中所置面首為數已經不少了，陛下的內寵既然已經有了薛懷義、張易之、張昌宗等人，那麼人員也不可再擴大。近來聽說柳模一再推薦自己的兒子入宮做男侍，說他兒子皮膚如何潔白，鬚眉如何雄偉。而侯祥則自我吹噓地說他「陽道壯偉」，尺寸上的粗壯長大完全超越了薛懷義，願意入宮當內侍供奉。這些醜言穢語在宮中四處傳播，實在違禮悖德，淫穢不堪，有失朝廷傳統。作為諫官，他不能不忠言直諫，希望陛下能聽取自己逆耳之言。

武則天聽後哈哈大笑，她一邊對朱敬則的犯顏直諫加以褒獎，賜給彩絹馬匹，說是「非卿直方，朕不知此」，另一邊卻繼續我行我素。以至於駱賓王在〈為徐敬業討武曌檄〉中有這樣指斥武氏性關係的混亂和荒淫的，「洎乎晚節，穢亂春宮」，「陷吾君於聚麀」。

不過，武則天很擅長把性和養生保健的重要手段結合起來。在六十八歲那年，由於新接納了很中意的面首，她感到無比的高興和喜悅，於是決定改變年號，便將天授三年（西元六九二年）改為如意元年。不久她又生了新牙，因而再次改元，又將如意元年改為長壽元年了。由此可見她對養生的在意了。

唐人張萱所繪「武后行從圖」

她寵信的面首比如張昌宗兄弟也並不僅僅是因為長得好看、陽道壯偉。張易之、張昌宗兄弟身體強壯且容貌很美，先由太平公主推薦張昌宗進宮，再由張昌宗推薦其兄張易之進宮。那麼，張昌宗又是如何推薦自己兄長的呢？據《舊唐書》載，「既而昌宗啟天后曰：『臣兄易之器用過臣（指其陽物更為巨大），兼工合煉（又善於煉凡藥）。』」可見張昌宗確實抓住了一代女主的內心，所以他們兄弟二人能夠得到武則天至死不息的寵愛不是沒有來由的。她甚至還花心思給這對兄弟的母親阿臧找情人，配「私夫」。

在則天皇帝溺愛之下，朝中的當權者武承嗣、武三思、武懿宗、宗楚客、宗晉卿等人，爭先恐後獻媚二張。武則天又因年事已高，便把批閱奏摺及其他許多朝政大權交付給張易之、張昌宗兄弟，於是宮廷內外的大臣們都稱呼張易之為五郎，張昌宗為六郎。然而他們掌握生殺大權，卻不知道持身自保，李重潤和永泰郡主是唐中宗李顯當太子時的兒子和女兒，也是武則天的親孫子和親孫女兒，只不過私下議論張易之橫行不法之事，就被張易之告發到武則天那裡，武則天便命令兒子李顯親自進行審訊和處置，李顯為了避禍和保全自己的太子地位，只好迫使自己的兒子和女兒自殺來解除張易之兄弟的憤恨。

神龍元年（西元七〇五年）正月，武則天病勢加重，是月二十日，宰臣崔玄煒、張柬之等起羽林兵迎太子，至玄武門，斬關而入，誅殺張易之、張昌宗於迎仙院，並梟首於天津橋南。在此巨變之下，垂垂老矣的武則天已經無力回頭，只好下詔退位。退位之後，同年冬季的十一月，武則天去世，享年八十二歲。

這位我國歷史上唯一的女皇帝在死前曾遺詔去帝號，仍以李家王朝皇后的身分下葬，故稱之為則天皇后。能夠與她的高壽相提並論的，似乎只有清代享年八十九歲的乾隆皇帝和南朝享年八十六歲的梁武帝。應該說，除了她本人熱衷佛道的養生理論，注意起居飲食之外，這和她晚年在性生活方面的滿足和愉悅也是分不開的。

作為中國歷史上前無古人、後無來者的女皇帝，武則天有足夠的理由享受奢華，放縱情欲，因此較歷史上最淫蕩放縱的男性皇帝遭到了更多的穢罵，更多的攻訐。不過揆之實際，她所寵幸過的面首並不多，這些聲討其實並不是因為她的荒淫，而是因為她作為一個女人而擁有至高無上的皇權，以至於讓正統的史學家們無法忍受。

不重生男重生女——唐玄宗與楊貴妃的愛情悲劇

唐玄宗和楊貴妃的愛情故事可以說在中國是家喻戶曉了。

唐玄宗是一位集明君和昏君於一身的皇帝。作為一個太平天子，他舉賢進能，開創了開元盛世，可以說，唐玄宗對於樂觀、豪邁、自信、風情、浪漫的盛唐氣質的形成，對於詩歌、音樂、繪畫舞蹈這些文化上的盛宴的發展，起到了重要作用；然而也正是這位皇帝，把整個大唐推入了苦難的深淵，在天寶後期，他的眼中只有美人而忘江山，一味享樂，重用奸相，寵信安祿山，導致「安史之亂」爆發，從此使大唐帝國一蹶不振，走向衰落之路。

事實上，在很長一段時間，唐玄宗是一個嗜愛聲色歌舞的風流皇帝，他的後宮可不是三千人，有「一代詩史」之稱的杜甫就指出「先帝侍女八千人」。他還在宮中專門為自己設立了一個叫做「梨園」的樂舞機構，所以後世唱戲的都尊他為祖師爺。當然，他雖然好色，卻不失為一個好皇帝。可是，突然有一天他察覺到自己老了，更糟糕的是，他愛上了自己的兒媳楊玉環。

楊玉環是唐玄宗李隆基的第十八個兒子壽王瑁之妃，在一次宴席上，已經年老、開始對女人失去興趣的唐玄宗看到了自己的兒媳之後，居然老房子著火，一下子不可收拾。楊玉環的明豔美貌自然是一個因素，不過唐人的筆記上說，楊玉環擅長曲藝，曲藝中最善於擊磬，泠泠然多有新聲，太常梨園的樂師也不能做到。就這點而言，她和唐玄宗是有共同語言的。唐玄宗對楊玉環神魂顛倒，於是安排她出家，法號「太真」，然後再從道觀之中，把這位太真迎接到宮中來。

楊玉環進宮之後，一人得道，雞犬升天，她的三個姊姊也受到了玄宗的寵幸，同時誥封國夫人，唐玄宗特令每月各給十萬錢，專作脂粉之費，平日賞賜更是不計其數。她們各造府第，富麗堂皇，接近皇宮，每造一堂，所費超過千萬，如果見到規模超過自己的，就毀了重建。出門遊玩時，各家成一隊，穿一色衣服，車馬僕從堵塞道路，中唐的畫家張萱就曾為此畫過一幅「虢國夫人游春圖」。

楊玉環的姊妹如此，那麼她本人所受的寵愛則大可推知了。正如〈長恨歌〉所描述的——

春寒賜浴華清池，溫泉水滑洗凝脂。侍兒扶起嬌無力，始是新承恩澤時。
雲鬢花顏金步搖，芙蓉帳暖度春宵。春宵苦短日高起，從此君王不早朝。
承歡侍宴無閒暇，春從春遊夜專夜。後宮佳麗三千人，三千寵愛在一身。
金屋妝成嬌侍夜，玉樓宴罷醉和春。姊妹弟兄皆列土，可憐光彩生門戶。
遂令天下父母心，不重生男重生女。驪宮高處入青雲，仙樂風氣處處聞。
緩歌慢舞凝絲竹，盡日君王看不足。……

天寶四年（西元七四五年）八月，楊玉環被正式冊封為貴妃，那時她不過二十七歲，而玄宗已是六十一歲的老人。這對老夫少妻喜歡讓幾百個宮女、宦官列成「風流陣」，用錦被當旗幟，互相鬥鬧取樂。楊貴妃能夠得到唐玄宗的寵愛絕不僅僅是容貌長得美麗，還在於善於揣摩玄宗的心理，比如一天唐玄宗與親王下棋，楊貴妃站在棋局前觀看，發現唐玄宗眼看就要輸棋了，於是就將懷裡的貓扔在棋盤上，擾亂了棋局以亂其輸贏，唐玄宗因此十分高興。然而天寶十四年（西元七五五年），安祿山起兵造反，使得這出愛情故事成為中國歷史上最著名的悲劇之一。

安祿山為營州雜胡（父親是胡人，母親是突厥人），性驍勇，能通解運用六蕃語言，曾任互市牙郎（即現在的翻譯官），其後任幽州節度使張守珪的捉上將，升討擊使。他到了長安之後，就走楊玉環的門路，不顧自己年紀已經很大了，稱楊玉環為母。又常獻奇珍異獸給玄宗討其歡心，最終安祿山贏得玄宗的信任，被賜爵東平郡王，後兼河東節度使，其後又兼平盧節度使、范陽節度使。安祿山作為唐朝武將封王的第一人，當他掌握了北中國最精銳的部隊後，不由得野心勃勃，可惜唐玄宗卻沒有絲毫的警惕。

安祿山很快攻陷洛陽，逼近長安，當潼關失守的時候，玄宗只能帶著楊貴妃在軍隊的保護下倉皇入川。在途經馬嵬驛（今陝西省興平縣西）時，軍隊譁變，殺死民憤極大的楊國忠（楊玉環的族兄），又逼唐玄宗殺死楊貴妃。這位帝王在巨變面前，竟然也和多數普通人一樣是那麼缺憾，那麼無助，只得無奈地屈服於命運。他最終下令命高力士賜楊玉環自盡，最後楊玉環被勒死在驛館佛堂前的梨樹下，死時三十八歲。

玄宗和楊貴妃的生死戀情堪稱絕唱，即便拋開帝王的身分而言，也是真正的才子佳人式的結合。所以在「安史之亂」之後，時人的筆記總是以懷念與惆悵的心情追憶李、楊二人昔日的宮廷生活細節，描寫他們共賞桃花、牡丹的情景。

這一基調濫觴到後世，則昇華為一齣齣戲劇，元朝白樸撰有「唐明皇秋夜梧桐雨」雜劇，明朝有屠隆隆《彩毫記》傳奇、吳世美《驚鴻記》傳奇、無名氏《磨塵鑒》傳奇，清朝有洪升《長生殿》傳奇，京劇有「百花亭」、「貴妃醉酒」、「太真外傳」、「馬嵬坡」等，而小說則有《楊太真外傳》、《長恨歌傳》、《隋唐演義》等。

異裝癖的故事——第一種人妖

現在稍微有點錢的人都喜歡出國旅遊，對於周邊國家很多人會首選泰國，理由就是去看人妖。這種獵奇的心理，不獨中國人為然。

據考證「人妖」這個詞，最早見於戰國荀況所著的《荀子．天論》一書，「政令不明，舉措不對，本事不理，夫是之謂人祅（妖）。」不過這裡的意思指的是政治家在政事上舉措不當，跟後世的定義完全是兩回事了。

那麼古代中國人眼中的人妖是不是今天醫學上的兩性人呢？古代人妖這個詞的定義還是比較廣的，而且有時候很含混。《南史．崔慧景傳》上有東陽女子婁逞女扮男裝的故事：

> 變服詐為丈夫，粗知圍棋，解文義，遍遊公卿，仕至揚州議曹從事。此人妖也，陰而欲為陽，事不果，故泄。

然而，這應該是花木蘭、女駙馬之類的民間故事的真實版。我們看《南史》上還說，當婁逞被識破之後，「始作婦人服而去」，離去之前，感慨自己滿腹經綸，就這樣「還為老嫗，豈不惜哉」。可見她未必就是兩性人或者異裝癖，而是因為在那個時代，作為女子無法實現自己的抱負，才不得不選擇了女扮男裝這條道路。

而宋代岳珂則記載，「江山邑寺有緇童，眉長逾尺，來淨慈，都人爭出視之。此非肖貌賦形之正，近於人妖矣。」這裡人妖指的是小孩子因為「眉長逾尺」這一異樣的容貌特徵，和兩性人或者異裝癖那是一點關係也沒有了。

異裝癖又稱異性裝扮癖，是指通過穿著異性服裝而得到性興奮的一種性變態形式。這種性變態患者以男性為多，不過現代女性著男裝很常見，反而容易被隱藏了。

而在中國古代，異裝癖可是一個非常嚴重的問題，晉代傅玄說「夫衣裳之制，所以定上下，殊內外也」，可見混亂了男女服飾制度是可以被拿來說是陰陽失序的。《晉書．五行志》就提出了第一個反面例子，那就是夏桀的寵妃末喜（也稱妺喜）。據說「末喜冠男子之冠」，而在《漢書．外戚傳》中顏師古注說末喜「美於色，薄於德，女兒行，丈夫心。桀常置末喜於膝上，聽用其言，昏亂失道，於是湯伐之，遂放桀，與末喜死於南巢」。總之，按照顏師古的說法，夏王朝的亡國，就是亡在了末喜的異裝癖上。

春秋戰國時期是異裝癖的幸福時代，好幾個大國的民眾都喜歡顛倒男女服飾。比如《晏子春秋》就提到「靈公好婦人而丈夫飾者，國人盡服之」。而楚辭的作者屈原在賦中自稱喜歡奇裝異服，也很有異裝癖的嫌疑。

到了漢代，王嘉《拾遺記》上記載：「漢哀帝董賢更易輕衣小袖，不用奢帶修裙。」關於董賢這個人，我在前面已經專文說過了，不過他未必是一個異裝癖，作為男寵，可能是為了討好漢哀帝的緣故，才故意打扮成女生模樣。

魏晉南北朝時期，男扮女裝就更流行了，「熏衣剃面，傅粉施朱」都成為貴族男子的日常工作了，所以出現像《宋書．五行志》上所記載的「魏尚書何晏服婦人之衣」，就一點也不稀奇，即便是貴為帝王之尊，如北齊宣帝也「剃韶鬚髯，加以粉黛，衣婦人服以自隨」。

從張萱「虢國夫人游春圖」中我們可以看出，到了唐天寶年間，婦女也做男子幞頭袍衫打扮了

唐朝前期是婦女著男裝的盛行時代，一次唐高宗和武則天舉行家宴，他們的愛女太平公主一身男性裝束，身著五品武官的七件飾物，以赳赳男子的儀態，歌舞到高宗面前，高宗和武后笑著對她說，女子不能做武官，妳為什麼作這樣的打扮？《新唐書．五行志》對此的評價是「近服妖也」，加以貶責。而到了唐玄宗時，宮中婦人「或有著丈夫衣服靴衫，而尊卑內外斯一貫矣」（《舊唐書．輿服志》），可見此時女扮男裝已經蔚為風氣了。而在陝西省干縣唐章懷太子墓壁畫中有一幅「觀鳥捕蟬圖」，在圖中，年輕宮女穿圓領袍衫、小口褲、襦裙披帛半臂淺履的胡服，正反映了這種風氣。

其實在太平盛世中，異裝的現象常常會很多，反而會變成一種時尚，以至於難以嚴格地區分異裝愛好者和異裝癖了。就像在唐代「婦人為丈夫之相，丈夫為婦人之飾」就是很平常之事。

不僅如此，唐代貴族男子還喜歡塗面脂、口脂等女性常用的化妝用品，以至於唐代皇帝甚至對大臣們專門設定一個日子發放，這個日子就叫做脂日。宋代陳天覯《歲時廣記》載，「唐制，脂日賜宴及賜口脂面藥。」杜甫也曾經在〈臘日〉這首詩中寫道：「口脂面藥隨恩澤，翠管銀罌下九霄。」

這面藥又是什麼東西？翻開《四時纂要》，上面記載，「面藥，（七月）七日取烏雞血，和三月桃花末，塗面及身，二三日後，光白如素。」顯然也是化妝品的一種了。唐傳奇的《任氏傳》上就說一位名叫韋崟的人，聽說朋友娶了一位貌美的妻子，於是自己在頭上戴了絲巾，

婦人為丈夫之相。這是唐代章懷太子墓室的一幅壁畫，內中有一位女官便作男裝打扮

在嘴巴上抹了口脂，更衣打扮才去恭賀他的朋友。由此可見唐人是以此為常的，有時候甚至還要穿香熏衣，不然則會被視為無禮。

可見，古人雖然很難理解異裝癖，但是習慣了，也往往不認為是大問題，除了那些嚴守聖賢之道的老夫子之外。到了明代，由於男風的盛行，易服變性的「人妖」可以說是全面的公開化了。由此而引入雜劇戲曲之中，則有「女駙馬」、「男王后」等等這樣的故事，因為兩性位置的置換而讓觀者懸想新奇。然而現實生活中「人妖」的故事，則更為曲折，在這裡不妨看看袁枚《子不語》裡頭的一篇〈假女〉：

> 貴陽縣美男子洪某，假為針線娘，教女子刺繡，行其技於楚、黔兩省。長沙李秀才聘請刺繡，欲私之，乃以實告。李笑曰：「汝果男耶？則更佳矣！吾嘗恨北魏時，魏主入宮朝太后，見二美尼，召而昵之，皆男子也，遂置之法。蠢哉！魏主何不封以龍陽而蓄為侍從？如此不獨己得幸臣，且不傷母后之心。」洪欣然就之。李甚寵愛。
>
> 數年後，又至江夏，有杜某欲私之。洪欲以媚李者媚杜，而其人非解事者，遂控到官，解回貴陽。臬使親驗之：其聲嬌細，頸無結喉，髮垂委地，肌膚玉映，腰圍僅一尺三寸，而私處棱肥肉厚如大鮮菌。自言幼無父母，鄰有孀母撫養之，長與有私，遂不剃髮，且與纏足，詭言女也。鄰母死，乃為繡師教人。十七歲出門，今二十七

歲，十年中所遇女子無算。問其姓氏，曰：「抵我罪足矣，何必傷人閨闈？」訊以三木，始供吐某某。撫軍欲擬長流，臬使爭以為妖人，非斬不可，乃置極刑死。死前一日，謂獄吏曰：「我享人間未有之樂，死亦何憾！然某臬使亦將不免。我罪止和奸，蓄發誘人。亦不過刁奸耳，於律無死法。且諸女子與通姦，皆暗昧不明之事，盡可覆蓋，何必逼我供招，宣諸章奏，各擬重杖，使數十郡縣富貴人家女子，玉雪肌膚，困於朱木乎？」次日赴市受戮，指其跪處曰：「後三年，訊我者在此矣！」已而臬使果以事誅。眾咸異焉。

這位「洪某」說起來也是身世堪憐，只因為從小被培養成異裝癖，一誤再誤，遂成眾生之誤。

天閹和石女——第二種人妖

古代醫生對兩性人都弄不清，平常人自然更加鬧不明白，所以關於兩性人除了人妖之外，將天閹和石女也列入其中。

成書於秦漢時期的《黃帝內經》上很早就指出，天閹「此天之所不足也。其任沖不盛，宗筋不成，有氣無血，唇口不榮」。《欽定古今圖書集成．醫部匯考二百》上則說：「天宦者，謂之天閹。不生前陰，即有而小縮，不挺不長，不能生子。此先天所生之不足也。」按照現代臨床上的說法，則是男性有陰莖但短小乃至於沒有，睪丸發育不佳，也就是朱震亨所謂的「男不可為父」。關於這方面，明代的沈德符在他的《萬曆野獲編．不男》中，發揮了自己引經據典的特長，找到不少例子：

如古帝王貴人亦有之，晉廢帝海西公有隱疾，漢武陽侯樊市人不能為人，元魏仇各齊生非男，北齊臨漳令李庶之天閹，隋大將軍楊約之為查所傷，皆是也。本朝藩王，則楚王英亦傳聞不男，大臣，則楊文襄（一清）、倪文毅（岳），及近年士人閔工部（夢得），俱雲隱宮，無嗣息。其有無罪而自宮者，國初太常卿邱元清以辭賜宮女，金吾指揮同知傅廣以求入內廷。隆慶間，戚畹李文進，以隨侍今慈聖皇太后入宮，仕至御馬監太監，賜蟒玉，即今武清侯李文全同產弟也。今莆田王繼祀，以少年讀書，苦思欲，自去睪丸。又聞嘉靖末年，閩人戶部主事柯維麒，以修《宋史新編》，求絕房室專功，亦如太史公下蠶室故事。

然而天閹者雖喪失了性能力，卻並不意味著他們沒有情愛上的渴求，根據清代徐昆《柳崖外編．卷九．二閹》的記載：

湖廣一富人，患閹。同鄉農家子，年十六，村塾就學，往來過其門。富人心好之，時赴塾饋飲食，間邀至家，衣帛珍玩唯所欲，且曰：「爾亦知斷袖分桃之事乎？余本閹也，愛子，竊自薦。」遂使私焉。後密甚。又數年，其家欲為致室，閹問：「僕之所以承子意者，不能代琴瑟之好耶？吾不知卿之他求也何故。」童子以父母之命對。及婚，閹傾財助之。又二年，童子內涉鴻溝，外蹈枯井，病不起而夭。閹哭之欲絕。殆葬有期，閹遺墓工以金，令少闊其穴，及童子棺至，遂縊以殉。

福建有興化諸生在侯官設帳者，娶婦生子後，得契弟焉，亦少而閹者也。情密甚。年餘，婦死，生亦死，子無所歸，契弟遂為婦人妝，聞生家鄉尚有薄田數十畝，負其子以歸。親族曰：「賢婦人也。」操井臼力田，茹蘖飲冰，養其子少長，令就塾。塾師曰：「賢婦人也。」其子亦止知其家有姨母，相依為命而已。及子年及冠，將為授室，乃言曰：「吾不可以留，將去矣。」兒駭，親族、塾師交勸曰：「苦節冰操已至此，烏有中途改志者乎？」備述其故，乃知非婦人也。

兩個天閹，一個殉情自殺，一個守節教子，要麼愛得轟轟烈烈，要麼愛得持久隱忍，很是難得啊。

與天閹相對舉的則是石女。

石女，也稱為石芯子，民間一般用這個詞來稱呼由於無法讓男性生殖器官正常置入體內、而先天無法進行性生活的女性。石女一般分為兩種，即所謂的「真石」（內石）和「假石」（外石）。真石女屬於先天性的陰道缺失或者陰道閉鎖，指生殖器官中陰道或者子宮的發育不良或缺失；假石女則屬於處女膜閉鎖（或肥大）或者陰道橫膈，指陰道及其他生殖器官發育良好，僅因為陰道或處女膜的異常情況而造成陰莖無法進入。

古人重視傳宗接代，石女自然不被待見，蘇軾詩上就說「石女無兒，焦穀槁」，這是說石女不生兒子，無依靠，生活艱難，以粗糧淡飯湊合。

石女很快就成為流行的髒話，然而作為一種講故事的橋段出現在小說戲劇作品中卻並不多。明代的《牡丹亭》裡頭倒是有一個有著性交障礙症的「石女」石道姑。女主人公杜麗娘因為相思病傷春而死，她的鬼魂說服陰曹判官被放回陽世，找到了她所迷戀的才子柳夢梅，教他開墳救人。石道姑用壯男的內褲燒成灰燼，調和熱酒，做出一味名為「燒襠散」的還魂藥，灌入杜麗娘口中，使杜麗娘還魂而起，得以重生，與柳夢梅結為秦晉之好。

當然，在這個故事中，石道姑僅僅是個配角。石女要成為一個主角則要等到清代李漁所撰寫的中篇故事集《十二樓》中才能登場。

《十二樓》的第八卷〈十卺樓〉講述的是明朝永樂初年，永嘉縣有個秀才，名叫姚戩，訂了屠姓之女為妻。下聘之後，新造起三間大樓，工竣，置一堂匾，請自稱能仙體附身的郭酒癡扶箕，題名為「十卺樓」。不久迎娶，此女雖貌美，卻為石女；經協商改娶其妹，誰知該女不但貌醜，且有尿床症；再換其姊，卻又非處女，只好一一送回其家。自此續娶凡九次，始終難以如意。過了三年，姚戩的母舅在西湖為他又聘得美婦，不料還是第一次所娶之石女。相處數夕，該女因下體生瘡，恰好治癒了生理缺陷，夫妻和好。

這個故事中，描述石女的症狀其實含糊其辭，可見作者對此症狀其實不甚瞭解。

還有《紅樓夢》中的薛寶釵，據某些紅學專家考證，也是一個石女，所以曹雪芹給她下的判詞才會叫做「終身誤」，這倒是一個有趣的說法了。如果這個說法成立的話，那麼薛寶釵可以說是中國文學史上最為出名的石女了。

化男化女、時男時女的兩性人們——第三種人妖

男女之合，二情交暢。陰血先至，陽精後沖，血開裹精，精入為骨，而男形成矣；陽精先入，陰血後參，精開裹血，血入居本，而女形成矣……陰陽均至，非男非女之身；精血散分，駢胎品胎之兆。

銅塑：雌雄同體人

這是魏晉南北朝的醫家褚澄在他的《褚氏遺書》上講到生育問題的時候提出的見解，那麼所謂的「非男非女之身」指的就是兩性人，意思是說，男子陽精和婦人陰血同時到達，就會生出兩性人來。今天的醫學從生理的角度上，將兩性人分為真、假兩種兩性畸形，古人可就沒有那麼嚴謹了。再說普通醫生遇見兩性人的機會並不是很多，得出這樣的結論已經難得了，所以在這個問題上停滯不前倒沒有什麼值得奇怪的。直到元代，才有另外一個醫學家元代朱震亨作了一個比較合理的推測，他以問答的方式試圖解決這個問題：

或曰：分男分女，吾知之矣。……其有男不可為父，女不可為母，與男女之兼形者，又若何而分之耶？

予曰：男不可為父，得陽氣之虧者也；女不可為母，得陰氣之塞者也；兼形者，由陰為駁氣所乘，而為狀不一。以女兼男形著有二：一則遇男為妻，遇女為夫；一則可妻而不可夫。又有下為女體，具男之全形，此又駁之甚者也。

雖然朱震亨的分類很有問題，但是畢竟還是做出了這方面的努力，算是將兩性人的各種情況概括出來了。而李時珍在撰寫《本草綱目》的時候則指出：「……體兼男女，俗名二形，《晉書》以為亂氣所生，謂之人痾。其類有三，有值男即女，值女即男者，有半月陰半月陽者，有可妻不可夫者。此皆具體而無用者也。」

在這裡要解釋一下，二形又叫「二儀子」、「二尾子」，《廣嗣紀要》上就說：「二竅俱有，俗謂二儀子也。」而在《金瓶梅詞話》的第九十六回中，「內有一人說：『這個小夥子是新來的，你相他一相。』又一人說：『你相他相，倒相個兄弟？』一人說：『倒相個二尾子。』」

至於「人痾」，其實和「人妖」同義，《萬曆野獲編》關於「人痾」這一條目下就說：「人生具兩形者，古即有之。」這個古到底有多古呢？

春秋：西山女子化為丈夫，與之妻，能生子。（《汲塚紀年》）

戰國：曾記在魏襄王十三年（西元前三〇六年），魏有女子化為丈夫。（《史記》）

西漢：哀帝建平中，豫章有男子化為女子，嫁為人婦，生一子。（《漢書》）

東漢：徐登者，閩中人也。本女子，化為丈夫，善為巫術。（《後漢書》）

魏晉：晉惠帝元康中，安豐有女子曰周世寧，年八歲，漸化為男。至十七八，而氣性成。女體化而不盡，男體成而不徹，畜妻而無子。（《搜神記》）

唐：僖宗光啟二年（西元八八六年）春，成都地震，鳳翔女子化為丈夫。（《新唐書》）

宋：宣和六年（西元一一二四年），都城有賣青果男子，孕而生子。蓐母[12]不能收，易七人，始免而逃去。（《宋史》）

明：正德七年（西元一五一二年），平涼府太平橋下女子高四姊化為男子，生鬚，名高雷。崇禎戊辰，華亭莫氏女化為男子，遂儒服裹巾。（《棗林雜俎》）

清：康熙十六年（西元一六七七年），畢節民彭萬春女七歲出痘，及癒，變為男。二十五年五月，忠州民雷氏女化為男，後為僧。咸豐十一年（西元一八六一年），興國縣民曾世紅女許字王氏子，幼，即收養夫家，及年十四，化為男，遣歸。同治三年（西元一八六四年），即墨縣民家有男化女，孕生子。（《清史稿》）

竟可以說是自春秋以降，自有文字記載以來，無代無之了。這自然是因為古代人對兩性人一直感到困惑，在沒有找到確實的結論之前，總是把這種現象視為災異妖異。

關於古代的兩性人，如果細分的話，大致有三種情況。其中的一種是女子化男。程度輕微一點的，比如原來挺正常的一個女人，突然間長出鬍鬚來，唐代的中興名將李光弼的母親就是一例，根據《舊唐書》上記載，「（光弼）母李氏，有鬚數十莖，長五六寸。以子貴，封韓國太夫人」。

而宋代的《宣政雜錄》也有一個案例：

> 宣和初，都下有朱節以罪置外州，其妻年四十，居望春門外。忽一夕，頤頷癢甚，至明鬚出，長尺餘。人問其實，莫知所以，賜度牒為女冠，居於家。蓋人妖而女胡犯闕之先兆也。

按照現代醫學的解釋，這是因為女子體內雄激素增多，所以才長出鬍鬚來。但是從她們本人包括家庭社會的認知來說，並不認為是性別改變。

更為嚴重的情況則是現代醫學所說的男性假兩性畸形，她們往往會在成年的時候，長出陽具，明確變性，從而給自己給家庭給社會帶來困擾，比如《稗史彙編》上就記載這樣一個故事：

> 廣州有蕭某家者，有侍婢忽有妊，蕭疑與奴僕私通。苦詰之，則曰：「與大娘子私合而孕也。」大娘者，即蕭之女，年十八，向許嫁王氏子。自十六年，漸變為男子而家人不知也。

《蒓鄉贅筆》一書則記載得更為詳細：

---

12 蓐，音同辱。蓐母，產婆、接生婆，亦可稱為「蓐婦」。

有莫儼臣者，娶武弁李玉孺女。定情之夕，撫摩不能入，久之，陰戶忽長一肉，漸如人勢，莫大驚。別居二年，因遣還家。蓋李氏具二形，初猶如處子，情興既發，遂露男形。李翁無子，一旦為更丈夫服，出見賓客。復納室，生一孫。夫莫生有妻而無妻，李翁無子而有子，真天壤間一怪事也。

《客窗閒話》又記載了名醫葉天士的一個案例，比較詳細而有趣味：

姑蘇有老翁，富而無嗣，僅生一女，及笄病篤，醫皆束手，聘名醫葉天士診之，笑曰：「是非病也。肯以若女為我女，且從我遊，百日後，還閣下以壯健者，非復嬌弱之態矣。如遲疑不決，是翁自殺之，死非正命，良可哀也。」翁詫曰：「誠如是，願以千金為壽。」

天士攜歸，另潔密室，選婢之美而豔者，使伴女宿，囑曰：「此汝姑也，終身依依在是，順姑無違，稍有拂逆，致增其病，唯汝是問。」於是日給藥餌，恆往困之，見女體漸壯，容漸舒，與婢情好日密，形影相隨，知事已遂，遽入其室，迫喝婢曰：「汝與姑所作何事？我窺覘洞徹，必盡言之，如敢隱諱，將以刑求，毋自苦也。」婢視女而泣，女忸怩曰：「婢之伴我，翁之嚴命，如違應責，順何罪耶？」婢因曰：「是主陷奴耳。以郎君偽稱義女，而使奴同衾枕，違既不敢，從又獲咎，使奴置身何地？」天士大笑曰：「已順從姑耶，方為汝喜，豈汝責耶？」速女改裝，去髮而辮之，以藥展其弓足，衣冠履舄，居然美男子。延其父至，而告曰：「閣下以子為女，偽疾誑我，誤使義女伴之，今為其所亂，將如之何？」翁愕然，不解所謂，乃使兩人出拜，顧而大樂，願以婢為兒婦，與天士結為姻婭，往來無間。

在這個故事的後頭，作者還做出了比較科學的解釋：

> 變女為男之法，見於醫經，史以盛德而遇良醫，理所應得，無足怪者，唯葉所治之女，其醫經所載之五不男耶，名曰「天、捷、妒、變、半」。任沖不盛，宗筋不成，曰天；值男即女，值女即男，曰捷；男根不滿，似有似無，曰妒；半月為男，半月為女，曰變；雖有男根，不能交媾，曰半。此五等人，狀貌血氣，本具男形，唯任沖二脈不足，似男而不成其為男，為父母者，誤以作女，年至十六，氣足神旺，陽事興矣，鬱不得發，是以病篤。幸遇名醫，充以妙藥，誘以所欲，自然陽莖突出，不復女矣。吾意五不男中，除天閹外，皆可以藥救也。

女子化男在古代，對家庭來說，往往是一件喜事，比如上面提到的葉天士的故事。畢竟男尊女卑是一種社會常態，而且也增加了一個勞動力，古人特別看重，所以出現這種事情，人們甚至會將其歸結為孝親行善的陰德果報，比如《仁恕堂筆記》就記載：

> 莊浪紅塵驛軍莊姓者，有婦而寡，僅生一女，已許字人矣。至十二歲，忽變為男子。里中人咸云：驛卒之妻貧能立節，天蓋不欲斬莊氏之嗣也。

又有《醉茶志怪》上說：

邑有孝女某，已許字於人矣。其父母老而無子，以嗣續為憂。女抑鬱不樂，遂日夜虔拜北斗，誠敬有年。一夕神降於庭，赤髮朱髯，面貌獰惡，問何所求，女對以願化男子以承宗祧。神頷之，遂不見。次日覺腹中暖氣蒸蒸，下達隱處，捫之則陽在下也，儼然丈夫矣。

總之，這些記載都不把女子化男當成是壞事。

相對而言，兩性人的另一種情況即男子化女則可想而知了，當事人往往認為自己簡直是倒楣透頂，才會遇上這樣的遭遇，在心理上難以接受這種轉變，以至於痛不欲生。清末王伯恭在他的《蜷廬隨筆》上記載了這樣一個故事：

光緒癸未之春，余自朝鮮乞假旋里，道出揚州西鄉之大儀鎮。日尚未落，荒村無可與語。門外停小轎一乘，問其為誰？則天長縣署之幕友陸姓，先我半刻至者。住對屋，門懸一簾，余意此可為時談伴矣。甫掀簾，將與問訊，其人遽起閉戶相拒。余愕然而退，以為世間乃有此不通情理之人。比至盱眙，哄傳天長陸師爺男化為女事。據言此人年已五十，頎而有鬚。忽一日，鬚盡脫去，同署諸人皆以為其剃鬚也。後見廁中多天癸血紙，又見其不能植身便溺。遂譁然疑之，爭欲逼其就浴驗之。陸遂不能自安，寓書居停（天長縣令），自認天譴，即日告辭云云。其居停亦頗聞之，優給川貲，且言不便面別。是日吾所遇者，蓋其出署之第一日也。怪事怪事。

在歷代男子化女的事件中，影響最大的應該是明代隆慶年間山西李良雨化女一事，連明史都有記載，時人的筆記也比較詳細，我們不妨先來看《穀山筆麈》上的說法：

隆慶三年（西元一五六九年），山西靜樂縣丈夫李良雨為人傭工，與其儕同宿。一夕，化為女子，其儕狎之，遂為夫婦。守臣以聞，良雨自縊死。

那麼這個李良雨好像和別的兩性人也沒有什麼不同，為什麼在當時會引起很大的反響，甚至明代的小說家陸人龍還把故事收錄到自己的小說集《型世言》當中呢？下面是陸人龍對李良雨事件的點評，他說：

如今世上有一種孌童，修眉曼臉，媚骨柔腸，與女爭寵，這便是少年中女子；有一種佞人，和言婉氣，順旨承歡，渾身雌骨，這便是男子中婦人。又有一種躹躅步，趨膻赴炎，滿腔媚想，這便是衿紳中妾媵。何消得裂去衣冠，換作簪襖？何消得脫卻鬚眉，塗上脂粉？但舉世習為妖淫，天必定與他一個端兆。……我朝自這干閹奴王振、汪直、劉瑾與馮保，不雄不雌的在那邊亂政。因有這小人磕頭撥腳、搽脂畫粉去奉承著他，昔人道的舉朝皆妾婦也。上天以災異示人，此隆慶年間有李良雨一事。

可見這是將男子化女之事和時政朝局掛上鉤了。不過這也算是自西漢以來的傳統，一代易學大師京房就在《易傳》中認為：「女子化為丈夫，茲謂陰昌，賤人為王；丈夫化為女子，茲謂陰勝，厥咎亡。」而同期的《春秋》緯之一《春秋潛潭巴》亦謂：「小人聚，天子弱，則丈夫化為女子。賢人去位，天子獨居，則女化為丈夫。」總之，還是天人感應的那一套了。

在古人眼中，最強悍的兩性人則是能夠時男時女。什麼叫做時男時女？就是一個人的身上，同時兼有女性的陰道和男性的陰莖，早在宋代的《重刊補注洗冤錄集證》中就有一條這樣的記載：

吳縣民馬允升妻王氏與金三觀妻周四姐奸宿一案。驗訊周四姐產門內從小生有軟肉椿一條，與丈夫交媾並不關礙。肉椿舉發即伸出，長有二三寸，粗如大指，可與婦人通姦。

中國現存最早的案例選編《疑獄集》上說道：

宋咸淳間，浙人寓江西。招一尼教其女刺繡，女忽有娠。父母究問，曰：「尼也。」父母怪之，曰：「尼與同寢，常言夫婦咸恆事。時偶動心，尼曰：『妾有二形，逢陽則女，逢陰則男。』揣之則儼然男子也，遂數與合。」父母聞官，尼不服，驗之無狀。至於憲司，時翁丹山會作憲，亦莫能明。某官曰：「昔端平丙申年，廣州尼董師秀有姿色，偶有欲濫之者，揣其陰，男子也。事聞於官，驗之，女也。一坐婆曰：『令仰臥，以鹽肉水漬其陰，令犬舐之。』已而陰中果露男形。」如其說驗，果然，遂處死。

這個故事後來經明代才子凌濛初的改寫，收入《初刻拍案驚奇》，至今讀起來還讓人驚歎。在明清小說中，這些時男時女的兩性人往往被描繪成邪淫之徒，他們偽裝隱秘，通過各種方式與婦人閨女接近，進而誘騙姦淫之。

總之，這種時男時女的兩性人引起了小說家們的高度關注，男女身分的隨時轉換，帶來的不僅僅是性技巧上的花樣百出，還有性心理上的迷離蠱惑。

香火兄弟多相愛——唐代的男風

唐朝建國之後，花了不短的時間才掃平群雄。其後在李世民的治下，以「貞觀之治」的盛唐氣象接納四方，其開放的氣度為後人所稱道。在大城市中已經出現了職業化的男妓，唐代崔令欽撰寫的《教坊記》中「香火兄弟」條目則反映了同性戀色情業的發達與規範：

> 坊中諸人，以氣類相似，約為香火兄弟。每多至十四五人，少不下八九輩。有兒郎娉之者，輒被以婦人稱呼，即所娉者，兄見呼為「新婦」，弟見呼為「嫂」也。……兒郎既聘一女，其香火兄弟多相奔，云學突厥法。又云，我兄弟相憐愛，欲得嘗其婦也。

然而隨著文明程度的加深，儒家的禮教對性的不寬容已經隱隱抬頭，雖然此時還不是很重視貞節的觀念，但是對男風卻開始抵制排斥，魏晉六朝那種對男色坦誠的歌詠已經被視為羞恥的事情，這點從唐人留下來的筆記中可以看出。唐朝至五代期間，男色之風漸衰，上層貴族之間的男色風流事例已經大大減少，雖然男風現象一直存在，但是文人卻抱以漠視的態度。因此有案可稽的記載並不多，影響比較大的當屬唐初的李承乾與稱心，還有五代閩主王鏻與歸守明的兩樁情事。

李世民身為一代明君，然而卻不是一個好父親，所生的十四個兒子，只有兩個有好下場。以至於《舊唐書》的作者談及太宗諸子，感嘆道：「子弟作藩，磐石維城。驕侈取敗，身無令名！」李世民更在詔書中痛心地承認自己沒有管好兒子，「上慚皇天，下愧后土，嘆惋之甚，知復何云」，禁不住「為之灑泣」。

李世民所立的太子李承乾喜愛音樂、美女以及打獵。面對太子宮官員，他談起忠孝道理，動情處甚至淚流滿面；然而在宮中與群小淫亂猥褻，所為至為奢侈糜爛。有一次他竟說：「我作天子，當肆吾欲；有諫者，我殺之。殺五百人，豈不定！」

李承乾私下寵幸太常寺的男童稱心。稱心是李承乾為男童所起的名字，其真實姓名不詳。稱心年方十餘歲，姿容美麗，能歌善舞，承乾特加寵幸，兩人同吃同住，有如夫妻。太宗聽說後，勃然大怒，將稱心等人全抓起來殺掉，連坐被斬首有數人，並對李承乾大加斥責。

李世民對李承乾越來越失望，有了廢立之心，而李承乾心傷稱心之死，在東宮中特築一小屋，懸掛稱心的畫像，早晚祭奠，徘徊在室內，痛哭流涕。又在宮苑內堆成一個小墳，私下贈予稱心官爵、樹立石碑。他假裝有病，往往幾個月不進宮朝見。同時秘密雇用殺手，陰謀刺死與他爭儲的魏王李泰。最後甚至鋌而走險，準備刺殺李世民。事情洩露之後，他被廢為庶人，流放黔州，後來孤寂地死在了徙所。

到了五代十國時期，天下大亂，王審知之子王延鈞於西元九三三年稱帝，國號閩。王延鈞好女色亦好男色，是個典型的雙性戀。有位小吏叫歸守明，年方弱冠，美皙如玉，膚似凝酥，被王延鈞看中並嬖幸，稱他為「歸郎」。王延鈞有瘋癱症，歸郎每日白天侍奉禁中，遂與皇后陳金鳳有私。後來王延鈞病得有時神志不清，於是陳金鳳與歸郎儼然一對夫妻。兩人甚至在長春宮專門造起了縷金五彩九龍帳，極其華靡。陳金鳳與歸郎日夜在九龍帳留宿不出。國人歌以諷之：「誰謂九龍帳，唯貯一歸郎。」

不過國家大事始終是不能當成鬧劇的，王延鈞之子王繼鵬乘父親病重起兵，亂兵攻入皇宮時，王延鈞躲在九龍帳下，亂軍刺了幾下後才出去，王延鈞重傷未死卻痛不欲生，宮女不忍見其受苦，遂殺死王延鈞。而陳皇后一黨亦被剷除。

後來到了明朝，這件事情還被一代文豪王世貞寫入他編撰的《豔異編》中。

九重之廢立由己——唐代的宦官之禍

早在西周時期，王宮的宦官就分為「八官」：宮正，掌管王宮的戒令糾察，屬於警衛打更；宮伯，負責管理宮中所有的清掃工作；宮人，負責君王的休息；內宰，負責圖書館；內小臣，主要是幫王后處理後宮事務；寺人，負責管理宮內所有女性，並通知她們什麼時候可以見到君王；內豎，傳達君王的法令；閽人，看門的，負責王宮所有房間的鑰匙。此外，還有典衣，管理君王衣物；尚浴，侍奉帝王洗澡。

到了隋朝，就設立了內侍省。這是個管理宦官的大機構。後來的唐宋都延續了這個機構。

隋唐期間，第一個具有影響時政能力的宦官是高力士，他之所以到現在還出名是因為民間

元代錢選所繪「貴妃上馬圖」，楊貴妃在內監的服侍下上馬，而在旁的唐玄宗則深情地注視著

傳說中李太白對他的戲弄。而歷史上的高力士是因為兩次幫助唐玄宗李隆基發動政變，奪取帝王尊位，才被李隆基寵信有加的。

玄宗既以力士為心腹，准許他常宿禁中，四方進奏文表，力士必先過目，小事便自行裁決。玄宗說「力士當上（值日），我寢乃安」。於是朝廷內外大臣也紛紛討好力士，李林甫、楊國忠、安祿山、高仙芝等人無一例外。甚至太子李亨（後為肅宗）也要呼之為二兄，諸王、公主呼之為阿翁，駙馬輩呼之為爺。

天寶十四年（西元七五五年），安祿山、史思明發動了安史之亂。唐玄宗匆忙入蜀，行至馬嵬坡，將士發生譁變，在殺了楊國忠之後脅迫玄宗殺楊貴妃。在高力士的勸說下，玄宗才狠下心賜楊貴妃一死。

當西京長安收復之後，為了保護禪位給肅宗的玄宗，高力士為當權的宦官李輔國所痛恨，因而被流放，直到唐代宗即位才遇赦還京。在還京路上，他聽到玄宗駕崩的消息，面朝北哀慟痛哭、嘔血而卒，死後陪葬在唐玄宗泰陵。

根據史料記載，高力士是唐代第一個弄權的宦官，還是中國歷史上第一個討老婆的宦官。不過他的妻子呂氏是他少年時期便相識相知的，後來他雖然成了宦官，呂氏依舊心甘情願地嫁進了他的家中，這很是難得，和其他宦官為了炫耀而娶妻是完全不同的。

唐代的宦官專權在玄宗時代開了個不好的頭。其後為了平定安史之亂，宦官擔任的樞密使可代替皇帝裁決政務，甚至被派出去監軍、統兵出征。於是宦官典軍成為定制。有了軍權，宦官們更是在朝政上覆雨翻雲。

為了爭奪權力，朝官和宦官之間不斷發生鬥爭。當時的宰相官署在宮廷以南，稱為「南衙」；宦官所在的內侍省在宮廷北部，稱為「北司」。所以朝官與宦官之間鬥爭又被稱之為「南衙北司之爭」。其中最為激烈的是發生在順宗時期的「二王八司馬事件」和文宗時期的「甘露之變」。但是這兩次由皇帝和朝官聯合起來的反宦官的鬥爭，均以慘敗而告終。

唐代的宦官專權造成了嚴重的後果。宦官們公開收受賄賂，大肆掠奪百姓的田產，又通過「宮市」，強買強賣，使政治更加黑暗混亂。此外由於宦官監軍，也大大削弱了軍隊的戰鬥力，使藩鎮割據的情勢更加惡化。

整個唐朝後期，穆宗、文宗、武宗、宣宗、懿宗、僖宗、昭宗，都是宦官所立；順宗、憲宗、敬宗、文宗均為宦官所害；昭宗也曾為宦官囚禁。可以說是「萬機之與奪任情，九重之廢立由己」。

延續了百餘年的宦官勢力，直到昭宗時，才被宰相崔胤借用宣武節度使朱溫的力量誅殺殆盡，但是隨即唐朝政權也被朱溫篡奪，從此進入了又一個大分裂時代——五代十國。

南漢王朝——最奇異的太監王國

由於五代十國時期基本上都是軍人專政，政權更迭頻繁，所謂「天子寧有種乎，兵強馬壯者為之」，因此這一時期建立的割據政權都很在意宦官干政，所以一般都少有宦官之禍。然而偏偏在這樣一個時代，破空而出出現了一個太監王國——南漢王朝。

南漢王朝也許是世界上最奇特的政權。這個建都在廣州的王國開國之主叫劉岩。傳了四代，到後主劉鋹時期，這位皇帝一登基，竟然宣揚，文武百官如果都有各自的家室，就會為自己的妻子、兒孫作打算，就不會盡忠效命。只有太監無牽無掛，最沒有私心。因此他推行一項基本國策：考上進士的就要先閹割，再委任官職。此外，沒考過進士，但被劉鋹器重的官員，也都難逃一刀。南漢一個小小政權，居然養了兩萬多個太監，裡面自然有不少飽學的純儒。為了推行這項基本國策，還給了不少專門閹人的技術員編制。南漢被滅的時候，光是被殺的閹割技術人員就多達五百名。

官員從三公、三師到侍衛、馬夫基本上都是由宦官擔任。即便是和尚道士，劉鋹想與其談禪論道，也要先閹割了再說。有些趨炎附勢的人，居然自己割了陽具，以求進用。於是南漢幾乎成為閹人之國。時人稱未受閹割之刑的人為「門外人」，而稱已閹割者為「門內人」。

劉鋹非常信任宦官龔澄樞，國家大政皆由龔澄樞指示可否。同時劉鋹還迷信女巫樊胡子等，相信她們的胡言亂語，認為自己本是玉皇大帝的太子下凡，來掃平諸國，統一天下，因此作起惡來更是毫無顧忌。他制定了燒、煮、剝、剔、劍樹、刀山等各種殘酷的刑罰，只要臣民稍有冒犯，即以毒刑處置。到了最後，臣民們只能道路以目，不敢多說一句話。

這位劉鋹雖然暴虐，但他的手很巧，而且特別喜歡珍珠。他曾經用珍珠做出一整條龍來，當時的工匠看到他所製作的器物，都佩服得五體投地，以為世所罕有。他甚至用珍珠來裝飾整個宮殿，並特別在產珠區合浦專門設置郡縣，派駐兵馬，強逼百姓入海採珠，珠民因此溺死者無數。

南漢王國本來就地狹力貧，哪裡經得起這個混帳皇帝這樣的揮霍？國庫空虛了，他便加派賦稅，徵來的賦稅又繼續投入到築造離宮別館及奇巧玩物的花費之上。此外為了防止宗室造反，他竟然採納了一個一勞永逸的法門，就是把自己的宗族屠戮殆盡，對於舊臣宿將，更是盡數誅殺，「由是山海間盜賊競起」，「嶺東皆亂」。

此時的南漢國勢日衰，掌兵的人都是些宦官，再加上城壕都設為宮觀池沼，樓艦皆毀，兵械腐敗，已成為一個空架子。北宋建立後，只派潘美一軍南征，即勢如破竹。朝堂上的官員趕緊跑路，劉鋹束手無策，只得日夜祈禱鬼神，想請天兵天將來退宋軍。

當宋兵距賀州只有三十里路時，劉鋹見大勢已去，急取船舶十餘艘，上載金寶妃嬪，打算跑到海外去。沒想到他還沒有登船，宦官樂範盜了船先行一步了。劉鋹只得前往宋營乞降。這個太監王國就這樣輕而易舉地滅亡了。

平康坊（北里）——中國第一個紅燈區

貴族與平民城市社會生活空間的開放，大量人口的流動，各國商賈的雲集，讓唐長安城成為當時世界上最繁華的城市。

長安城坊市規劃整齊，制度嚴密。以貫通南北的朱雀大街為中軸，分東西兩區。平康坊位於東區第三街（自北向南）第五坊，東鄰東市，北與崇仁坊隔春明大道相鄰，南鄰宣陽坊，都是「要鬧坊曲」。而尚書省官署位於皇城東，於是附近諸坊就成為舉子、選人和外省駐京官吏和各地進京人員的聚集地。當時地方各方鎮駐京辦事處叫做進奏院，崇仁坊內有進奏院二十五個，而平康坊內就有十五個。

平康坊和崇仁坊夾道南北，考生和選人每年少則數千，多至數萬人，雲集京城赴選應舉，上述兩坊「因是一街輻輳，遂傾兩市，晝夜喧呼，燈火不絕，京中諸坊，莫之與比」，因此平康坊成為諸妓聚居坊曲自可想見。據《開元天寶遺事》卷二載，「長安有平康坊者，妓女所居之地，京都俠少，萃集於此。……時人謂此坊為風流藪澤。」

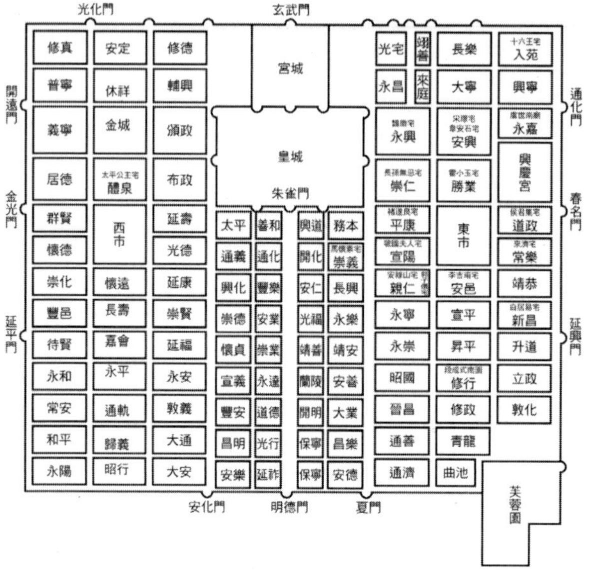

長安城坊復原圖

唐人孟郊的〈登科後〉云：「昔日齷齪不足誇，今朝放蕩思無涯。春風得意馬蹄疾，一日看盡長安花。」寫的是一朝青雲直上，成為天子門生的得意之情。這位老兄真是雅人，中了進士之後，第一件事情就是騎上快馬去賞花。若有人問這位老兄賞的是牡丹花還是牽牛花，大概會遭他翻白眼了。因為唐進士中舉之後的第一件事就去跑到平康坊，幹什麼去？去妓院找漂亮妹妹。這平康坊就是長安城特意開闢的紅燈區。

因為平康坊地處城北，又稱為「北里」。晚唐僖宗時有一位垂垂老矣的官員孫棨在中和四年（西元八八四年）寫了一本

《北里志》，記錄的是黃巢攻入長安之前的平康坊歌妓的生活，用於緬懷永不再來的好時光。

他在序上說，舉子們在考試之前，總是喜歡到教坊遊蕩。教坊的女子「多能談吐，頗有知書言語者」，她們「分別品流，衡尺人物，應對非次，良不可及」。他當年因為公事，久寓京華，時亦偷遊其中，看著平康坊繁華鼎盛，常常想起物極則反，總是懷疑這樣的繁華還能持續多久。其後黃巢播亂天下，僖宗逃到四川，內庫燒為錦繡灰，天街踏盡公卿骨，長安城頓成人間地獄。現在天下稍微安定，但自己已經老了，回想以前的往事，只能寫上一點是一點了（原序較長，還有很多典故，此處為意譯）。

正是孫棨隨隨便便寫下了這本書，我們現在才能在紙面上追慕唐長安城的繁華，特別是瞭解娼妓這一行業在唐朝的興盛發達。

平康坊諸妓隸籍教坊，從小受到比較嚴格的歌舞、詩詞、樂器等訓練，供奉和服務的對象主要是喜好吟詩弄文的皇室官僚、貴族士大夫，經常要應召供奉和侍宴，她們的文化素養和品位也比較高。因此赴京趕考的舉子在溫柔鄉中一旦找到知音，便會萌生出真摯的愛情，我們比較熟悉的唐傳奇《李娃傳》，描寫的就是一位進京赴考的舉子，與平康坊名妓李娃演繹出的曠世豔情。而《霍小玉傳》中的李益是新科進士尚未得官，屬於留京待選，也寓居在妓女霍小玉家中。這些本是小說家言，《北里志》卻給我們留下很多當時妓女的名字，還有她們和士子之間纏綿悱惻的愛情故事——

（絳真）善談謔，能歌令，其姿亦常常，但蘊藉不惡，時賢大雅尚之。

（楊妙兒）長妓曰萊兒，貌不甚揚……但利口巧言，詼諧臻妙。

（鄭舉舉）充博非貌者，但負流品，巧詼諧，亦為諸朝士所眷。

（王圍兒）次妓福娘，談論風雅，且有體裁。
（小福）雖乏風姿，亦甚慧黠。
（王蘇蘇）居室寬博，卮饌有序。女昆仲數人，亦頗諧謔。
（張住住）少而敏慧，能辨音律。（以上俱見《北里志》）

進士們也以能和妓女中的頭牌交往為榮，她們的月旦之評，對自己的未來也不無助益。要「贏得青樓薄倖名」，沒有子建的才，就算是有潘安的貌、鄧通的財、驢大的行貨也是搞不定的。

才、貌、情兼備的妓女，成為眾才子追逐的對象，而妓女也要借助與士子的交往增添自己的身價。《北里志》就記載了一位叫裴思謙的士子狀元及第後，做的第一件事情，既不是拜會恩師，也不是會見同年，而是「作紅箋名紙十數，詣平康里，因宿於里中」。大概他之前是沒有被名妓們待見，現在金榜題名高中魁首，就像中了頭獎一樣，有了底氣，馬上亂派名片。名妓們衝著狀元的名頭，自然改顏相向。第二天，這位新科狀元起床後，大概不好意思不付錢，牙也沒洗就賦了一首詩：

銀釭斜背解鳴，小語低聲賀玉郎。從此不知蘭麝貴，夜來新染桂枝香。

裴思謙的姿態還算是好的，另一位叫鄭合敬的士子則在及第之後趕緊跑到平康坊大睡特睡，還寫了這樣一首詩：

春來無處不閒行，楚潤相看別有情。好是五更殘酒醒，時時聞喚狀元聲。

樂營都是閒人地——平康坊的風流歲月

《北里志》上說：「平康里入北門，東回三曲，即諸妓所居之聚也。」類似於今天的飲食一條街、服裝一條街了。進京舉子「率多膏粱子弟，平進歲不及三數人。由是僕馬豪華，宴遊崇侈，以同年俊少者為兩街探花使，鼓扇輕浮，仍歲滋甚」，成為平康坊的主要客人。

平康坊是諸妓聚集之地，她們「籍屬教坊」，不是完全自由之身，因此但凡有差使還需應承。畢竟官給衣糧，吃人的飯就要當人的差。唐范攄《雲溪友議》說：

池州杜少府，亳州韋中丞任符，二公皆長年務求釋道，「樂營」子女，厚給衣糧，任其外住。若有飲宴方一召來，柳際花間，任其娛樂。譙中舉子張魯封為詩謔其賓佐，兼寄大梁李少白。詩云：杜叟學仙輕蕙質，韋公事佛畏青蛾。樂營都是閒人地，兩地風情日漸多。

這顯示了行政長官對妓女自由的寬容。但是，寬容的長官總是少數的，實際上當時更多顯示的是政府對妓女的控制，比如唐人筆記《玉泉子》記載：

韋保衡初登第，獨孤雲除四川，辟在幕中，樂籍閒有佐酒者，副使李甲屬意，以

> 他適，私期回將納焉。保衡既至，不知所之，訴於獨孤，且將解其籍。李至，意殊不平。……保衡不能容，即攜其妓以去。李益怒，累言於雲，雲不得已，命飛牒追之而回。

「飛牒追之而回」，則妓女身在樂籍，天地無逃。以上兩個例子說的都是州府的情況。州府如是，平康坊地處京城，妓女所受到的控制也不會好到哪裡去。《北里志》言：「諸妓以出里艱難，每南街保唐寺有講席，多以三月之八日，相牽率聽焉。皆納其假母一緡，然後能出於里。其於他處，必因人而遊，或約人與同行，則為下婢，而納資於假母。故保唐寺每三八日士子極多，益有期於諸妓也。」

同時朝廷對進出平康坊的官員也有限制，明確規定在京朝官有職事者不得入坊猥妓宿娼，唯舉子、新及第進士（未得官者）、藩鎮幕職官（未帶朝籍者）不在此限。當然，到了地方又不一樣了，白居易在杭州刺史任上，終日攜妓冶遊，而未曾獲譴。對此，宋人頗不以為然，龔明之《中吳紀聞》卷一「白樂天」條便云：「可見當時郡政多暇，而吏議甚寬，使在今日，必以罪去亦。」

到了唐後期，不少妓女或因嫁人而贖身，或自行開業經營。《北里志》中記述的平康坊假母，都已經有私營性質。如「王團兒，前曲自西第一家也。已為假母，有女數人。……次曰福娘，字宜之……幸未繫教坊籍」。

私營經營者的動力總是大於官營的，而且更注重妓女的素質，對妓女的控制便不可能太過限制，因此有些妓女甚至有了自己的產業，從容地選擇接客的物件，比如筆記小說中的李娃，「前與通之者，皆貴戚豪族，所得甚廣，非累百萬，不能動其志也」。

她之所以如此，是因為她本人在安邑坊有宅，而且還有餘房出租。而霍小玉的私宅則在勝業坊。

妓女的來源有不同，「諸女自幼丐，有或傭其下裡貧家」。當然也有一些是被拐賣的婦女，「常有不調之徒，潛為漁獵，亦有良家子為其家聘之，以轉求厚賂。誤陷其中，則無以自脫」。

一旦淪為妓女，便開始了素質教育：「初教之歌令，而責之甚急，微涉退怠，則鞭樸備至。「學成之後，便開始接客。素質教育總的來說還是很關鍵的，比如有位來自天水的妓女仙哥，字絳真，她「善談謔，能歌令。常為席糾，寬猛得所。其姿容亦常常，但蘊藉不惡，時賢雅尚之，因鼓其聲價耳」。

妓女交接的三教九流，認識的多是遊閑子弟。有時候也難免發生悲喜難分的鬧劇——

> 劉覃登第，年十六七，永寧相國鄴之愛子，自廣陵入舉，輜重數十車，名馬數十駟。時間年鄭先輩扇之。極嗜欲於長安中。天水之齒甚長於覃，但聞眾譽天水，亦不知其妍醜。所由輩潛與天水計議，每令，辭以他事，重難其來。覃則連增所購，終無難色。會他日，天水實有所苦，不赴召。覃殊不知信，增緡不已。所由輩又利其所乞。且不忠告，而終不至。時有戶部府吏李全者，居其裡中，能制諸妓。覃聞，立使召之，授以金花銀可二斤許。全貪其重賂，徑入曲，追天水入兜輿中，相與至宴所。至則蓬頭垢面，涕泗交下，褰簾一睹，亟使舁回，而所費已百余金矣。」

由此可見，一個姿色普通的妓女，也可以因為她的技藝而上動公侯。

另外有一位叫牙娘的妓女，甚至敢撕破相國少子的臉，《北里志》便用歡快的筆觸寫道：

牙娘居曲中，亦流輩翹舉者。性輕率，唯以傷人肌膚為事。故硤州夏侯表中相國少子，及第中甲科，皆流品知聞者，宴集尤盛。而表中性疏猛，不拘言語，或因醉戲之，為牙娘批頰，傷其面頗甚。翼日，期集於師門，同年多竊視之。表中因厲聲曰：「昨日子女牙娘抓破澤。」同年皆駭然。裴公俯首而哂，不能舉者久之。

唐代的相國相當於今天的總理。妓女連總理的小兒子都敢打，誰說沒女權？呵呵。

名為風流陣——官妓鼎盛的時代

《開元遺事》說：「明皇與貴妃，每至酒酣，使妃子統「宮妓」百餘人，帝統小中貴百餘人，排兩陣於掖庭中，名為風流陣，互相攻鬥，以為笑樂。」這裡的「宮妓「其實相當於夏桀的女樂了。宮妓是天子獨自享受的，所以不必多說。

唐代娼妓，名目很多，如：「營妓」（《北夢瑣言》）；「官使婦人」（《舊唐書．宇文融傳》）；「風聲婦人」（《唐語林》）；「官妓」（《唐書．張延賞傳》）。綜合起來，其實都是「官妓」。

「官妓」的來源一是買賣，如《唐律》載，奴婢賤人律比畜產；二是誤墮風塵；三是罪人家小籍沒。為了管理數目龐大的妓女，唐代妓樂籍貫，先隸太常，後屬教坊。

唐代人才晉升，盡由科舉，尤重進士。進士最出風頭，尤在初及第的時候。唐朝初期，六朝時盛行的門閥制度甚至讓一代明主唐太宗感到憤慨，為了對門閥進行限制，皇帝們對其門生就格外加以推恩，甚至允許他們挾妓遊宴。《開元遺事》上便說：「長安進士鄭憲、劉參、郭保衛、王沖、張道隱等十數輩，不拘禮節，旁若無人，每春時選妖姬三五人，乘小犢車揭名園曲沼，藉草裸形，去其帽，叫笑喧呼，自謂顛飲。」進士是何等風頭！可以雁塔題名，參與曲江大會，推重謂之「白衣卿相」，又曰「一品白衫」。

《北里志》寫一位叫做的名妓「舉止風流，好尚甚雅，亦頗為時賢所厚事筆硯；有詞句」，固曲中妓女之佼佼者，乃使小童持詩迎及第進士，皐詞云：「曲中顏家娘子將來扶病奉候郎君。」

此外更有長安名妓劉國容有姿容，能吟詩，與進士郭昭述相愛，「他人莫能窺也。後昭述釋褐，授天長簿，遂與國容相別。詰旦赴任，行至咸陽，國容使一女僕馳矮駒賚短書曰：『歡寢方濃，恨雞聲之斷愛：恩憐未洽，嘆馬足以無情！使我勞心，因君成疾，再期後會，以冀齊眉。』長安弟子多諷誦焉」（《開元遺事》）。

相形之下，不得第進士，謂之「三十老明經」，「五十少進士」，亦為妓女所嘲笑。何光遠《誡鑒錄》說：「羅隱初赴舉子日，於鍾陵筵上遇娼妓雲英同席。一紀後，下第，又過鍾陵，復與雲英相見。雲英撫掌曰：『羅秀才猶未脫白。』隱雖內愧，亦嘲之以詩。」

唐朝是詩歌的黃金時代，是因為唐科場以詩歌取士，因此上至皇帝將相，旁及販夫走卒，方外之僧尼女冠，以及坊曲妓女，幾無一人不能詩。所以為了接客，或者說為了接到更好的客，妓女除了舊有的歌、舞兩項技能之外，還須寫得一手好詩。根據《全唐詩》選錄可知，娼妓能詩的，亦以唐代為最多，往往有集行世。諸如江淮名妓徐月英之〈送人〉：「惆悵人間萬事違，兩人同去一人歸。生憎平望亭前水，忍照鴛鴦相背飛。」寫的便是與才子間的糾纏恨事。

諸妓既多工詩，故對當時詩人特別敬重。白居易〈與元稹書〉說：「……及再來長安，又聞右軍使高霞寓者欲聘娼妓，妓大誇曰：『我誦得白學士長恨歌，豈同他哉？』由是增價。又足下書云：『到通州日，見江館柱門有題僕詩者』，復何人哉？又昨過漢南日，適遇主人集眾娛樂，娛他賓，諸妓見僕來，指而相顧曰：『此是〈秦中吟〉、〈長恨歌〉主耳！』自長抵江西三四千里，凡鄉校、佛寺、逆旅、行舟中，往往有題僕詩者，士庶僧徒孀婦處女之口，每有詠僕詩者。此誠雕蟲之戲，不足為多。然今時俗所重，正在此耳。……」（見《白氏長慶集》及《舊唐書．本傳》）

而詩人文筆之毀譽也往往關係妓女的興衰，所謂「譽之則車馬繼來，毀之則杯盤失措」。范攄的《雲溪友議》就寫道：

> 濫州宴席酒糾崔云娘者，形貌瘦瘠，而戲調罰於眾賓。兼恃歌聲，自以為郢人之妙也。李生宣古，乃當筵一詠，遂至鉗口。詩云：「何事最堪悲，云娘色色奇。瘦拳抛令急，長嘴出言遲。只怕肩侵鬢，唯愁首透皮。不須當戶立，頭上有鍾馗。」

王灼《碧雞漫志》記載：開元中詩人王昌齡、高適、王渙之詣旗亭飲酒，梨園伶官亦召妓聚宴。三人私約曰：「我輩擅詩名，未定甲乙，試觀諸伶謳詩分優劣。」一伶唱昌齡二絕句：「寒雨連江夜入吳……」一伶唱適絕句云：「開篋淚沾臆……」一妓唱渙之詩：「黃河遠上白雲間……「以是知李唐伶妓，取當時名士詩句入歌曲，蓋嘗俗也。

可見唐詩大類於如今的流行歌曲，歌曲要流行，少不得要出現歌星；有了歌星，少不得要自出新意，有所創新。妓女既時時與詩人接近，便要讓他們幫忙修改訂正曲譜，代她們作樂詞，而長短句詞乃崛興。胡適在《詞的起源》就說：「我疑心依曲拍作長短句的歌調，這個風氣，是起於民間，起於樂工歌妓。」

這種產業越來越成熟，到了晚唐，更出現如溫庭筠之類的詩人，他們甚至大拍妓女們的馬屁，「能逐弦歌之音，為側豔之詞」。

所以說，詩人和妓女之間的關係，並不僅僅是肉體上的買賣，更有精神交流的成分。清代的章實齋便說：「前朝虐政，凡縉紳籍沒，波及妻孥，以致詩禮大家，多淪北里。其有妙兼色藝，慧傳聲詩，都人士從而酬唱。大抵情綿春草，恩遠秋楓，投贈類於交遊，殷勤通於燕婉，詩情闊達，不復嫌疑；閨閣之篇，鼓鐘聞外。其道固當然耳？」

唐代官妓文化發達的另一因素還在於高級官僚的維持，上自宰相節度使，下至庶僚牧守，無一不是憐香惜玉之徒，如果對妓女太過分了則會影響官聲，嚴重時甚至會妨礙自己的升遷。而與妓女的兩情相悅，更是往往傳為一時之佳話。比如張君房《麗情集》就記載了這樣一個故事：

> 薛宜僚，會昌中為左庶子，充新羅冊贈使，從青州泛海。船頻遭惡風雨，泊郵傳一年。節使烏漢真尤加待遇。樂藉有段東美者，薛頗屬情，連帥置於驛中。是春，薛發日祖筵，嗚咽流涕，東美亦然。薛至外國，未行冊禮，旋染疾，語判官苗甲曰：「東美何故頻見夢中乎？」數日而卒。……薛櫬回青州。東美至驛，素服哀號撫棺一慟而卒。

薛濤畫像

有唐一代，最負盛名的官妓莫過於薛濤，她的父親薛鄖是一京都小吏，安史之亂後居成都。據說她八歲能詩，其父曾以「詠梧桐」為題，吟了兩句詩，「庭除一古桐，聳幹入雲中。」薛濤應聲即對：「枝迎南北鳥，葉送往來風。」

薛濤的對句似乎預示了她一生的命運。十四歲時，薛鄖逝世，薛濤與母親裴氏相依為命，迫於生計，無奈下海了。

韋皋為劍南節度使，統略西南，在唐德宗時，朝廷拜中書令，算得是一方諸侯。韋皋惜薛濤之才，曾準備奏請朝廷讓薛濤擔任校書郎官職，後雖未付諸現實，但「女校書」之名已不脛而走，同時她也被世人稱為「掃眉才子」。後來，韋皋因受封為南康郡王而離開了成都。其後十一任劍南節度使各個對薛濤都十分青睞和敬重，而來到蜀地的才子們也無一不以認識薛濤為榮，如白居易、牛僧孺、令狐楚、輩慶、張籍、杜牧、劉禹錫、張祜等，都與薛濤有詩文酬唱。在她四十二歲的時候，三十一歲的元稹任監察御史出使蜀地，兩人在一起生活了一年之久，才子與佳人相得益彰，更流傳為千古佳話。

「妓圍」、「暖手」、「肉臺盤」——唐代家妓的命運

家妓之盛可謂自唐代始。

唐申王每冬月苦寒，令宮女密圍而坐，謂之妓圍。（《叙小志》）

歧王少惑女色，每至冬寒，手不近火，唯納於妓懷中，揣其肌膚，謂之暖手。（《開元天寶遺事》）

南唐孫晟官至司空，每食必設几案，使眾妓各執一器，環立而侍，號肉臺盤。（《叙小志》）

所謂「妓圍」、「暖手」、「肉臺盤」，自然是把家妓當成徹底的性玩物，比之開業接客的娼妓的地位猶有不如。這些家妓相當於貨物，可以被主人毫不留情地隨手轉送，完全不需要任何手續。《侍兒小名錄》便記載：

兵部侍郎李尚樂妓崔紫雲詞華清峭，眉目端正。李在洛為她宴客。杜牧輕騎而來，連飲三觥，謂主人曰：「嘗聞有能篇詠紫雲者，今日方知名，倘垂一意，無以加焉。」諸妓回頭掩笑，杜口占詩罷，上馬而去。李尋以紫雲送贈之。

既然是貨物，便是誰的權勢大，誰就搶了去。

唐朝的李逢吉為人霸道，他聽說劉禹錫有個美麗的姬妾，就讓劉帶來一見。劉禹錫不敢推辭，就讓那個美姬盛妝而往。李逢吉見到後，就命她與自己的眾姬比試容貌。結果李家內四十多個姬妾，全部比不上劉家美姬。但劉家美姬進入內室後，便再沒有出來。不一會兒，李逢吉說自己不舒服，不能陪客，於是離開，一晚上都再沒有美姬的消息。劉禹錫怨嘆不已，寫了首詩獻給李逢吉，李見後只是笑著說：「大好詩！」

劉禹錫也算是著名的大詩人，當的還是不大不小的官，可是連自己喜歡的家妓都保不住。有些人不知道死活，硬要去爭，結果就連自己的小命也斷送了。

比如武后時期，有一位右司郎中馮翊喬知之，他有美妾名曰碧玉，知之愛她愛得要死。武則天的侄子武承嗣聽說了，就借用以教家中諸姬為藉口，一借不還。喬知之作〈綠珠怨〉詩寄給碧玉，碧玉為了證明自己的感情，跳井而死。武承嗣得詩於裙帶，大怒，讓酷吏們羅織喬知之的罪名，將喬知之全族盡數誅殺。

家妓既然地位全無，則生殺之權全操在了主人的身上。唐人傳奇有一個步非煙的故事，是個極其淒慘的故事。說的是臨淮武公業的家妓步非煙「容止纖麗，若不勝綺羅，善秦聲，好文墨，尤工擊甌，其韻與絲竹合」。武公業雖然非常寵愛她，但是她卻喜歡上自己的鄰居、一個叫做趙象的書生，並與之私通。武公業得知之後，勃然大怒，將非煙綁在柱子上，鞭打至死。

像這樣的故事，在唐人的筆記中比比皆是，實在是令人扼腕長嘆。

到了五代時期，猶有唐一代之風流，豪貴之家，多蓄家妓。但此時期朝代更迭，江山易主之事時時有之，正所謂：走馬十五帝，播亂五十秋。君王自身難保，臣子自然難以盡忠，因此自身對家妓的要求自然也就馬虎了起來。

以南唐為例，《湘山野錄》記載南唐韓熙載縱「家妓」與賓客生旦雜處。《南唐近事》上則說：「熙載不防閒婢妾……侍兒往往私客。客賦詩有云：『最是五更留不得，向人枕畔著衣裳。』」因此有一次北方的使節陶谷來到南唐，由韓熙載接待，著實鬧出一個大笑話。

根據《堯山堂外紀》上說：「陶谷奉使江南，韓熙載遣『家妓』侍之。及旦，陶谷以書謝

南唐顧閎中所繪「韓熙載夜宴圖」（局部）

云：『巫山之麗質初臨，霞侵鳥道；洛浦之妖姿自至，月滿鴻溝。』舉朝不能會其辭。」於是韓熙載召「家妓」訊之。云：「是夕忽當沅濯。」

「沅濯」即是月經的代名詞。韓熙載真可謂用人不當啊，鬧出了一個很典型的「國際烏龍」。

易求無價寶，難得有心郎——唐代女冠風流

唐朝追尊老子為始祖，因此道教備受尊崇。當時煉丹服藥，入道仙遊，可謂是蔚然成風。憲宗皇帝的暴斃，據說也和服藥有關。

皇室的尊崇和扶持，讓眾多公主相繼入道。高宗的女兒太平公主，睿宗的女兒金仙公主、玉真公主，玄宗的女兒萬安公主、壽春公主，代宗的女兒華陽公主，德宗的女兒文安公主，順宗的女兒潯陽公主、平恩公主、邵陽公主，憲宗的女兒永嘉公主、永安公主，穆宗的女兒義昌公主、安康公主等都曾入道為女冠，且基本上都是自願出家的。

貴為天子之女，都捨身向道，則民間女子紛紛效尤自然

在意料之中。據《唐六典》卷四載，當時全國宮觀總數達一千六百八十七所，其中女冠觀為五百五十所。在京師長安，就有景雲觀（務本坊）、金仙觀（輔興坊）、玉真觀（輔興坊）、咸宜觀（親仁坊）等十來所大型女觀。

這些女觀對外開放，准許遊人參觀，甚至可出租房子給士子居住，這就為女冠們結識社會各界人士創造了條件。在這種環境下，一些年輕女冠與士子發生戀情乃是很自然的事情。這些身世經歷不同尋常的、美貌而有文化的、有藝術修養又有風情的女道士們，會何等地令唐代的文士們心馳神往、夢魂顛倒啊！

到了晚唐五代，許多用詞牌為「女冠子」、「天仙子」所填的詞，便可見唐代女冠風流之遺風，溫庭筠〈女冠子〉有句云：「雪胸鸞鏡裡，琪樹鳳樓前」，「遮語回輕扇，含羞下繡幃」。又如韋莊〈天仙子〉句云：「露桃花裡小腰肢，眉眼細，鬢雲垂，唯有多情宋玉知。」都是非常香豔的句子。

唐代畢竟是我國封建社會中較為開放的時代，因而女冠們在社會交往方面還是享有較大的自由。當時不少詩人與女冠有過交遊，並留下了一些酬贈詩篇。因為女冠行為浪漫，故唐宋時代詩人，常常作詩調笑挑動她們。唐白樂天〈詠玉真觀女冠〉詩云：

綽約小天仙，生來十六年。玉山半峰雪，瑤水一枝蓮。
晚院花留主，春窗月伴眠。回眸雖欲語，阿母在旁邊。

宋代有女冠暢道姑，姿色姸麗，秦少遊挑之不從，作詩曰：

瞳人剪水腰如束，一幅烏紗裹寒玉。飄然自有姑射姿，回首粉黛皆塵俗。
霧閣雲間人莫窺，門前車馬任東西。禮罷曉壇春日靜，落花滿地乳鴉啼。

而據專家考證，李商隱很多情詩大概都是寫給女冠的，包括赫赫有名的〈無題〉。女冠中的班頭，或當推魚玄機和李冶（季蘭）二人。才女而兼女冠，這對唐代文士來說有著雙重魅力。

魚玄機，字幼微，一字蕙蘭，長安人。性聰慧，好讀書。及笄，補闕李億納為妾。夫人妒，不能容，億遣隸咸宜觀為女道士。工詩，其「風月賞玩之句，往往播於士林」（《唐才子傳》）。後因笞殺侍婢罪被京兆尹溫璋判處死刑，死時約二十七歲。不少官員文士想為她求情，但沒有用。她留下四十多首詩，以「易求無價寶，難得有心郎」的名句膾炙人口。

至於李冶，時人稱許她「美姿容，神情蕭散，專心翰墨，善彈琴，尤工格律」。年六歲時，作〈薔薇〉詩說：「經時不架卻，心緒亂縱橫。」她的父親看到了便嘆息說：「此女聰黠非常，恐為失行婦人。」既長，入道為女冠，時往來剡中，與陸羽、劉長卿、釋皎然等交往，劉長卿稱之為女中詩豪。她的名氣曾引起皇帝的注意，其〈恩命追入留別廣陵故人〉詩即自敘說：「無才多病分龍鍾，不料虛名達九重。」後因上詩叛將朱泚，被德宗捕殺。

魚玄機畫像

看來，這兩位古代美女作家的運氣都不太好。

總體而言，受唐代思想開放之風

的影響，道觀並非清靜之地。許多才貌出眾的女冠，雖以修行為名，但在道觀中自由交際，成為一種「交際花」似的人物。其中有些在身分的遮蓋下，半為娼妓也不是什麼意外的事情。

子弟之心最易變——唐代人的媚術媚藥

某日在網路上發現有一個「和緣合緣愛情和合符」的東西，賣主在帖子中的解釋還挺專業——「在道教當中，所謂的符呢是用來調整氣場的；也就是記號裡面存儲書符者意念，意念越強存儲的時間就越久，釋放出來的能量就越強，小者可以治病調心，大者可以消災解厄。」

這個符呢，當然是古已有之，《唐書．棣王傳》就記載有兩個妃子爭寵，一人無奈之下求助巫師，巫師就給了一道「和合符」，讓她偷偷地放到丈夫的鞋底，從此丈夫就死心塌地地愛上她了。

當然，這只是媚術中的一種，不同時代也各自有其不同的特色。比如漢朝流行的是在「子日」洗澡，連王充的《論衡》都記載：「沐書曰：子日沐令人愛之。」可見這個風俗在當日的影響力了。隨著本草學的發達，魏晉的文士們不唯編造偽書，還編造出一大堆的偽藥。比如張華在《博物志》就說：「詹山帝女，化為薝草，其葉鬱茂，其花黃，實如豆，服者媚於人。」

很多人以為古代的媚術都是女人用來討好男人的，卻不知道男人更是樂此而不疲。這裡我們就根據敦煌出土的文書〈攘女子婚人述秘法〉談一談。這裡的「攘」通「禳」，就是祈禱祝福的意思。

敦煌出土的道教符籙

首先呢，關於已婚女子如何讓丈夫回心轉意，有四種辦法：

第一：「凡令夫愛，取赤癢足，出夫臍處下看，即愛婦。」這是說，女方赤著腳，放在丈夫肚臍處抓癢，撓癢癢。

第二：「凡欲令夫愛敬，取夫人母（拇）指甲，燒作灰，和酒服之，驗。」這是說將丈夫的大拇指甲，燒作灰，和著酒吞服下去。

第三：「凡欲令夫愛敬，婦人自取目下毛二七枚，燒作灰，和酒服之，驗。」自己拔下十四根眼睫毛，燒作灰，和著酒吞服下去。

第四：「凡欲令夫愛，取戶下泥五寸，即得夫畏敬。」把自家門戶下方五寸範圍的泥土取出來，就能贏得丈夫的愛。

那麼男人要搞定自己中意的女人呢，則有七種方法。

第一項：「凡欲令婦人愛敬，子日取東南引桃枝，則作木人，書名，安廁上，驗。」

第二項：「凡欲令女愛，以庚子日，書女姓名，方圓，無主，即得。」

第三項：「凡男欲求女婦私通，以庚子日，書女姓名，封腹，不經旬日，必得。」

第四項：「凡男子欲令婦愛，取女頭髮，燒成灰，以酒和成服之，驗。」

第五項：「凡男子欲求女私通，以庚子日，書上姓名，燒作灰，和酒服之，立即密驗。」

第六項：「凡男人欲求婦人私通，以庚子日，取自身右腋下毛，和指甲，燒作灰。」

第七項：「凡欲令婦人愛，取苦揚和目下毛。燒作灰，和酒自服，即得驗。」

看完了這些，大家會有重重的疑問，為什麼祈禱的時候要用桃枝做木人，又為什麼毛髮、指甲、眼睫毛會成為媚藥的道具呢？

老話說得好，羅馬不是一天造成的。那麼，媚術呢，自然也不是一天就可以形成的。關於桃枝辟邪，我們看很早之前的《山海經》就說道：

> 東海度朔山有大桃樹，蟠屈三千里，其插枝門東北曰鬼門，萬鬼出入也，有二神，一曰神荼，一曰鬱壘，主閱領眾鬼之害人者，於是黃帝法而象上，驅除畢，因立桃板於門戶，畫鬱壘以禦凶鬼，此則桃板製也。蓋其起自黃帝，故今世畫神像於板上，猶於其下書右鬱壘，左神荼，元日以置門戶間也。

至於把桃枝做成木人呢，則是原始巫術中的一類，姑且名之為「模仿巫術」，以「木人」象徵所心愛之人，對其暗中施法，改變對方的心意。我們在前面說過漢武帝時代曾經興起一場大獄，根據《漢書》記載，他手下的酷吏江充收到線報，說是有人請巫師施展法術，詛咒漢武帝，於是「（江）充遂至宮，掘蛊得桐木人，時生疾，避暑甘泉宮」。

又，根據《醫心方》所輯錄的〈枕中方〉上說：「五月五日，取東引桃枝，日未出時作三寸木人，著衣帶中，世人語貴，自然敬愛。」

總之，以桃木作為道具，雕成木人，從而使得原來的詛咒魔法到了唐代搖身一變而為戀愛巫術，實際上是經過了漫長的歲月。當然了，也不一定非得用桃木，寫過《世說新語》的劉義

兩位門神：右鬱壘，左神荼

慶在他的另一本書《幽明錄》上則記載了古代畫家顧愷之是如何暗算自己搞不定的美女的——「顧長康在江陵，愛一女子，還家，長康思之不已，乃畫作女形，著壁上，刺心，女行十里，忽心痛如刺，不能進。」

到了清代，在我們最熟悉的《紅樓夢》裡頭，還有「模仿巫術」的烏雲籠罩在賈府這一龐大的家族之上，事見第二十五回：「（馬道婆）問趙姨娘要了張紙，拿剪子鉸了兩個紙人兒，遞與趙姨娘，教她把二人的年庚寫在上面，又找了一張藍紙，鉸了五個青面鬼，叫她拼在一處，拿針釘了，我在家中作法，自有效驗的。」其結果是憐香惜玉的寶哥哥居然也會拿刀弄杖，尋死覓活，而女強人王熙鳳則更了不起了，「手持一把明晃晃的刀砍進園來，見雞殺雞，見犬殺犬，見了人，瞪著眼就要殺人」。搞得整個賈府是雞犬不寧，人心惶惶啊。可見這模仿巫術用的不是地方的時候，那是霸道無比。

至於毛髮、指甲、眼睫毛會成為媚藥的道具，則是由另一種原始巫術「順勢巫術」所發展而來的，這種巫術注重人與人往的仲介，並認為人和人能通過某一仲介而加強彼此的聯繫。在古代中國人的觀念裡頭，身體髮膚，受之父母，不可毀傷，可說是全民的共識。所以頭髮啊指甲啊，雖然很小，但卻是很貴重的。我們不用上溯太遠，僅摘錄一下明代李時珍《本草綱目》上的說法：

髮乃我血餘，故能治血病，補陰，療驚癇，去心竅之血。劉君安以己髮合頭悄等

分燒存性，每服豆許三丸，名曰「還精丹」，令頭不白。（人部第五十二卷「亂髮」條）

陰陽易病，用手足爪甲二十片，中衣襠一片，燒灰，分三服，溫酒下，男用女，女用男。（人部第五十二卷「爪甲」條）

既然頭髮啊指甲啊在嚴謹的醫學家眼中，都能用來治病，那麼處於熱戀中的人將心愛人兒的頭髮、指甲、眼睫毛燒成灰下酒，並不是完全沒有邏輯的一件事情。據報載，現代日本青年男子為了贏得女子的歡心，希望得到女人的頭髮，並將之與自己的頭髮繫在一起，大有古風，實在是讓人興歎啊！

而在中國，最熟練運用頭髮、指甲來綁住自己「戀人」的，則是青樓的妓女。青樓又稱「銷金窟」，其中關鍵是能誘人沉湎其中，紙醉金迷，花天酒地，而不願離去。那麼僅僅依靠色相和才藝，未必完全行得通，清朝青心才人《金雲翹傳》就總結出七種方法，分別是七個字「哭」、「剪」、「刺」、「燒」、「嫁」、「走」、「死」，其中「剪」、「刺」、「燒」倒是值得表上一表：

……

二曰剪。客人住久，他有意戀我，我此時就要定計以結其心。恐怕別家見他替你合得好，引他去跳槽。朋友們見你二人相好，拆你們的風月，與他同剪香雲，結為一處，分縛二臂，為結髮之意……

三曰刺。兩情既洽，必用一事以鎖其心。不然子弟之心最易變……如今要用個重手法去拿他：或在兩臂下，或在腳股上，或忽於腳板底下，以花針刺親夫某人在上，以墨塗了，使他見之以為你情獨厚，他必墮術中，死心塌地在你身上。他若去了，後來別客看見，想道某人不知怎樣待他好，他所以如此戀他，又必多方加厚於你，欲奪前人之愛。你就可因而行計，攢眉哭告道：「某人在我身上費過多少銀子，怎麼用情，怎麼好人，怎麼知趣，我不曾回報他。」言罷，掉下幾點假淚。不由此人心中不轉，要綽趣，自肯用錢了。

四曰燒。燒乃是苦肉計。如今的子妹刁鑽，子弟也乖巧。要得他的歡心，賺他的錢鈔，沒有迫切動人心鎖人意的法，哪能唬得他墮入個中？只得用下這苦肉計，替他雙雙罰誓，男不變心，女不二念，若有反復，神天共殛。兩人同炙，第一穴替第一等心上人，恩情最厚者炙，名曰「公心中願」。兩人解開懷，肚皮合肚皮，胸前對胸前，以香炙之。第二兩頭相並而炙，名曰「結髮頂願」。第三我左手合他右手臂炙，名曰「聯情左願」。第四我右手合他左手臂並炙，名曰「聯情右願」。第五我左股合他右股同炙，名曰「交股左願」。第六我右腳合他左腳並炙，名曰「交股右願」。當時曹操八十三萬人馬下江南，被黃公復一個苦肉計斷送了。希罕世上這些蠢男子，不曾替他好，他尚且在人前賣弄某子妹替我好，你真替他燒香疤，他就破家蕩產，臥柳呑花，死也不悔了。

……

看到這裡，大家是不是覺得似曾相識呢。

巫醫不分的媚道之術——《醫心方》中奇怪的方子

現在流行一種穿越小說。如果你是男人，很幸運地穿越到了唐代，有了家庭，那麼當你和你老婆感情不好的時候，或者是你對老婆冷淡的時候，要小心哦。特別是當你某一天吃飯的時候，突然覺得酒裡頭的味道有點不對，或者吃到一點點沙子，這沙子從哪裡來的——

> 取履下土作三丸，密著席下，佳。又方：戊子日，取鵲巢屋下土燒作屑，以酒共服，使夫婦相愛。（〈如意方〉）
>
> 取黃土酒和，塗帳內戶下方圓一寸，至老相愛。（〈靈奇方〉）
>
> 嫁婦不為夫所愛，取床席下塵著夫食，勿令知，即相愛。（〈枕中方〉）

反過來，如果妳是女人，那吃到就不是沙子囉，而是灰末，這又是什麼？

> 老子曰：欲令女人愛，取女人髮廿枚燒作灰，酒中服人，甚愛人。（〈枕中方〉）
>
> 人求婦難，取雄雞毛廿七枚，燒作灰末，著酒中服，必得。（《枕中方》）

總之啊，不是頭髮就是雄雞毛，比沙子也好不到哪裡去。這些方子都是《醫心方》上所收

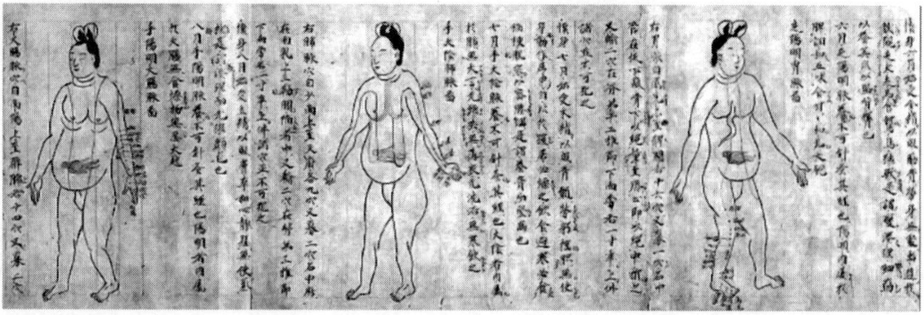

《醫心方》上的妊娠脈圖

錄的方子，叫做「令人相愛術」。你在上面看到老子都出過主意，是不是很驚詫，莫名驚詫呢？別著急，還有孔子呢——

孔子曰：取三井花水作酒飲，令人耐老，常得貴人敬念。復辟兵、虎、狼。（〈枕中方〉）

咦，聖賢都管這種事情，神仙管不管啊？

若有夫婦不合若水火者，取鴛鴦尾於大悲像前咒一千八百偏（遍），身上帶彼，是終身歡喜相愛敬。（〈千手觀音治病合藥經〉）

說起來，這些「令人相愛術」的方子，其實是中國自漢代以來媚道的一種。由於古代男尊女卑，所以這個媚道，還是女人需求的比較多些，因此又叫做「婦人媚道」。它最初盛行於漢代的宮禁之中，使用媚道方術的婦人，多是失寵、無子者，希望用方術轉移丈夫情愛，操縱家庭人際關係，化解自我失寵的困境。

我們看《史記·外戚世家》上面的記載，栗姬給漢景帝生了個兒子劉榮，被立為太子。漢景帝的姊姊長公主，就想把自己的女兒阿嬌許配給太子為妃。栗姬沒同意。長公主和其他妃子便在景帝面前說栗姬的壞話，結果栗姬逐漸失寵。栗姬妒火中燒之下，於是不免求助於巫術，「栗姬長使侍者祝唾其背，挾持媚道」。結果機事不秘，為長公主所告發，太子劉榮被廢，栗姬鬱鬱而終。漢代使用媚道還有一個更為著名的人物是陳阿嬌，前面已經說過了，就不再說。

那麼作為君王，怎麼甘心被一介女流操控呢？所以呢，這些使用媚術的女人就被目為「妒婦」，而她們所用的求愛方術也被貶為「邪」術了。「媚道」大致包括媚術與媚藥兩部分。比如像「令人相愛術」中，以上所舉的例子其實都算是媚藥。而媚術呢，並不需要被媚者服用，同樣的沙子、頭髮，用法可以很不同，比如——

> 取灶中黃土，以膠汁和著屋上，五日取，塗所欲人衣，即相愛。（〈靈奇方〉）
>
> 夫婦相憎之時，以頭髮埋著灶前，相愛如鴛鴦。（〈枕中方〉）

中國人喜歡說陰陽，自然是認識到事物有兩面，比如房中術就分「養陽」與「養陰」。有「御男子之術」自然也會有「御女子之術」，而有「令人相愛術」，自然也會有「令人相憎術」。比如——

> 取馬髮、犬毛，置夫婦床中即相憎。（〈如意方〉）
>
> 以桃枝三寸書其姓名埋四會道中，即相憎。（〈靈奇方〉）

總體而言，古代的房中術是為男子服務，特別是為貴族男子服務，那麼貴族男子常常遇到比較窘迫的情況是一男要應付多女，體力上應接不暇，就不能有因應之道，於是就有一種止淫

三歲白雄雞兩足距燒末，與女人飲之，淫即止。（〈如意方〉）

欲令淫婦一心方：取牡（上草下刑）實吞之，則一心矣。（〈如意方〉）

陽符，朱書之入心。陰符，此欲絕淫情，入腎，朱書之，可服。（〈如意方〉）

希望通過這種方子能夠減低婦女的性欲求。至於有沒有效果，那就天曉得了，大概也和咱們中國古老的風水堪輿之學一般，是信則靈，不信則否了。

貴族男子的大家庭，往往是妻妾眾多，最大的問題，往往不是滿足妻妾的性欲，而是如何讓妻妾的關係和諧，從而達到「齊家」的理想，於是又有了止妒方——

可以牡薏二十枚與吞之，牡薏苡，相重者是也。（〈如意方〉）

其月布裹蝦蟆一枚，盛著甕中，蓋之，埋廁左則不用夫。（〈如意方〉）

解怒：埋其人發於灶前入土三尺，令不怒。（〈靈奇方〉）

取夫腳下土燒，安酒重與服之，取百女亦無言。（〈延齡經〉）

最後一個方子很神奇哦，讓你討一百個女子，你老婆也不會介

床符：貼在床上的符。據說床上貼了這種符，便如詞中說的，「此符夫妻相愛，紫羅黃囉。」出自敦煌石窟

意。但大概大多數人都心知肚明，這種方子的效果肯定不好，不然也就不會有驗淫術了。驗淫術顧名思義，當然為了男人準備的了，妻妾成群的人，總不免會升起自己頭上的帽子有點綠油油的恐慌。

> 五月五日若七月七日取守宮，張其口，食以丹，視腹下赤，止（瞿上部窯下部）中陰乾百日出，少之治之，敷女身。拭，終，不去。若有陰陽事便脫。注也曰：守宮，蜓也，牝牡新交，三枚良之。（〈如意方〉）
>
> 白馬右足下土，著婦人所臥席床下，勿令知，自呼外夫姓名也。（〈如意方〉）
>
> 以阿膠、大黃磨敷女衣上，反自說。（〈延齡經〉）

「反自說」，意思就是女子吃了之後，就會自動招供。大家被震撼到了吧？實在太強了！建議應用到偵查的第一線上去。這麼好的方子，僅僅用於綠帽子問題，實在是太浪費了。

從唐人的一夜情說起——唐代的色情文學〈遊仙窟〉和〈大樂賦〉

如果不是古典文學的研究者，很少有人知道〈遊仙窟〉這篇小說。這篇小說很短，和其他的唐傳奇不一樣，它的故事不夠曲折，甚至可說是簡漫，作者好像隨意地去寫，所以行文一點也不拘束。而〈遊仙窟〉講的是一個一夜情的故事。

故事的原型是從漢魏以來就流行的，一個遊歷的男子，遇見漂亮的女仙人，然後彼此吸引，共度一夜良宵之後，以淒然的心境作別。後來更多的是書呆子深宵獨坐，絕代佳人從天而降，不是仙女就是狐狸精，要不然，就是女鬼了。

將故事分成三段：第一段寫文成初入「神仙窟」，與十娘五嫂相見；第二段寫文成與十娘五嫂等登堂燕宴，遊園校射；第三段寫文成入室，與十娘合歡，一夜之後，即行分別。雖然是「只寫得一次的調情，一回的戀愛，一夕的歡娛，作者卻用了千鈞的力去寫」。

這個故事的作者名字叫張文成，則天武后時人，名叫鷟，文成是他的字。他的文名是很高的，應科舉的時候，員外郎員半千謂人曰：張子之文，猶青銅錢，萬選萬中。時號「青錢學士」。而《舊唐書》更記載，「天后朝，中使馬仙童陷默啜，默啜謂仙童曰：『張文成在否？』曰：『近自御史貶官。』默啜曰：『國有此人而不用，漢無能為也。』新羅、日本東夷諸蕃尤重其文。每遣使入朝，必重出金貝以購其文。其才名遠播如此。」他的著作還有《朝野僉載》、《龍筋鳳髓判》等，但影響都不大。

〈遊仙窟〉從唐朝之後就失傳了，直到「五四」的時候，居然從日本發現了舊抄本，並且發現這本書對日本文學的影響還很大，日本學者鹽谷溫在《中國文學概論講話》中甚至稱之為「日本第一淫書」。

既然有了一個「淫」字，我們不免要從文本上檢閱一下，這本書到底有多黃了。

> 於時夜久更深，情急意密。魚燈四面照，蠟燭兩邊明。十娘即喚桂心，並呼芍藥，與少府脫靴履，疊袍衣，閣襆頭，掛腰帶。然後自與十娘施綾被，解羅裙，脫紅衫，去綠襪。花容滿面，香風裂鼻。心去無人制，情來不自禁。插手紅，交腳翠被。

兩唇對口，一臂支頭。拍搦奶房間，摩挲髀子上。一齧一快意，一勒一傷心，鼻裡酸痺，心中結繚。少時眼華耳熱，脈脹筋舒。始知難逢難見，可貴可重。俄頃中間，數回相接。誰知可憎病鵲，夜半驚人；薄媚狂雞，三更唱曉。遂則被衣對坐，泣淚相看。

讀者們讀完了，可能要失望了，就這麼完了？其實這也沒什麼好奇怪的，畢竟是中國的第一部「黃色小說」，它的含蓄是很自然的。畢竟這本小說不像後世明清禁書諸如《燈草和尚》之類，完全以挑逗讀者的情意為第一要義。雖然沒有「止乎禮」，但是到底是「發乎情」的。

現代日本流傳下來的〈遊仙窟〉

除了〈遊仙窟〉之外，最值得注意的唐朝色情文藝作品則是〈天地陰陽交歡大樂賦〉，這個賦是白居易的弟弟白行簡寫的。他的「文筆有兄風，辭賦尤稱精密，文士皆師法之」（《舊唐書》），可見是當時的文壇領袖。而以文壇領袖之尊、之號召力寫色情文學，在中國禮教社會可能是特例，也只能是發生在唐朝了。當然，他的品行評價似乎也不高，《太平廣記》卷二八二有〈靈異記〉一則，記行簡生魂為崇，且稱之為「小魍魎」，這自然不是什麼好稱呼，大概和他寫這篇賦脫不了干係吧。

這篇賦呢，竟可說是演繹「房中術」的賦體作品。大抵而言，中國文學作品自《詩經》以來有個傳統，就是描寫性欲衝動的不少，但是直接深入地描寫性行為就很少了，大概這就是所謂的思無邪。當然了，我們也不能指責儒家學派掩耳盜鈴，對性行為採取含蓄的表達方式，往往會增益男女雙方的感情，這可是大多數談戀愛的男女的選擇，把這個也怪到孔夫子頭上，那就不應該了。

這裡，我們不妨把〈大樂賦〉之前歷代文藝作品最色情的章節羅列一下：

彼狡童兮，不與我食兮，維子之故，使我不能息兮。（《詩經．鄭風．狡童》）

女乃弛其上服，表其中衣，皓體呈露，弱骨豐肌，時來親臣，柔滑如脂。（西漢司馬相如〈美人賦〉）

豔豔金樓女，心如玉池蓮。持底報郎恩，俱期遊梵天。（南梁蕭衍〈歡聞歌〉）

看看，即便到了號稱色情文學氾濫的南梁，也少有用赤裸裸的筆觸去自然寫實描寫性行為的，而是一直在性欲衝動上打轉，然後到了最後關頭，就戛然而止了。而〈大樂賦〉呢，不但直接，而且多次引用《素女經》、《洞玄子》等房中書中專業術語，為自己描寫的各式各樣的性行為進一步鋪彩摛文。這些描寫即便在今天，把它翻譯成白話文的時候，也是相當相當有衝擊力的，不是一般的震撼啊。

而且這篇賦幾乎討論了性交的男女的所有形態，有夫妻交媾，有偷情男女，有宮廷，有野合，有旅客，有僧尼，即便是同性戀也秉筆直書，一點顧忌也沒有的放肆，對不同身分、不同年齡以及不同場合的男女歡情淋漓盡致地描寫，從而使它成為前無古人的淫豔文學之最。更難得的是這篇賦的語體很活潑，像「姊姊哥哥」之類的俗語用起來一點也不以為意。

那麼為什麼只有到了唐代才會出現這麼黃色的作品呢？這個大概還得從唐代的社會風氣說起。前面說過了，唐代的上層社會很是淫亂，就以楊貴妃一家而言吧，其族兄楊國忠出使逾年，其妻在家卻身懷六甲，楊卻不以為意，甚至代妻子解嘲，說是夫妻情深所致。至於民間呢，我們不妨看看唐人筆記中的兩個小故事：

維揚萬貞者，大商也，多在於外，運易財寶以為商。其妻孟氏……獨游於家園，四望而乃吟曰：「可惜春時節，依然獨自遊。」……忽有一少年，容貌甚秀美，逾垣而入，笑謂孟氏曰：「何吟之大苦耶？」……自是孟氏遂私之，挈歸己舍。……（《瀟湘錄》）

冉遂者，齊人也，父邑宰。遂婚長山趙玉女。遂既喪父，又幼性不惠，略不知書，無以進達，因耕於長山。其妻趙氏，美姿質，性復輕蕩。一日獨游於林藪間，見一人衣錦衣，乘白馬，侍從百餘人，皆攜劍戟過之。趙氏曰：「我若得此夫，死亦無恨。」錦衣人回顧笑之。左右問趙氏曰：「暫為夫可否？」趙氏應聲曰：「君若暫為我夫，我亦懷君恩也。」錦衣遽下馬，入林內。既別，謂趙氏曰：「當生一子，為明神，善保愛之。」（《太平廣記》卷第三百六）

兩個故事雖然細節有異，但是唐代婦女偷情表現出來的大大咧咧，倒是如出一轍。這自然是當時的風氣使然了。

唐人周昉所繪「簪花仕女圖」

五女一男嬲戲不休——唐代的春宮秘戲圖

既然談到色情文藝，就不能不談談春宮圖了。畢竟和文學相比，圖畫更直觀更直接，也更能夠刺激感官。那麼為什麼在宋代以前，各種歷史資料上關於春宮畫的資訊很少呢？這裡面大致有如下幾個因素。

一是春宮圖總是不公開的，除非是一些很荒淫的帝王貴族，為了追求極端的刺激，才會去製作。

二是文字的傳播總是比圖畫容易一些，畢竟春宮畫不是什麼人都能畫的，需要技巧嫻熟的畫師。

三是即便有畫師願意畫，中國到了東漢才出現紙張，更要到五代才發明雕版印刷術，這點也影響了春宮圖的傳播。

按照明代文人沈德符《敝帚齋餘談》上的說法：

> 春畫之起，當始於漢廣川王畫男女交接狀於屋，召諸父姐妹飲，令仰視畫。及齊後廢帝於潘妃諸閣壁，圖男女私褻之狀。……至隋煬帝烏銅屏，白晝與宮人戲，影俱入其中。唐高宗「鏡殿」成，劉仁軌驚下殿，謂一時乃有數天子。……至武後

時，遂用〈鏡殿〉以宣淫。楊鐵崖詩云：「鏡殿青春秘戲多，玉肌相照影相摩。六郎酣戰明空笑，隊隊鴛鴦浴飾波。」……而秘戲之能事盡矣。後之畫者，大抵不出漢廣川齊東昏之模範，唯古墓磚石中原此等狀，間有及男色者，差可異耳。

可見這些春宮畫的載體要麼是牆壁，要麼是屏風，要麼是鏡子，都不具備隨身攜帶型、移動性，自然傳播的效能也就有限了。

如果非要追溯一下畫在紙上的春宮圖，那麼東漢張衡的〈同聲歌〉大致透露出一些信息來。張衡是個科學家，發明過地動儀，又是個文學家，寫過〈二京賦〉、〈歸田賦〉。〈同聲歌〉全詩是這樣的——

邂逅承際會，得充君後房。情好新交接，恐慄若探湯。
不才勉自竭，賤妾職所當。綢繆主中饋，奉禮助蒸嘗。
思為莞蒻席，在下蔽匡床。願為羅衾幬，在上衛風霜。
灑掃清枕席，鞮芬以狄香。重戶納金扃，高下華燈光。
衣解巾粉御，列圖陳枕張。素女為我師，儀態盈萬方。
眾夫所希見，天老教軒皇。樂莫斯夜樂，沒齒焉可忘。

根據詩歌的內容，我們倒不難推想，這是一個女人訴說自己花燭之夜的經歷和感受。值得注意的是以下三句：「衣解巾粉御，列圖陳枕張。素女為我師，儀態盈萬方。眾夫所希見，天老教軒皇。」

這個「列圖」到底是列的什麼圖呢？不好說，雖然一直以來就有人懷疑是「列秘戲圖也」，但是到底沒有像樣的資料支撐。好在今天我們能看到西元九八四年日本人丹波康賴收集中國隋唐以前醫學典籍所撰成的《醫心方》。上面收錄的《素女經》中，描述有素女向黃帝講述了至少二十四種不同的性交姿勢和體位。由此可見張衡筆下的女子，在洞房之際，和夫君一同觀覽的正是春宮圖。

這位兼具科學家之觀察力和文學家之感性的天才留意到春宮圖的存在，為我們留下了第一手資料。作為印證，他還在自己的另一篇賦〈七辯〉中，留下這樣一段句子，「假明蘭燈，指圖觀列，蟬綿宜愧，夭紹紆折，此女色之麗也。」

從〈同聲歌〉可以看出，在漢時有可能以春宮圖給新娘做嫁妝，以指導夫妻性生活，所以後世也把春宮圖稱為「女兒圖」。我們在這裡不妨看一下《聊齋》裡頭的小故事——

有一個叫郎玉柱的書癡，嗜書如命，晝夜研讀，無間寒暑。結果到了三十多歲還沒有老婆。他總是說：「『書中自有顏如玉』，我何憂無美妻乎？」果然有一天，從書中出來一個絕世美女，真的就叫顏如玉。兩人枕席間親愛備至，郎玉柱卻不懂得如何性交，以至於鬱悶自己為什麼沒有孩子，顏如玉笑道：「君日讀書，妾固謂無益。今即夫婦一章，尚未了悟，枕席二字有工夫。」

這裡我們再看另外一個例子，就是清代李漁所寫的《肉蒲團》，在書中，未央生因為妻子玉香從小受到正統的教育而在房事上表現得極為冷淡，因此決定借助春宮畫。

未央生見她沒有一毫生動之趣，甚以為苦，我今只得用些淘養的工夫，變化她出來。明日就書畫鋪子中，買一幅絕巧的春宮冊子，是學士趙子昂的手筆，共有三十六幅，取唐詩上三十六宮都是春的意思，拿回去，典與玉香小姐一同翻閱，可見男女交媾這些套數，不是我創造出來，古之人先有行之者，現有程文墨卷在此，取來證驗。

玉香初次接觸春宮畫冊，馬上面紅耳赤，立刻要讓丫環拿去燒了。後經未央生一再解釋說明，玉香再次觀看起來。

> 玉香看到此處，不覺騷興大發，未央生又經過一頁，正要指與她看，玉香就把冊子一推，立起身來道，什麼好書，看得人不自在起來，你自己看，我要去睡了。

可見，性交這種事情，有些人可能比較遲鈍，有賴於性教育。古代不像現在這樣可以在網上獲得性教育片子，所以春宮圖在這方面發揮的功用不可忽視，不然就不能解釋為什麼明清時代留下來好多春宮畫，都是用作嫁妝的一部分了。僅僅按照現在的標準把古代的春宮圖視為淫穢作品是不恰當的。

到了唐代呢，流行的房中術的圖書中很多就配上各種各樣的性交姿勢的插圖，如〈大樂賦〉就提到了插圖本的《素女經》。不過這些圖片經過戰亂和漫長的歲月，一張也沒有留下來。不過我們還是能通過一些後世文人筆記，找到唐代春宮畫的蛛絲馬跡。

晚明的大畫家和大收藏家張醜，一次偶然在太原王氏大姓之家中，見到了唐代著名畫師周昉的《春宵秘戲圖》，這張圖失傳已久，此時重現人間，自然讓他喜出望外，欣喜欲狂，當即以重金購得，並在自己所著的《清河書畫舫》寫下跋記：

乃周景元所畫，鷗波亭主（元名畫家趙孟頫，擅長春宮畫）所藏。或云天后，或云太真妃（楊貴妃），疑不能明也。傳聞，畫畫婦女，多為豐肌秀骨，不作纖纖娉婷之形。今圖中所貌，目波澄鮮，眉嫵連卷，朱唇皓齒，修耳懸鼻，輔靨頤頷，位置均適。且肌理膩潔，築脂刻玉，陰溝渥丹，火齊欲吐，抑何態濃意遠也！及考裝束服飾，男子則遠遊冠、絲革鞋，而具帝王之相。女婦則望仙髻、綾波襪，而備后妃之容。姬侍則翠翹束帶，壓腰方履，而有宮禁氣象！種種點綴，沉著古雅，非唐世莫有也！

夫秘戲之稱，不知始於何代。自太史公撰列傳，周仁以得幸景帝入臥內，於後宮秘戲而仁常在旁。杜子美制宮詞，亦有「宮中行樂秘，料得少人知」之句，則秘戲名目其來已久，而非始於近世耳。

按前世之圖秘戲也，例寫男女二人相偎倚作私褻之狀止矣，然有不露陰道者，如景元創立新圖，以一男御一女，兩小鬟扶持之；一侍姬當前，力抵御女之坐具；而又一侍姬尾其後，手推男背以就之。五女一男嬲戲不休，是誠古來圖畫所未有者耶。

這個跋記可以說透露的資訊是多重的。我們先來瞭解一下唐代大畫家周昉，他是處於盛唐、中唐時期長安最著名的宗教、人物畫家。初學張萱，後自創風格，善畫濃麗豐肥的仕女，又極能寫真，傳說郭子儀的女婿趙縱請周昉與韓幹為其各畫一肖像，並掛於室，郭的女兒觀後答稱，周昉畫出了趙郎的「性情笑言之姿」。而他的佛教造像，如「水月觀音」等在當時即被奉為樣板，曾稱「周家樣」。

他極喜愛畫女人，畫她們彈琴、調琴，托腮、靜思，千姿百態，栩栩如生。他的仕女圖，

「畫子女為古今之冠」（唐朱景玄《唐朝名畫錄》），以至於晚唐的仕女畫家們幾乎都處於墨守「周家樣」的階段，可以說在晚唐的仕女畫壇上，他是技壓群雄。

這樣一位繪畫大師不以畫春宮圖為恥，可見當時的風氣了。更值得注意的是，周昉的春宮畫在繼承中有發展，由單純的一對男女性交發展到五女一男的群交，更是題材上的一大躍進。

大大是同，小小有異——《洞玄子》裡的魚水之歡

素女可是說是黃帝最著名的對手之一，在老百姓的心中，她的名氣甚至要超過蚩尤和炎帝了。

所謂高峰之下，必有低谷，這個道理如果你天天炒股票肯定知道。不過話說回來，世間萬事萬物的發展規律也大致如此，中國的性學在兩漢魏晉時代抵達巔峰之後，下來的隋唐兩朝，沒有太多的長進。

這個時代影響最大的房中術典籍應該是《素女經》。這本書目前也不全，裡面的房中術術語相比較以前，可以說是全部改頭換面了，比如最古老的房中概念「八益七損」，大家要想有個直接的對比，不妨看看下面兩個表格：

《天下至道談》	治氣	致沫	知時	蓄氣	和沫	竊氣	待嬴	定傾
《素女經》	固精	安氣	利臟	強骨	調脈	蓄血	益液	道體

那麼這些術語名字不同，意思上呢？我可不願意糊弄我的讀者，直接說吧，變化不大。《洞玄子》的作者也很老實，就直接說在他們的這個時代，房中術已經是「大大是同，小小有異」。既然理論上短期內難以跨越，那麼就只能在房中實戰方面說得更加具體了。

秘戲瓷雕：兔吮毫

我們先來看《素女經》上提到的九種做愛姿勢，又稱之為「玄女九法」：第一曰龍翻，第二曰虎步，第三曰猿博，第四曰蟬附，第五曰龜騰，第六曰鳳翔，第七曰兔吮毫，第八曰魚接鱗，第九曰鶴交頸。

以上九種姿勢的描述，既精簡又明白，對後世的影響很大。特別是很多色情小說都借助這些術語，當然，有時候「虎步」異變為「虎行」，「魚接鱗」為「魚游」，但是明眼人一看，就知道是出自於《素女經》。

做愛的各種姿勢體位，雖然可以使得性生活變得更加的刺激和神秘，從而增進男女雙方的感情，不過花樣太多了，也未必有什麼用處。現代的性學專家根據臨床資料，認為做愛的過程中不宜頻繁變換體位。而中國的古人，顯然在這方面進入了誤區，下面我們可以看到在《洞玄子》一書中，性愛姿勢是如何一下子暴增到三十種的。

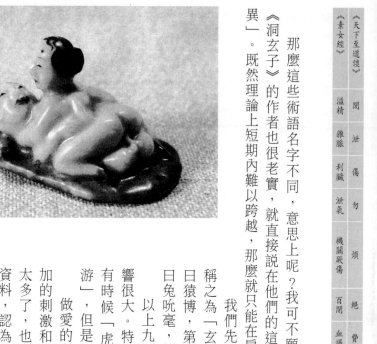

關於《洞玄子》，我們現在所知道的資料太少，但是這本書的源流，卻很容易判斷，作者自己都交代說：「至於玄女之法，傳之萬古，都具陳其梗概，仍未盡其機微。余每覽其條，思補其闕，綜習舊儀，纂此新經。」

《洞玄子》一書中，有句話值得再三品味，它說：「夫天生萬物，唯人最貴。」說出這樣的話，就證明了這個時代的房中術和以往的已經有了很明顯的差別。在以往的房中術中，天道比人道重要得多，絕對不承認男人做愛的目的之一是生理上的滿足。那些房中術中確實也很注意性興奮度、性高潮，但是多數著力在女性的刻畫上，最明顯的莫過於《素女經》上的「玄女九法」，反覆提到「女快」，至於男人，好像不過是個無知無覺的人肉打樁機。

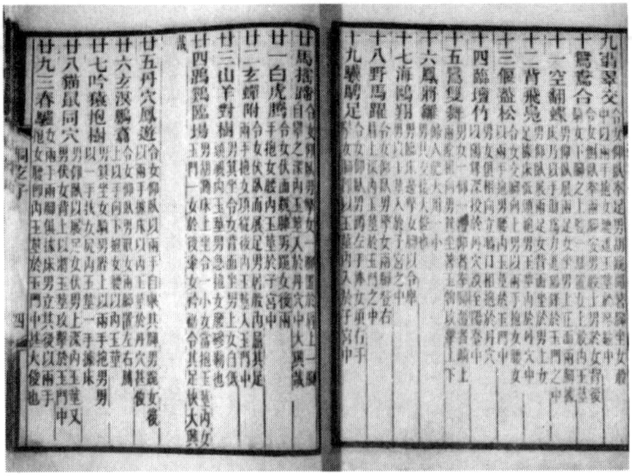

清刊本《洞玄子》所載的「三十法」

絮絮叨叨地說了那麼多，下面就轉入正題了，按照《洞玄子》自述：「考覆交接之勢，更不出於卅法，其間有屈伸俯仰、出入淺深，大大是同，小小有異，可謂括囊都盡，採拉無遺。余遂象其勢而緣其名，假其形而建其號。」

這三十法分別為：敘綢繆、申繾綣、曝鰓魚、麒麟角、蠶纏綿、龍宛轉、魚比目、鶯同心、翡翠交、鴛鴦合、翻空蝶、背飛鳧、偃蓋松、臨壇竹、鸞雙舞、鳳將雛、海鷗翔、野馬躍、驥騁足、馬搖蹄、白虎騰、玄蟬附、山羊對樹、昆雞臨場、丹穴鳳游、玄溟鵬翥、吟猿抱樹、貓鼠同穴、三春驢、九秋狗。

從《天下至道談》中的「十勢」，到《素女經》中有「九法」，再到《洞玄子》的「三十法」，所謂「象其勢而錄其名，假其形而建其號」。《洞玄子》一卷，對於仿生學在房事中的運用，可謂是將古代房事的體位研究臻於頂點了。

不欲強快，強快即有損——神奇的《玉房秘訣》

《玉房秘訣》這本書最早出現在晉代葛洪的《抱朴子內篇．遐覽》之中，後來在《隋書．經籍志》上也出現過，但是沒有留下作者的資訊，可是到了宋人編著的《舊唐書．藝籍志》中又冒了出來，是個八卷本，說作者是沖和子。而在《新唐書．藝文志》中則又變成《沖和子玉房秘訣》十卷，還指出作者的名字是張鼎。到底新舊唐書的《玉房秘訣》是不是魏晉時代的《玉房秘訣》已經不可考了，就是新舊唐書的《玉房秘訣》也是因為日本人丹波康賴在《醫心方》上的徵引才得以保留。

這本書有很多和過去房中術雷同的地方，這裡我們就不多說了。而不同的地方，我就努力地說上一些。比如在男子行房射精次數上，《玉房秘訣》就說，考慮到各人的氣質不同，沒有欲望的時候，沒有必要強迫自己，但是有欲望的時候，也不能壓抑，就此原則，定出來的標準是，「人有強弱，年有老壯，各隨其氣力，不欲強快，強快即有損。故男年十五，盛者可一日再施，瘦者可一日一施；年廿，盛者日再施，羸者可一日一施；年卅，盛者可一日一施，劣者

清代春宮圖：親暱

二日一施；四十，盛者三日一施，虛者四日一施；五十，盛者可五日一施，虛者可十日一施；六十，盛者十一日一施，虛者二十日一施；七十，盛者可卅日一施，虛者不寫。」

而到了唐朝，孫思邈在《千金方》中所提出的主張則是「人年二十者，四日一泄；三十者，八日一泄；四十者，十六日一泄；五十者，二十日一泄；六十者，閉精勿泄，若體力猶壯者，一月一泄」。對照起來是日益苛刻了，簡直是無視老年人性生活的需要了。

而對於做愛之前男女的性興奮度，也寫得很深入，還特別關注女性很容易受到自己情緒影響的這一特徵——

> 與男交，當安心定意，有如男子之未成，須氣至，乃小收情志，與之相應，皆勿振搖踴躍，使陰精先竭也。陰精先竭，其處空虛，以受風寒之疾。或聞男子與他人交接，嫉妒煩悶，陰氣鼓動，坐起晻恚，精液獨出，憔悴暴老，皆此也，將宜抑慎之。

大抵而言，古代的房中術兜售的對象都是男子，而非女人。比如《玉房秘訣》就用了很長的段落來說明，什麼樣的女人能御，什麼樣的女人不能御，這點對後世的影響尤其大。特別是丹鼎派興起之後，煉丹的好壞就取決是不是找到好鼎，這個「鼎」，自然指的就是女人了。

沖和子曰：婉娩淑慎，婦人之性，美矣。能濃纖得宜，修短合度，非徒取悅心目，抑乃尤益壽延年。欲御女，須取少年未生乳，多肌肉，絲髮小眼，眼精白黑分明者，面體濡滑，言語音聲和調；而下者，其四肢百節之骨皆欲令沒肉多而骨不大者；其陰及腋下不欲令有毛，有毛當令細滑也。

若惡女之相，蓬頭垢面，槌項結喉，麥齒雄聲，大口高鼻，目精渾濁，口及頷有高毛似鬢髮者，骨節高大，黃髮，少肉，陰毛大而且強，文多逆生，與之交會皆賊損人。

女子肌膚粗不御，身體臞瘦不御，常從高就下不御，男聲氣高不御，脛股生毛不御，嫉妒不御，陰冷不御，不快善不御，年過四十不御，心腹不調不御，逆毛不御，身體常冷不御，骨強健不御，捲髮結喉不御，腋偏臭不御，生淫水不御。

但是《玉房秘訣》的作者卻在養陽之外，特意說了一通養陰的話——

若知養陰之道，使二氣和合，則化為男子。若不為子，則轉成精液，流入百脈，以陽養陰，百病消除，顏色悅澤，肌好，延年不老，常如少童。審得其道，常與男子交，可以絕穀九日而不知飢也。有病與鬼交者，尚可不食而瘦，況與人交乎？

同時，還無中生有地捏造（古代房中術專家似乎都有這方面的愛好，甚至認為這種捏造和自己的職業道德一點也不起衝突，正是這種捏造，使得中華的始祖黃帝都成為陽痿患者）西王母也是其中的高手，「非徒陽可養也，陰亦宜然。西王母是養陽得道之者也，一與男交而男立損病，女顏色光澤……王母無夫，好與童男交，是以不可為世教，何必王母然哉！」

說完了之後，又似乎覺得良心不安，有悖於自己的職業道德，忍不住又補充上一句，「養陽之家，不可令女人竊窺此術，非但陽無益，乃至損病，所謂利器假人，則攘袂莫擬也。」

我們都知道，道家對房中術的影響很大，隨著道家在氣功學上的進展，氣功也被引入房中術的領域中，《玉房秘訣》中就記載：

> 令女正臥，兩股相去九寸，男往從之，先飲玉漿，久久乃弄鴻泉，乃徐內玉莖，以手節之，則裁至琴弦麥齒之間，敵人淫欲心煩，常自堅持，勿施寫之。度卅息令堅強，乃徐內之，令至昆石，當極洪大，大則出之。少息劣弱，復內之，常令弱入強出，不過十日，堅如鐵，熱如火，百戰不殆也。

換成白話，那就是男人如勤加練習腹式呼吸，以增加體力及持續力，在交合抽送擺動時，深吸一口氣凝集在小腹丹田處，默數到三十下，再換氣。如此有助於陽具的堅挺和持久。陽具堅硬要泄精之前，應立刻忍住，毅然由陰道中抽出，等到稍軟時，再繼續進行，如此反復地硬出軟入，死往生還，勤練不停，不到十天陽具就會堅如鐵棒，熱似火把，百戰百勝，所向無敵。

效果似乎很神奇，但作者對修煉氣功沒有太大的興趣，如果有修煉氣功的朋友，希望你們一定寫信過來告訴作者效果如何，以後再版的時候，我一定加以補充。

值得驚奇的是，《玉房秘訣》還提到在行房之前，如果先排尿，就會使得精氣提前耗散，降低性能力，影響性生活的和諧；但是如果忍尿行房事，因充盈的膀胱壓迫充血的生殖器周邊臟器，容易引發前列腺疾患（古人稱之為淋），「當溺不溺以交接，則病淋，少腹氣急，小便難，莖中疼痛，常欲手撮持，須臾乃欲出。治之法：先小便，還臥，自定，半飯，久頃乃徐交接愈。」

上一堂有趣的中國性愛課：從上古到隋唐

（原 性愛國學課：從上古到隋唐）

作　　者　王 威

總 編 輯　陳郁馨

副總編輯　李欣蓉

編　　輯　陳品潔

封面設計　朱 疋

行銷企畫　童敏瑋

社　　長　郭重興

發行人兼出版總監　曾大福

出　　版　木馬文化事業股份有限公司

發　　行　遠足文化事業股份有限公司

地　　址　231 新北市新店區民權路 108-3 號 8 樓

電　　話　(02) 2218-1417

傳　　真　(02)8667-1891

郵撥帳號　19588272 木馬文化事業股份有限公司

客服專線　0800221029

法律顧問　華洋國際專利商標事務所 蘇文生律師

印　　刷　成陽印刷股份有限公司

二版一刷　2016 年 10 月

定　　價　350 元

國家圖書館出版品預行編目 (CIP) 資料

上一堂有趣的中國性愛課 : 從上古到隋唐 / 王威著 . -- 二版 . -- 新北市 : 木馬文化出版 : 遠足文化發行 , 2016.10

面； 公分

ISBN 978-986-359-297-6(平裝)

1. 性學 2. 中國

544.7092　105016206